Kunst- und Kulturmanagement

Reihe herausgegeben von
A. Hausmann, Ludwigsburg, Deutschland

Ziel der Reihe „Kunst- und Kulturmanagement" ist es, Studierende, Wissenschaftler, Kunst- und Kulturmanager sowie sonstige Interessierte in komprimierter Weise in das Fachgebiet einzuführen und mit den wesentlichen Teilgebieten vertraut zu machen. Durch eine abwechslungsreiche didaktische Aufbereitung und die Konzentration auf die wesentlichen Methoden und Zusammenhänge, soll dem Leser ein fundierter Überblick gegeben sowie eine rasche Informationsaufnahme und -verarbeitung ermöglicht werden. Die Themen der einzelnen Bände sind dabei so gewählt, dass sie den gesamten Wissensbereich des modernen Kunst- und Kulturmanagement abbilden. Für die Studierenden muss eine solche Reihe abgestimmt sein auf die Anforderungen der neuen Bachelor- und Masterstudiengänge. Die (auch prüfungs-) relevanten Teilgebiete des Fachs „Kunst- und Kulturmanagement" sollen daher abgedeckt und in einer komprimierten, systematisch aufbereiteten und leicht nachvollziehbaren Form dargeboten werden. Für bereits im Berufsleben stehende Kunst- und Kulturmanager sowie sonstige Interessierte muss die Reihe den Anforderungen gerecht werden, die eine arbeits- und zeitintensive Berufstätigkeit mit sich bringt: Kurze und prägnante Darstellung der wichtigsten Themen bei Sicherstellung aktueller Bezüge und eines qualitativ hochwertigen Standards. Es ist unbedingter Anspruch der jeweiligen Autorenbücher, diesen Interessenslagen gerecht zu werden. Dabei soll neben einer sorgfältigen theoretischen Fundierung immer auch ein hoher Praxisbezug gewährleistet werden.

Weitere Bände in der Reihe http://www.springer.com/series/12633

Gerald Mertens

Orchestermanagement

2., erweiterte und überarbeitete Auflage

Gerald Mertens
Berlin, Deutschland

Kunst- und Kulturmanagement
ISBN 978-3-658-22617-6   ISBN 978-3-658-22618-3   (eBook)
https://doi.org/10.1007/978-3-658-22618-3

Die Deutsche Nationalbibliothek verzeichnet diese Publikation in der Deutschen National-
bibliografie; detaillierte bibliografische Daten sind im Internet über http://dnb.d-nb.de abrufbar.

Springer VS
© Springer Fachmedien Wiesbaden GmbH, ein Teil von Springer Nature 2010, 2019
Das Werk einschließlich aller seiner Teile ist urheberrechtlich geschützt. Jede Verwertung, die
nicht ausdrücklich vom Urheberrechtsgesetz zugelassen ist, bedarf der vorherigen Zustimmung
des Verlags. Das gilt insbesondere für Vervielfältigungen, Bearbeitungen, Übersetzungen,
Mikroverfilmungen und die Einspeicherung und Verarbeitung in elektronischen Systemen.
Die Wiedergabe von Gebrauchsnamen, Handelsnamen, Warenbezeichnungen usw. in diesem
Werk berechtigt auch ohne besondere Kennzeichnung nicht zu der Annahme, dass solche
Namen im Sinne der Warenzeichen- und Markenschutz-Gesetzgebung als frei zu betrachten
wären und daher von jedermann benutzt werden dürften.
Der Verlag, die Autoren und die Herausgeber gehen davon aus, dass die Angaben und Informa-
tionen in diesem Werk zum Zeitpunkt der Veröffentlichung vollständig und korrekt sind.
Weder der Verlag noch die Autoren oder die Herausgeber übernehmen, ausdrücklich oder
implizit, Gewähr für den Inhalt des Werkes, etwaige Fehler oder Äußerungen. Der Verlag bleibt
im Hinblick auf geografische Zuordnungen und Gebietsbezeichnungen in veröffentlichten Karten
und Institutionsadressen neutral.

Verantwortlich im Verlag: Nora Valussi

Springer VS ist ein Imprint der eingetragenen Gesellschaft Springer Fachmedien Wiesbaden GmbH
und ist ein Teil von Springer Nature
Die Anschrift der Gesellschaft ist: Abraham-Lincoln-Str. 46, 65189 Wiesbaden, Germany

Inhalt

Einleitung 1

1 **Orchesterlandschaft Deutschland** 5
   1.1 Historischer Abriss 6
   1.2 Das Vier-Säulen-Modell 7
   1.3 Berufsorchester – Sonstige Ensembles und Orchesterformationen ... 8
   1.4 „Ranking" der Orchester – Vergütungsgruppen 9
   1.5 Strukturveränderungen seit der deutschen Wiedervereinigung 11
   1.6 Rechtsformänderungen 12
   1.7 „Neue" Rechtsform Stiftung 13
   1.8 Organisationsstrukturen und -probleme 14
   1.9 Ausblick 20

2 **Arbeitsplatz Orchestermanagement** 23
   2.1 Grundlagen 24
      2.1.1 Orchestergröße 24
      2.1.2 Konkrete Funktion eines Orchesters 24
      2.1.3 Autonomie eines Orchesters 25
      2.1.4 Grundkanon der Managementaufgaben 26
   2.2 Personalausstattung 26
   2.3 Aufgaben und Hierarchien bei Konzert-, Opernorchestern und Rundfunkklangkörpern 27
      2.3.1 Konzertorchester 27
      2.3.2 Opernorchester 29
      2.3.3 Rundfunkklangkörper 30
   2.4 Arbeitsplatz Orchesterbüro 30
      2.4.1 Arbeitsplatzbeschreibung 30
      2.4.2 Persönliche Anforderungen 31

2.5 Aufgabenkanon für das Leitungspersonal 31
2.6 Erforderliches Fachwissen 33
2.7 Definition Orchestermanagement 34

3 Finanz- und Trägerstrukturen 37
3.1 Öffentliche Kulturfinanzierung auf drei Ebenen 38
    3.1.1 Finanzierungskonkurrenz von Kultureinrichtungen 38
    3.1.2 Konkurrenz als Chance 38
3.2 Orchesterfinanzierung durch die öffentliche Hand 39
    3.2.1 Engagement des Bundes 40
    3.2.2 Engagement der Bundesländer 40
    3.2.3 Engagement der Kommunen 41
    3.2.4 Exkurs: Haushaltsaufstellung, -beschlussfassung und -umsetzung (Haushaltskreislauf) 42
    3.2.5 Mischfinanzierungen 43
    3.2.6 Sonderwege 44
        3.2.6.1 Kulturraumgesetz 44
        3.2.6.2 Vertragliche Verbundlösung 45
        3.2.6.3 Mehrjährige Zuwendungsverträge 45
3.3 Probleme der öffentlichen Finanzierung von Theatern und Orchestern 46
    3.3.1 Strukturelles Kernproblem 1: Personalkostendynamik 46
        3.3.1.1 Reaktive Handlungsoptionen 47
        3.3.1.2 Aktive Handlungsoptionen 49
    3.3.2 Strukturelles Kernproblem 2: „Baumolsche Kostenkrankheit" 50
    3.3.3 Strukturelles Kernproblem 3: Inkompatibilität von öffentlichem Haushaltsrecht und künstlerischem Betrieb 51
        3.3.3.1 Jährlichkeit versus Spielzeit 51
        3.3.3.2 Künstlerischer Planungsvorlauf 52
        3.3.3.3 „Dezemberfieber" 53
        3.3.3.4 Haushaltssperre und vorläufige Haushaltsführung .. 53
    3.3.4 Strukturelles Kernproblem 4: Fehlbedarfsfinanzierung 54
    3.3.5 Controlling und Kommunikation 54
3.4 Ansätze im Abschlussbericht der Bundestags-Enquete-Kommission „Kultur in Deutschland" 55
3.5 Vorschläge und Forderungen zur Zukunftssicherung 55

4 Marketing und Publikumsentwicklung ... 59
4.1 Marketing, Kunst und öffentliche Finanzierung – ein Widerspruch? ... 59
4.1.1 Kulturmarketing und „Markt" ... 60
4.1.2 Professionelles Marketing als Zukunfts- und Überlebensfaktor ... 61
4.1.3 Markenbildung ... 62
4.2 Marketing als zentraler und umfassender Denk- und Führungsstil ... 63
4.2.1 Ebenen des Marketing ... 63
4.2.2 Audiencing – von der Besucherorientierung zum Qualitätsmanagement ... 64
4.2.3 Parameter des Marketing ... 65
4.3 Herausforderungen in der Orchesterpraxis ... 67
4.3.1 Marketingkonzeption ... 67
4.3.2 Entscheidungsautonomie ... 68
4.3.3 Marketing ohne Markforschung? ... 70
4.3.4 Orchesterpraxis: Marketing ohne Marktforschung! ... 71
4.3.5 Leistungsangebote und Austauschpartner ... 72
4.3.5.1 Kernleistungen und Zusatzleistungen ... 72
4.3.5.2 Austauschpartner und Geschäftskunden ... 74
4.3.6 Anwendung empirischer Besucherstudien ... 75
4.3.6.1 Kulturbarometer ... 75
4.3.6.2 Jugend-Kulturbarometer ... 76
4.3.7 Branding und Corporate Design ... 77
4.4 Kundenbindung und Abonnement ... 79
4.5 Externe Kommunikation: Presse-, Medien- und Öffentlichkeitsarbeit ... 80
4.5.1 Presse- und Medienarbeit ... 80
4.5.2 Öffentlichkeitsarbeit und Internet ... 82

5 Tarif- und Arbeitsrecht ... 85
5.1 Einleitung und Übersicht ... 85
5.2 Tarifparteien und -beziehungen im Orchesterbereich ... 87
5.3 Eine deutsche Besonderheit: Der Flächentarifvertrag TVK ... 89
5.4 Schwerpunkte des „neuen" TVK vom 31. Oktober 2009 ... 90
5.4.1 Arbeitsvertrag ... 91
5.4.2 Arbeitsverhältnis ... 94
5.4.3 Auswahl und Erprobung ... 95

	5.4.4	Arbeitspflicht	98
	5.4.5	Mitwirkungspflicht	99
	5.4.6	Arbeitszeit	101
		5.4.6.1 Übersicht	101
		5.4.6.2 Einzelheiten der Dienstzählung	103
		5.4.6.3 Dienstbegrenzungen	105
	5.4.7	Vergütung, Tätigkeitzulagen, sonstige Entgelte und Aufwendungsersatz	107
		5.4.7.1 Vergütungsbestandteile und Vergütungsgruppen	108
		5.4.7.2 Sonderverträge	109
		5.4.7.3 Vergütungsordnung	109
		5.4.7.4 Weitere finanzielle Leistungen	110
		5.4.7.5 Dynamisierung finanzieller Leistungen	110
	5.4.8	Kündigung und besonderer Kündigungsschutz	112
	5.4.9	Orchestervorstand	113
5.5	Verträge von Intendanten, Orchestermanagern, Chefdirigenten und Hilfspersonal		114
	5.5.1	Intendantenverträge	114
	5.5.2	Verträge für Orchestermanager	114
	5.5.3	Verträge für Hilfspersonal	115
	5.5.4	Verträge für Chefdirigenten	115

6 Leadership, Kommunikation und Personalentwicklung 119

6.1	Einleitung		119
6.2	Kommunikation und Konfliktentstehung im Orchester		121
	6.2.1	Individualität versus Kollektivgeist	121
	6.2.2	Konfliktentstehung, Kommunikationskultur, Konfliktbewältigung	122
		6.2.2.1 Konfliktentstehung und -konstellationen	123
		6.2.2.2 Konfliktbewältigung durch Mediation	125
	6.2.3	Konfliktprävention	126
6.3	Kommunikationsschulung		128
6.4	Zusammenarbeit von Orchestermanagement und -vorstand		128
	6.4.1	Monatsgespräch	129
	6.4.2	Neue Kommunikationsprozesse in Gang setzen	129
	6.4.3	Stichworte und Motive für eine verbesserte Kommunikation	130
	6.4.4	Weitere Kommunikationsplattformen	131

Inhalt IX

      6.4.5 Zwischenergebnis 131
  6.5 Personalentwicklung im Orchester 132
      6.5.1 Neue Orchestermitglieder 132
      6.5.2 Ältere Orchestermitglieder 134
  6.6 Rolle von Betriebs- und Personalräten 135

7 Künstlerische Planung und Disposition 137
  7.1 Spiel- und Konzertplan 138
      7.1.1 Parallele Planungs- und Umsetzungsebenen,
            Grundgerüst 138
            7.1.1.1 Feststehende Konzerttermine als Grundgerüst 139
            7.1.1.2 Verfügbarkeit von Veranstaltungsräumen 140
            7.1.1.3 Externe Terminfaktoren 141
      7.1.2 Proben- und Besetzungsplanung 141
      7.1.3 Exkurs: Disponenten-Einmaleins 141
      7.1.4 Vom Konzertplan bis zur Diensteinteilung 144
  7.2 Technische Hilfsmittel für Planung und Disposition 145
  7.3 Wer bestimmt, was gespielt wird? 147
      7.3.1 Chefdirigent / GMD / Intendant 148
      7.3.2 Künstler und Agenturen 149
      7.3.3 Dramaturgie 150
      7.3.4 Publikum 150
      7.3.5 Veranstalter 151
      7.3.6 Sponsoren 152
  7.4 Was ist ein guter Spiel- und Konzertplan? 153

Literaturverzeichnis 157

Einleitung

Ein Orchesterbetrieb ist ein ausgesprochen komplexes Gebilde. Ihn professionell zu managen, ist eine Kunst. Die Herausforderungen an das Orchestermanagement sind in den letzten Jahren weiter gestiegen. Auch weltweit gesehen stehen für die Orchester vor allem zwei Fragen im Vordergrund: 1. Die auskömmliche Finanzierung aus öffentlichen und/oder privaten Mitteln und 2. die Entwicklung und Bindung des Publikums. Immer größere Bedeutung erfährt die Frage nach der gesellschaftlichen Relevanz von Orchestern, die ihre Rolle und ihren Auftrag immer wieder neu definieren müssen.

Eine nicht immer nachhaltige öffentliche Finanzierung, sich verändernde politische Förder- und Rahmenbedingungen, eine tendenzielle Überalterung des Publikums, fortlaufende Initiativen zur Publikumsentwicklung und -bindung, die erforderliche Verbesserung der Servicefreundlichkeit und des Kartenvertriebs, des Marketings und der Ertragsseite, die Vernetzung der Orchester in ihrem Umfeld, innovative Programmideen, der Einsatz neuer Medien, die Personal- und Organisationsentwicklung sowie zahlreiche weitere Herausforderungen wollen professionell bewältigt sein. Das gilt trotz national unterschiedlicher Rahmenbedingungen in Europa, Nordamerika, Australien und Japan mit ihren etablierten Orchesterszenen ebenso wie in Ländern, in denen sich eine professionelle Orchesterszene häufig erst in den vergangenen Jahren oder in wenigen Jahrzehnten entwickelt hat, so in Singapur, Thailand, Malaysia, Korea und vor allem China.

Der Blick auf die Berufs- und Ausbildungssituation des Führungsnachwuchses zeigt, dass eine wirklich umfassende Ausbildung für das Orchestermanagement in Deutschland, aber auch im Ausland bislang nicht existiert. Eine Ausnahme bildete in der Vergangenheit nur das „Orchestra Management Fellowship Program" (OMFP) der League of American Orchestras (LAO) – das Trainee-Programm des nordamerikanischen Orchesterverbandes. Das Aus- und Weiterbildungsdefizit in Deutschland überrascht besonders, wenn man bedenkt, dass mit 129 Berufsorchestern rund ein Viertel der weltweit existierenden Orchester in Deutschland beheimatet sind.

Orchestermanager sind in der Regel Seiteneinsteiger: vor allem ehemalige Berufsmusiker, aktive Dirigenten, Musikwissenschaftler, Dramaturgen, Juristen, Betriebswirte, Kulturmanager. Alles das, was sie von ihrem bisherigen Ausbildungs- und Werdegang nicht mitbringen, müssen sie sich meist erst im Job mühsam erarbeiten. Frei nach dem Aphorismus von Friedrich Rückert: „Was man nicht erfliegen kann, muss man erhinken", ist dieser Lernprozess für alle Beteiligten nicht immer einfach und konfliktfrei. Praktikums- und Trainee-Angebote sind in fast allen Kulturmanagementbereichen üblich und haben vereinzelt gar überhand genommen. Im Orchestermanagement sind sie immer noch selten. Die Managementabteilungen der Orchester sind in Deutschland personell meist so klein besetzt, dass eine echte Praktikumsausbildung nur bei größeren Orchestern überhaupt möglich ist. Je kleiner ein Orchester, desto eher sind Führungskräfte und Mitarbeiter im Orchestermanagement „Mädchen für alles"; sie müssen sich flexibel um verschiedene Aufgabenbereiche kümmern, hierbei Prioritäten setzen und zwangsläufig einiges vernachlässigen.

In einigen Kapiteln dieses Buches liegt der Schwerpunkt der Darstellung im Bereich der Orchester, die nicht unmittelbar in einen Musiktheaterbetrieb eingebunden sind. Denn vor allem bei den Opernorchestern – in Deutschland über 80 an der Zahl – ist das Orchestermanagement oft in einer sehr untergeordneten Funktion in den Gesamtbetrieb integriert. Der Schwerpunkt eines Musiktheaters liegt naturgemäß auf der bühnenmäßigen Produktion, welcher sich alle anderen Bereiche unterzuordnen haben. Es gibt aber auch Fälle, in denen Orchester trotz Bespielung eines Musiktheaters eine selbstständigere Position innehaben und damit ein eigenes Profil entwickeln konnten, was für die unternehmerische Betätigung in einem wirtschaftlich schwierigen Umfeld nicht zu unterschätzen ist.

Neben einem Überblick über das Aufgabenfeld des Orchestermanagements, über die deutsche Orchesterlandschaft, über Finanz- und Trägerstrukturen liegt ein Schwerpunkt in der Darstellung des TVK („Tarifvertrag für die Musiker in Kulturorchestern" vom 31. Oktober 2009). Weitere Schwerpunkte bilden die Themen Marketing, Leadership, Kommunikation und Personalentwicklung sowie künstlerische Planung und Disposition.

Seit der 1. Auflage im Jahr 2010 haben sich vor allem die Bereiche des Marketing, der Musikvermittlung, des Qualitätsmanagements und der neuen Medien weiterentwickelt. Aber auch das Führungsverständnis von Dirigenten/innen und Intendanten/innen ist in Bewegung geraten. Ebenso haben sich viele Orchester weiter verjüngt und sind noch internationaler geworden. Auch dies beeinflusst die Spiel-, Organisations- und Führungskultur sowie das Selbstverständnis und die Mission von Orchestern.

Anders als im inzwischen ausdifferenziert entwickelten Bereich des Kulturmanagements ist Spezialliteratur zum Orchestermanagement nur rudimentär vorhanden. Dieses Buch ist ein Versuch, einen nah an der Praxis orientierten Beitrag zur Aus- und Weiterbildung im Orchestermanagement zu liefern. Die Webseite zu diesem Buch mit weiteren Hinweisen zu jeweils aktueller Fachliteratur finden Sie unter www.orchestermanagement.de.

Gerald Mertens

Orchesterlandschaft Deutschland 1

> **Zusammenfassung**
>
> Die weltweit einzigartige deutsche Orchesterlandschaft ruht im Wesentlichen auf vier Säulen: Opernorchestern, Konzertorchestern, Rundfunkklangkörpern und Kammerorchestern. Diese sind in unterschiedliche Organisations-, Produktionsstrukturen und Rechtsformen eingebunden. Nach massiven Strukturveränderungen (Auflösungen und Fusionen mit Personalabbau, Rechtsformänderungen) in den ersten zwei Jahrzehnten seit der deutschen Wiedervereinigung ist inzwischen eine Konsolidierung zu konstatieren. Der weitere Ausbau professioneller Musikvermittlung, steigende Besucherzahlen sowie ein stärkeres finanzielles Engagement des Bundes sind positive Signale.

> **Schlüsselbegriffe**
>
> Berufsorchester, Konzertorchester, Opernorchester, Kammerorchester, Rundfunkklangkörper, Kulturorchester.

Die deutsche Orchesterlandschaft ist in ihrer Dichte und Vielfalt im internationalen Vergleich nach wie vor einzigartig. Im Dezember 2014 wurde die deutsche Theater- und Orchesterlandschaft auf die nationale Liste des Immateriellen Kulturerbes der UNESCO aufgenommen. Im Dezember 2016 haben die Bundesregierung und die Kultusministerkonferenz gemeinsam beschlossen, den Eintrag in der internationalen Liste bei der UNESCO zu beantragen. Weltweit wird die Zahl der ganzjährig spielenden, professionellen Orchester in überwiegend klassisch-sinfonischer Besetzung auf rund 560 bis 600 geschätzt. Rund ein Viertel davon – gegenwärtig 129 – haben ihren Sitz in Deutschland.

Die deutschen Orchester und ihr Management bewegen sich in einem Spannungsfeld zwischen großen, teilweise Jahrhunderte alten Traditionen einerseits und unaufhörlichen Innovationen und Strukturanpassungen andererseits. In den letzten Jahren ist eine grundsätzliche Konsolidierung bei der öffentlichen Finanzierung vieler Orchester zu beobachten. Wurde über Jahrzehnte im Feuilleton und in der Kulturmanagementliteratur eine sinkende Nachfrage nach klassischen Konzerten und Musiktheatervorstellungen sowie das Aussterben des Klassikpublikums prophezeit, ist inzwischen das Gegenteil erwiesen: die „Trendwende Klassik" ist real. Klassikkonzerte, Musiktheater und Klassik-Festivals ziehen mehr Besucher an, als die 1. Fußball-Bundesliga. Die Gestaltung von Innovation und die stetige Anpassung an veränderte Rahmenbedingungen bleiben für das Management der öffentlich finanzierten Orchester eine große und spannende Herausforderung.

1.1 Historischer Abriss

Als ältestes deutsches Orchester gilt das Orchester des heutigen Hessischen Staatstheaters Kassel, gegründet durch den Hessischen Landgrafen Wilhelm II. im Jahre 1502 durch die Aufnahme eines gewissen Henschel Deythinger als „trumpter" in die Kasseler Hofmusik. Dieser Trompeter und weitere acht Bläser bildeten mit der Kasseler Hofkapelle eines der ersten selbstständigen Instrumentalensembles unter einem gemeinsamen Leiter und schufen damit die Grundlage für die Herausbildung der Kulturinstitution „Orchester" (Porsch 2003: 15). Die ersten Wurzeln der deutschen und europäischen Kapell- und Orchesterkultur reichen sogar noch in das 15. Jahrhundert zurück. Als ältestes Orchester der Welt gilt übrigens die Königliche Kapelle Kopenhagen (1448).

Namhafte Traditionsorchester, wie z. B. die Sächsische Staatskapelle Dresden, die Staatskapelle Weimar oder die Mecklenburgische Staatskapelle Schwerin, entstanden im 16. Jahrhundert, weitere an den deutschen Fürstenhöfen im 17. und 18. Jahrhundert (Richter 2007: 16). Auf die höfischen und kirchlichen Ensemblegründungen folgte im 19. und 20. Jahrhundert die Entwicklung einer bürgerlichen Orchesterkultur (Brezinka 2005: 12). Seit den 1920er Jahren und in der Zeit nach dem zweiten Weltkrieg kamen die Rundfunkensembles und weitere kommunale und staatliche Orchester in Ost und West hinzu.

1.2 Das Vier-Säulen-Modell

Die professionelle, öffentlich finanzierte Orchesterlandschaft Deutschlands mit 129 Berufsorchestern (Stand 2018) beruht im Wesentlichen auf vier Säulen (Vier-Säulen-Modell). Von ihrer unterschiedlichen Trägerschaft bzw. Aufgabenstellung und Größe her kann man unterscheiden: Konzertorchester, Opernorchester, Rundfunkklangkörper und Kammerorchester (Jacobshagen 2000: 26, Brezinka 2005: 36).

Das Vier-Säulen-Modell der deutschen Orchesterlandschaft:
- Konzertorchester
- Opernorchester (Theaterorchester)
- Rundfunkklangkörper
- Kammerorchester

Die zahlenmäßig größte Säule besteht aus den 81 *Opernorchestern*, auch Theaterorchester genannt (Jacobshagen 2002: 400), die überwiegend die Sparten Oper, Operette, Musical der Stadt- und Staatstheater bedienen. Das Spektrum reicht von den Orchestern der großen, international renommierten Opernhäusern in Berlin, Hamburg, Stuttgart oder München bis hin zu den kleinen Bühnen in Lüneburg, Annaberg-Buchholz oder Hildesheim.

Die zweite Säule bilden 29 *Konzertorchester* (darunter ein ziviles Blasorchester), die ganz überwiegend oder ausschließlich im Konzertsaal tätig sind. Die Spitzenposition nehmen hier unbestritten die Berliner Philharmoniker ein, gefolgt von vielen weiteren international bedeutenden Orchestern, den Münchner Philharmonikern, dem Deutschen Symphonieorchester Berlin, den Bamberger Symphonikern, dem Gewandhausorchester Leipzig, um nur einige der größten zu benennen.

Die dritte Säule besteht aus den *Rundfunkklangkörpern* der ARD-Anstalten und der Rundfunkorchester und -Chöre GmbH (ROC) Berlin: elf Rundfunk- und Rundfunksinfonieorchester sowie vier Bigbands und sieben Rundfunkchöre sind unverändert ein Standbein für hochwertige Musikproduktion, ambitionierte Programmpolitik und Förderung der zeitgenössischen Musik in Deutschland (Mertens 2008b: 29).

Die vierte Säule bilden schließlich acht *Kammerorchester*, die mit öffentlichen Mitteln finanziert werden und die in der Regel ohne eigene Bläserbesetzung als reine Streichorchester ganzjährig arbeiten, wie z. B. das Stuttgarter Kammerorchester, das Württembergische Kammerorchester Heilbronn oder das Münchner

Kammerorchester (Jacobshagen 2000: 36). Da die Kammerorchester ebenfalls überwiegend oder ausschließlich im Konzertsaal tätig sind, könnte man sie auch als Untergruppe bei den Konzertorchestern einordnen.

Teilweise ist die Unterscheidung zwischen Opern- und Konzertorchestern (Säulen 1 und 2) nicht randscharf möglich (vgl. Werner-Jensen 2015: 11). Dies gilt vor allem in den Fällen, in denen das Orchester zwar einerseits in ein Opernhaus integriert oder mit ihm eng verbunden ist, jedoch andererseits einen relativ eigenständigen Konzertbetrieb in größerem Umfang wahrnimmt. Eine Sonderstellung beanspruchen die Hofer Symphoniker (s. u. Kap. 1.8), die als Konzertorchester selbstständig sind, als einziges Orchester in Deutschland eine eigene Musikschule betreiben und über einen Werkvertrag den Musiktheaterbereich des Hofer Theaters bedienen (Scherz-Schade 2009b: 19).

1.3 Berufsorchester – Sonstige Ensembles und Orchesterformationen

Als „Kulturorchester" wurden in Deutschland seit 1938 sprachlich alle vorgenannten Konzert-, Rundfunk- und Opernorchester bezeichnet, wenn sie – so die historisch anmutende, aber immer noch geltende tarifvertragliche und gesetzliche Definition – „überwiegend ernst zu wertende Musik" spielen und um sie seinerzeit von reinen Unterhaltungsorchestern abzugrenzen. Heute ist der Begriff „Kulturorchester" nur noch ein juristischer Funktionsbegriff für die Anwendung des einschlägigen Tarifvertrages (TVK – „Tarifvertrag für die Musiker in Kulturorchestern" vom 31. Oktober 2009), in Gesetzen (z. B. Einigungsvertrag) und bei der berufsständischen Zusatzversorgung der Orchestermitglieder (Versorgungsanstalt der deutschen Kulturorchester – VddKO). Umfasst sind damit die von der öffentlichen Hand überwiegend getragenen bzw. finanzierten Staats- und Kommunalorchester. Das entscheidende Kriterium ist insoweit, dass diese Orchester alle überwiegend öffentlich (aus Steuermitteln oder Rundfunkgebühren) finanziert werden und mit einem festen, professionellen Personalbestand ganzjährig keine reine Unterhaltungs- oder Marschmusik spielen (Brezinka 2005: 36). Die umgangssprachliche Bezeichnung der Staats- und Kommunalorchester als „Berufsorchester" ist daher zeitgemäßer.

Professionelle Orchester bestehen auch in den Bereichen von Polizei, Bundespolizei und Bundeswehr, sind dort aber überwiegend als Blasorchester- und Bigband-Formationen tätig. Einzelne, immer wieder neu zusammengestellte Orchesterformationen spielen auf Produktionsdauer im Bereich der kommerziellen Musical-Unternehmen, vorwiegend in Hamburg, Berlin und Stuttgart. Die Zahl der Kurorchester, die bis in die 1970er Jahre auf dem Weg ins Arbeitsleben eines Berufsorchesters immer eine wichtige Durchgangsstation für Musikstudenten und junge Berufsmusiker waren, ist auf eine kaum noch wahrnehmbare Zahl zurückgegangen. Eines der letzten Orchester dieser Art ist z. B. das Kurorchester Bad Kissingen. Aus Kostengründen engagieren viele Kurbäder kleine Combo-Formationen – vorwiegend aus Osteuropa – nur noch für eine Saison (Frei 2010: 18).

Hinzuweisen ist auf weitere professionelle Orchester, Kammerorchester und Ensembles, die entweder (meist als Gesellschaft bürgerlichen Rechts oder GmbH) mit einem Stamm selbstständiger Musiker oder teilweise mit stärkerer öffentlicher Finanzierung auch mit fest angestellten Musikern arbeiten (Brezinka 2005: 37). Hierzu zählen beispielsweise das Ensemble Modern Frankfurt, die Deutsche Kammerphilharmonie Bremen, das Bayerische Kammerorchester Bad Brückenau, Concerto Köln oder das Freiburger Barockorchester sowie auch (Projekt-) Orchester, die ohne oder überwiegend ohne öffentliche Finanzierung arbeiten, wie z. B. die Philharmonie Merck oder das Jewish Chamber Orchestra Munich. Im Unterschied zu den Staats- und Kommunalorchestern übt hier die öffentliche Hand keinen beherrschenden Einfluss aus. In der Regel übernehmen hier Musiker selbst die unternehmerische Verantwortung.

1.4 „Ranking" der Orchester – Vergütungsgruppen

Wie in anderen Bereichen des Arbeitslebens auch definiert sich die Konkurrenzfähigkeit eines Orchesters nicht nur nach seinem meist langjährig erarbeiteten künstlerischen Ruf, der Reputation des Chefdirigenten, sondern auch nach der Attraktivität der Arbeitsplätze für musikalische Spitzenkräfte und für diese vor allem nach der maximal erzielbaren Vergütung.

Im Geltungsbereich des „Tarifvertrages für Musiker in Kulturorchestern" (TVK), also bei den kommunalen und staatlichen Orchestern, ist hinsichtlich der Vergütung und des „Ranking" zu differenzieren: Während die Opernorchester gemäß TVK nach Zahl der jeweils ausgewiesenen Planstellenzahlen (so genanntes „Kopfstärkeschema") in sieben Vergütungsgruppen A/F1, AF/2, A, B/F, B, C und D eingeordnet werden, erfolgt für die Konzerttorchester eine Eingruppierung bzw. Vergütungsfestlegung durch einen gesonderten Einstufungstarifvertrag („Konzertorchester-Tarifvertrag") oder in einem individuellen Haustarifvertrag (zum Beispiel für die Berliner und Münchner Philharmoniker, Gewandhausorchester Leipzig). Die grundsätzliche Orientierung erfolgt allerdings auch bei den meisten

Konzertorchestern an den Vergütungsgruppen der Opernorchester (weitere Einzelheiten unter Kap. 5.4).

Die Gesamtbetrachtung der Vergütungssituation der deutschen Orchester ergibt Folgendes: An der Spitze der deutschen Berufsorchester im Vergütungsbereich stehen die Berliner Philharmoniker, dicht gefolgt vom Bayerischen Staatsorchester, der Staatskapelle Berlin, den Münchner Philharmonikern, dem Gewandhausorchester Leipzig, der Sächsischen Staatskapelle Dresden, den Bamberger Symphonikern und den großen Rundfunksinfonieorchestern in München, Köln, Stuttgart und Hamburg.

Auf der zweiten Stufe – oberhalb der obersten flächentariflichen Vergütungsgruppe A/F1 – folgen Orchester wie das Deutsche Symphonieorchester Berlin, die Dresdner Philharmonie, das Philharmonische Staatsorchester Hamburg, das Gürzenich-Orchester Köln sowie weitere Rundfunksinfonie- und Rundfunkorchester. Festgelegt sind diese Spitzenvergütungen entweder in eigenständigen (Haus-)Tarifverträgen oder in örtlichen, meist arbeitsvertraglich vereinbarten Zulagen. Die weiteren kommunalen und staatlichen Opern- und Konzertorchester sowie die Kammerorchester verteilen sich sodann auf die angesprochenen TVK-Vergütungsgruppen, wobei es auch durchaus Orchester gibt, die aufgrund besonderer örtlicher oder historischer Umstände vereinzelt unterhalb der Vergütungsgruppe D bezahlt werden.

Als ungefährer Vergleichsmaßstab für die Vergütungsgruppen der TVK-Orchester zur verwandten Berufsgruppe der Schulmusiker kann in etwa Folgendes gelten: Die Vergütung eines Musikers in einem B-Orchester entspricht in etwa der eines Grundschullehrers, in einem A-Orchester der eines Gymnasiallehrers und in einem A/F1-Orchester der eines Professors an einer Musikhochschule (Tewinkel 2004: 59). Die Musiker der Berufsorchester sind in der Regel in einem unbefristeten, aber jederzeit kündbaren Angestelltenverhältnis und nicht als Beamte beschäftigt. Für Musiker, die das 40. Lebensjahr überschritten haben und mindestens 15 Jahre ununterbrochen in öffentlichen Berufsorchestern tätig waren, gelten besondere tarifliche Kündigungsbestimmungen (vgl. Kap. 5.4.8). Beamtete Musiker gibt es teilweise noch bei den Orchestern von Polizei und Bundespolizei, wobei auch hier Neueinstellungen seit einigen Jahren in der Regel nur noch im Angestelltenverhältnis erfolgen.

1.5 Strukturveränderungen seit der deutschen Wiedervereinigung

Stieg im Jahr 1990 in Folge der Wiedervereinigung beider Teile Deutschlands die Zahl der Theater und Orchester zunächst stark an, so setzte alsbald eine Anpassungs- und Konsolidierungswelle ein, in deren Verlauf vorrangig in den neuen Bundesländern etliche Einrichtungen aus strukturellen und finanziellen Gründen – insbesondere im Hinblick auf die befristete Übergangsfinanzierung des Bundes – miteinander fusioniert, verkleinert oder ganz aufgelöst wurden (vgl. Röper 2001: 19; Jacobshagen 2000: 88). Der Höhepunkt dieser Entwicklung lag in der Mitte der 1990er Jahre, die sich abflachend über die Jahrtausendwende fortsetzte. Die Auflösungen betrafen im Orchesterbereich nicht etwa nur kleine Orchester in einigen ländlichen Gebieten oder an den Schauspielbühnen im Ostteil Berlins, sondern auch größere Orchester in ehemaligen Bezirkshauptstädten der DDR wie u. a. Schwerin, Erfurt, Potsdam oder Suhl sowie einzelne Rundfunkklangkörper des ehemaligen DDR-Rundfunks in Berlin und Leipzig.

Parallel zu dieser besonderen Entwicklung in den neuen Bundesländern kam es auch in den alten Bundesländern – schwerpunktmäßig in Nordrhein-Westfalen (Jacobshagen 2000: 98) – zu gravierenden Strukturanpassungen, angefangen von der Auflösung des Musiktheaters und des Orchesters in Oberhausen im Jahr 1992, über die Insolvenz der Philharmonia Hungarica (Marl) im Jahr 2001 bis zur Abwicklung und Insolvenz der Berliner Symphoniker im Jahr 2004, welche seitdem heute als Projektorchester arbeiten (Hanssen 2009: 33) und inzwischen wieder eine bescheidene öffentliche Förderung erhalten.

Bei der ersten gesamtdeutschen Erfassung im Jahr 1992 waren es noch 168 öffentlich finanzierte Konzert-, Opern-, Kammer- und Rundfunkorchester; heute sind es 129. 39 Ensembles (Stand 2018) wurden seitdem aufgelöst oder fusioniert. Die Zahl der ausgewiesenen Musikerplanstellen in diesen Berufsorchestern ging seit 1992 von 12.159 auf 9.746 im Jahr 2018 zurück, also um 2.413 bzw. fast 20 Prozent. Diese Tendenz flacht sich weiter ab, wird sich aber durch den in der Regel sozialverträglichen Personalabbau bei in der jüngeren Vergangenheit fusionierten Orchestern (SWR Symphonieorchester Stuttgart, Thüringen Philharmonie Gotha-Eisenach, Staatskapelle Halle) noch über einige Jahre fortsetzen. Vereinzelt wurden Orchester in den alten Bundesländern um einige Stellen aufgestockt – gegen den Trend der letzten Jahre.

1.6 Rechtsformänderungen

Der Umbruch in den 1990er Jahren war auch durch einen Privatisierungsboom – wiederum mit Schwerpunkt in den neuen Bundesländern – gekennzeichnet. Dies hing vor allem damit zusammen, dass vielfach staatliche Strukturen der ehemaligen DDR, vor allem z. B. die Bezirke, ersatzlos wegfielen (s. o.). Insbesondere einige neu gebildete Landkreise fühlten sich mangels geringer eigener Steuerquellen mit der Alleinträgerschaft von Theatern und Orchestern finanziell überfordert. Dies führte vereinzelt zu Bildungen öffentlich-rechtlicher Zweckverbände oder eingetragener Vereine, ganz überwiegend aber zur Gründung von GmbHs. Seit 1990 hat es im Bereich der Berufsorchester bundesweit über 30 GmbH-Gründungen, diese ganz überwiegend in den neuen Bundesländern, gegeben (Bastuck 2009: 722). Auch diese Entwicklung erreichte ihren Höhepunkt etwa Mitte der 1990er Jahre und ist heute vollkommen abgeflaut. Denn die allgemeinen Kostensteigerungen im Personal- und Sachkostenbereich konnten durch diese Privatisierungen und Auslagerungen der Orchester aus den öffentlichen Haushalten nicht aufgefangen werden. Dies erhöhte für die nunmehr „privatisierten" Orchester, unverändert mit öffentlichen Trägern im Hintergrund, den Einspar- und Konsolidierungsdruck, brachte einige an den Rand der Insolvenz und führte zum Abschluss zahlreicher Haustarifverträge mit Vergütungsverzicht der Beschäftigten.

Daneben gab es seit 1990 auch 13 Eigenbetriebsgründungen, bei denen die Orchesterbetriebe rechtlich zwar im unmittelbaren Einflussbereich der öffentlichen Hand verblieben, aber wirtschaftlich eine größere Eigenständigkeit und flexiblere Handlungsspielräume eingeräumt bekamen. Prominentes Beispiel für diese Rechtsform sind Gewandhaus und Gewandhausorchester Leipzig (Bastuck 2009: 720). Die privatrechtlichen, eingetragenen Orchesterträgervereine hatten nicht immer dauerhaften Bestand und mündeten häufig in der Gründung von GmbHs. Ein Problem scheint hierbei darin zu liegen, dass die Rechtsform des eingetragenen Vereins für den Betrieb eines Orchesters mit einem oft millionenschweren Haushalt bei gleichzeitiger Mischung der Mitglieder aus natürlichen und juristischen Personen (in der Regel Kommunen) keine angemessenen Handlungsinstrumente bereit hält. Insbesondere sind die ehrenamtlich tätigen Vereinsvorstände oftmals mit erheblichen Rechts-, Finanz- und Haftungsrisiken konfrontiert und manchmal auch überfordert. Die Insolvenzen der Trägervereine in Marl (2001), Zeitz (2003) und bei den Berliner Symphonikern (2004) mögen ein Beleg hierfür sein.

1.7 „Neue" Rechtsform Stiftung

In den letzten Jahren wurde häufiger auch die Rechtsform der Stiftung als Trägerinstitution (oder Vorstufe dazu) für Theater- und Orchesterbetriebe verwendet (vgl. Röper 2001: 353). Dies geschah bislang in Meiningen, wo in die (privatrechtliche) Theater- und Orchester-Stiftung allerdings auch die ehemals herzoglichen Museen und Liegenschaften einbezogen sind, bei der Württembergischen Philharmonie Reutlingen und seit dem 1. Januar 2002 bei den Berliner Philharmonikern (Bastuck 2009: 721), letztere als öffentlich-rechtliche Stiftung. Seit dem 1. Januar 2004 werden die drei Berliner Opernhäuser (Deutsche Oper, Deutsche Staatsoper und Komische Oper) mit Anschubfinanzierung des Bundes als „Stiftung Oper in Berlin" geführt. Weitere Stiftungsgründungen erfolgten 2004 beim Brandenburgischen Staatstheater in Cottbus, beim Staatstheater Nürnberg und 2005 bei den Bamberger Symphonikern. 2012 wurde das Württembergische Kammerorchester Heilbronn von einem Verein in eine privatrechtliche Stiftung umgewandelt.

Der Vorteil der zunehmend gewählten Rechtsform der öffentlich-rechtlichen Stiftung liegt zum einen darin, dass sie in der Regel nicht insolvenzfähig ist, also dauerhaft und verlässlich öffentlich finanziert werden muss (Siebenhaar 2009: 12). Dies erhöht das Vertrauen der Belegschaft und die Reputation der Einrichtung in der Öffentlichkeit und bei (privaten) Geldgebern. Da – anders als z. B. bei den millionenschweren nordamerikanischen Opern- und Orchesterstiftungen – ein namhaftes eigenes Stiftungskapital nicht vorhanden ist, bleiben diese Institutionen als reine Zuwendungsstiftungen unverändert von den Finanzzuweisungen der öffentlichen Hand abhängig. Jedenfalls insoweit sind sie einstweilen ein bloßes Alibiträgermodell (Siebenhaar 2009: 13). Bis zu fünfjährige Zuwendungsverträge für Trägerstiftungen geben jedoch eine weitaus größere Planungssicherheit, als dies gegenwärtig bei den meisten der anderen Rechts- und Betriebsformen der Fall ist.

Vermehrt sind Freunde und Förderer der Orchester nicht mehr nur als Verein organisiert, sondern wählen ebenfalls ersetzend oder ergänzend die Stiftungsform (z. B. beim Mainfranken Theater Würzburg, Gemeinschaftsstiftung der Nordwestdeutschen Philharmonie Herford, Stiftung für die Philharmonie Südwestfalen, Hilchenbach/Siegen, oder die Erzgebirgische Theater- und Orchester-Stiftung (ETHOS), Annaberg-Buchholz). Die Bedeutung der finanziellen, ideellen und politischen Unterstützung von Orchestern, Musiktheatern und Konzerthäusern durch Freunde und Förderer hat in den vergangenen Jahren weiter zugenommen, insbesondere in den östlichen Bundesländern (Mertens 2018b: 164).

1.8 Organisationsstrukturen und -probleme

Die Organisationsstrukturen der deutschen Berufsorchester lassen sich kaum einheitlich beschreiben und nur ansatzweise kategorisieren. Vieles ist historisch gewachsen und wird erst in jüngerer Zeit unter Effizienzgesichtspunkten betrachtet. Teilweise seit Jahrzehnten bestehende Strukturen und eingefahrene Abläufe sind Ansatzpunkte für ein *Change Management* ebenso wie für ein *Qualitätsmanagement*. Dieses verfolgt das Ziel, den Orchesterbetrieb an die sich verändernden Herausforderungen optimal anzupassen. Handlungsfelder sind vor allem die verlässliche und auskömmliche Finanzierung, verändertes Nutzer- und Freizeitverhalten, die ständige Ansprache und Erschließung neuer Besuchergruppen, Wiederbelebung des Abonnements, technologische Entwicklungen (Dost 2008: 31), aber auch die konsequente Vernetzung mit den einschlägigen Stakeholdern.

Die jeweiligen Organisationsstrukturen von Orchestern sind im Wesentlichen abhängig

- von der jeweiligen Rechts- und Organisationsform (1),
- dem Orchestertypus (Opern- oder Konzertorchester) (2) und
- der Anbindung an eine Produktions- oder Aufführungsstätte (3).

(1) Rechts- und Organisationsform

Die Mehrzahl aller kommunalen und staatlichen Orchester ist als „Regiebetrieb" unmittelbar in die öffentlichen Haushalts- und Verwaltungsstrukturen des Rechtsträgers eingebunden (Bastuck 2009: 719). Der Intendant bzw. Direktor eines Opernhauses oder Orchesters hat dann die Funktion eines Dienststellen- oder Amtsleiters, mit relativ eingeschränktem Bewegungsspielraum. Der so genannte „optimierte" Regiebetrieb eröffnet in der Regel der Leitung eigene Personalhoheit und eine flexiblere Haushaltsbewirtschaftung. Theoretisch führen die weiteren Rechtsformen des Eigenbetriebs, der GmbH und der Stiftung zu einem noch höheren Handlungs- und Gestaltungsspielraum für die Leitung. In der Praxis hängt dies jedoch erheblich von der konkreten Ausgestaltung der Binnenstrukturen ab, der Geschäftsordnung, der Einflussnahme von Aufsichtsgremien, der Langfristigkeit von Zuwendungsverträgen, der allgemeinen Verlässlichkeit der öffentlichen Finanzierung, den Rahmenbedingungen des jeweiligen Landeshaushaltsrechts und natürlich von dem persönlichen Engagement der handelnden Personen in der externen öffentlichen Kulturverwaltung. Eine rechtliche und wirtschaftliche Verselbstständigung eines Musiktheaters oder Orchesters ist bereits häufiger durch spätere direkte Eingriffe der Kulturverwaltung in den Betrieb konterkariert worden (Siebenhaar 2009: 13). Selbst gute Ansätze von Change Management im Orchester verpuffen dann wirkungslos, wenn neben den betriebsinternen Faktoren nicht auch die externen, fremdbestimmten Faktoren auf eine nachhaltige Grundlage gestellt werden.

(2) Orchestertypus

Beim Orchestertypus ist nach dem Tätigkeitsschwerpunkt vor allem zwischen Opern- und Konzertorchestern zu unterscheiden. Ist das Orchester als *Opernorchester* unmittelbar in einen reinen Musiktheaterbetrieb (reines Opernhaus) eingegliedert, wird es in der Regel organisatorisch von einem Orchesterdirektor bzw. Orchestergeschäftsführer geleitet (s. u. Kap. 2.3). Dies gilt auch bei den größeren Mehrspartenbetrieben, meist also den großen Stadt- und Staatstheatern, die neben dem Musiktheater auch Schauspiel, Ballett und ggf. weitere Sparten wie Kinder- und Jugendtheater, Puppen- oder Experimentaltheater betreiben und die über ein entsprechend großes Orchester verfügen. Die künstlerische Gesamtverantwortung für das Orchester liegt beim (General-)Intendanten und dem musikalischen Oberleiter. Das Orchester eines Musiktheaters spielt neben Oper, Operette und Musical meist auch eine gewisse Anzahl von Sinfoniekonzerten je Spielzeit, wird aber in den bisher üblichen Organisationsstrukturen grundsätzlich nicht als eigene Sparte verstanden.

Das organisatorische „Problem" der meisten Opernorchester ist die sehr enge Einbindung in den laufenden Proben-, Bühnen- und Vorstellungsbetrieb des Theaters mit all seinen Unwägbarkeiten und häufig kurzfristigen Umdisponierungen. Wenn der Bühnenbetrieb als *Repertoirebetrieb* mit ständig wechselnden Abendvorstellungen organisiert ist, muss das Orchester hierauf entsprechend eingerichtet sein und hat kaum Freiräume für eigene Tätigkeiten (Konzerte, Reisen, Musikvermittlung). Im *Semi-Stagione-* oder *Block-Betrieb* hingegen werden nur wenige Bühnenstücke im Wechsel gespielt, im *En-Suite-Betrieb* nur ein einziges mit entsprechenden Folgen für die Orchesterdisposition und die Bühnentechnik.

Die organisatorische Stärkung und teilweise Verselbstständigung eines Orchesters vor allem innerhalb des Mehrspartenbetriebes erscheint auf den ersten Blick unbequem, weil sie an bestehenden Strukturen rüttelt und die ansonsten klassische Unterordnung aller Bereiche unter den Bühnenbetrieb aufbricht. Sie böte aber mehr Chancen und Innovationspotenziale als Risiken. Die Umstellung des Spielbetriebes weg vom reinen Repertoirebetrieb würde beim Orchester größere dispositorische Freiräume schaffen und die Bühnentechnik entlasten, erfordert aber weitere Umstellungen im gesamten Musiktheaterbereich. Ein allererster Schritt zu mehr Selbstständigkeit und Erhöhung der Außenwahrnehmung der Konzertaktivitäten eines Opernorchesters ist eine eigene Programmbroschüre mit allen Sinfonie- und Sonderkonzerten, Kammermusik und Musikvermittlungsangeboten.

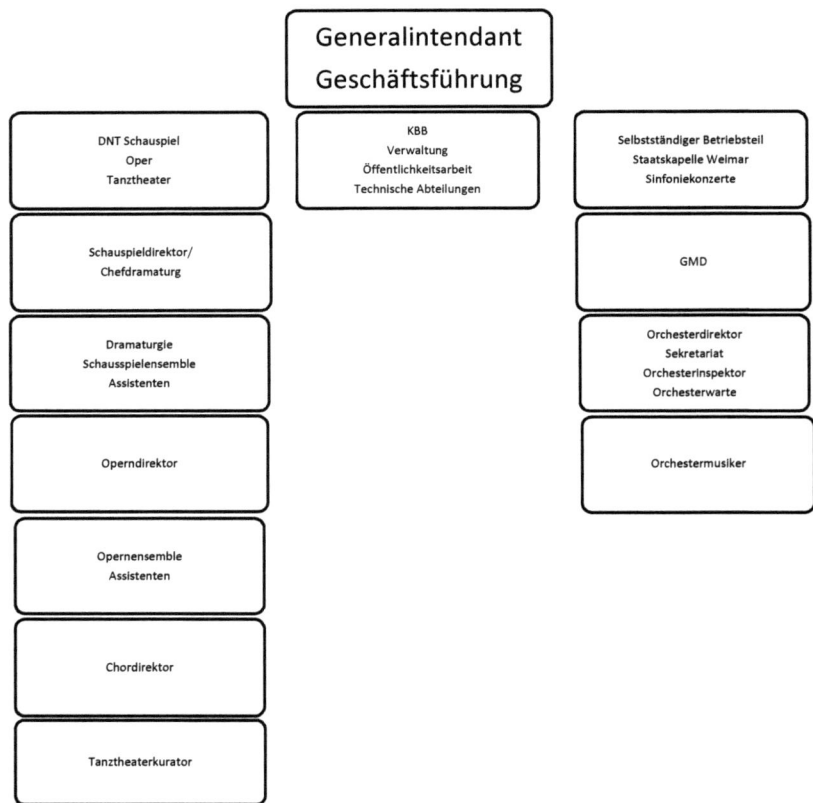

Abb. 1 Organigramm DNT und Staatskapelle Weimar

Beispiele aus der Praxis belegen, dass sich ein verstärkter Konzertbetrieb eines Orchesters durchaus mit der Organisation eines Musiktheaters in Einklang bringen lässt. So sind die Staatskapelle Weimar oder die Staatskapelle Halle innerhalb ihrer Theater-GmbHs jeweils als eigenständige Betriebsteile organisiert. Auch die Sächsische Staatskapelle Dresden oder die Staatskapelle Berlin pflegen einen ausgiebigen Konzert- und internationalen Reisebetrieb, ohne das Musiktheater zu vernachlässigen. Das Philharmonische Staatsorchester Hamburg ist ein Eigenbetrieb (Landesbetrieb) der Freien und Hansestadt Hamburg als Konzertorchester, das auf vertraglicher Basis auch den Orchesterbetrieb der Hamburgischen Staatsopern

1.8 Organisationsstrukturen und -probleme

GmbH bestreitet. In Hamburg befinden sich der Intendant der Staatsoper und der Chefdirigent des Orchesters als Leiter des Eigenbetriebes auf „Augenhöhe". Die Positionierung der Orchesterleitung an der Spitze eines Opern- oder Konzerthauses ist ein weiterer wichtiger Faktor für die Bedeutung des Orchesters in einem größeren Kulturbetrieb. – Organisatorisch ähnliche Konstruktionen gelten z. b. auch für das Staatsorchester Rheinische Philharmonie Koblenz (Landesbetrieb) im Verhältnis zum dortigen Stadttheater oder bei der Neuen Philharmonie Westfalen (Gelsenkirchen/Recklinghausen), die auch das „Musiktheater im Revier" in Gelsenkirchen bespielt. Einen Sonderfall stellt die Dreifachfunktion der Hofer Symphoniker dar.

> **Praxisbeispiel: Orchester als selbstständiges „Kulturunternehmen"**
>
> Die Hofer Symphoniker (Oberfranken) haben ihr Betriebsmodell in den vergangenen Jahren auf inzwischen drei Beine gestellt: 1. Sie sind auf Grund eines Werkvertrages für das Bespielen der Musiktheatersparte des Hofer Theaters verantwortlich, das insoweit über kein eigenes Orchester verfügt. 2. Als Konzertorchester treten die Hofer Symphoniker sowohl in der Stadt Hof als auch in den Städten der Region in eigenen Konzertreihen auf. 3. Und schließlich verfügt das Orchester als einziges in Deutschland, wenn nicht sogar weltweit, über eine eigene Kunstschule und eine Musikschule, in der etliche Musiker des Orchesters als Lehrkräfte tätig sind. Man sieht sich selbst in dem ausführlichen Leitbild als „Kulturunternehmen".

Die Organisationsstrukturen für ein *Konzertorchester* sind wesentlich übersichtlicher, da es nur um die Organisation eines eigenständigen Konzert- und Gastspielbetriebs geht, ohne von anderen Sparten oder den Zwängen eines Bühnenbetriebs abhängig zu sein. Konzertorchester verfügen daher über eine wesentlich größere inhaltliche und programmatische Flexibilität.

(3) Anbindung an eine Produktions- oder Aufführungsstätte

Ist ein Konzertorchester als Hausorchester unmittelbar in ein Konzerthaus eingebunden (z. B. Berliner Philharmoniker mit Berliner Philharmonie, Konzerthausorchester Berlin mit Konzerthaus Berlin, Gewandhausorchester Leipzig mit Gewandhaus), kommen zu der reinen Orchesteradministration auch noch alle Dienste und Organisationsstrukturen des Konzerthaus- und Fremdvermietungsbetriebes hinzu.

Das Orchester als „Hausherr" hat in diesem Fall die größten Entfaltungsmöglichkeiten: Priorität bei der Planung eigener Konzertreihen und -termine vor anderen Gastorchestern im eigenen Haus, Dispositionsfreiheit bei Kammer-, Sonder- und Sponsorenkonzerten, Durchführung von Workshops, Zusatzeinnahmen aus dem Vermietungs- und Veranstaltungsbetrieb. Dieser organisatorische „Idealzustand" gilt im Übrigen für alle großen und mittleren Konzertorchester in den USA, aber nur ganz vereinzelt in Deutschland.

Die Rundfunkensembles (mit Ausnahme der zwei Orchester und zwei Chöre der ROC Berlin und der SWR Big Band) sind unmittelbar in die Produktions- und Sendestrukturen ihrer jeweiligen Rundfunkanstalten eingebunden (Bastuck 2009: 719). Viele Rundfunk-Sendesäle und -Studios eignen sich häufig nicht mehr für den heutigen Konzertbetrieb vor großem Publikum, so dass gerade die großen Rundfunksinfonieorchester auch auf die örtlichen Konzertsäle in ihrem Einzugsgebiet angewiesen sind. Andererseits verfügen die Rundfunkensembles mit einer großen Rundfunkanstalt im Hintergrund über eine – nicht immer optimal genutzte – redaktionelle Ausstattung und eigenwerbliche Logistik, von der andere Ensembles nur träumen können. Letztlich sind die Rundfunkklangkörper heute vor allem musikalische Botschafter ihrer Anstalten im jeweiligen Sendegebiet und nehmen auch damit einen Teil des Bildungs- und Kulturauftrags wahr. Stark ausgebaut wurden zuletzt die Aktivitäten der Musikvermittlung (Werner-Jensen 2015: 223).

▶ *Beispiel 1*: Der Hessische Rundfunk (hr) mit Sitz in Frankfurt/Main verfügt heute über ein Sinfonieorchester (historisch hervorgegangen aus einer Fusion zwischen Sinfonieorchester und Unterhaltungsorchester Anfang der 1980er Jahre) und eine Bigband. Diese zwei Klangkörper sind in die Hörfunkdirektion eingebunden, agieren außerhalb der Einbindung in den normalen Sende- und Produktionsbetrieb aber relativ selbständig im Sendegebiet des hessischen Rundfunks sowie national und gelegentlich international, soweit dies kostenneutral möglich ist. Der Einsatz außerhalb des Sendebetriebes („off air" – also ohne Rundfunkaufzeichnung oder -übertragung) gleicht inhaltlich und organisatorisch dem von Konzertorchestern. Immerhin war das hr Sinfonieorchester im Jahr 2012 der erste Rundfunkklangkörper der ARD mit einem eigenen Youtube-Channel (Werner-Jensen 2015: 263).

▶ *Beispiel 2*: Der Westdeutsche Rundfunk (WDR) mit Sitz in Köln als größte öffentlich-rechtliche Rundfunkanstalt innerhalb der ARD unterhält (ebenso wie der NDR) vier Klangkörper: ein großes Sinfonieorchester, ein kleineres Rundfunkorchester, einen Rundfunkchor und eine Bigband. Alle vier Klangkörper

1.8 Organisationsstrukturen und -probleme

sind mit unterschiedlichen Schwerpunkten und Anteilen in die Programme der verschiedenen Hörfunkwellen eingebunden. Die einzelnen Klangkörpermanager entwickeln ihre Programme in enger Abstimmung mit den jeweiligen Chefdirigenten und musikalischen Leitern, müssen aber auch die programmlichen Anforderungen der einzelnen Hörfunkwellen und Redaktionen abdecken. Hierdurch entsteht ein erheblicher zusätzlicher Abstimmungs- und Koordinierungsaufwand, der auch von der übergeordneten „Hauptabteilung Klangkörper" mit organisiert und gestaltet werden muss (Werner-Jensen 2015: 220).

Alle vier Klangkörper sind vorzugsweise im Sendegebiet des WDR, teilweise auch national und international präsent. Der gemeinsame Markenauftritt, das Marketing etc. werden zentral koordiniert, können also von einzelnen Klangkörpermanagement nur begrenzt beeinflusst werden. Die teilweise beschränkte Autonomie des Klangkörpermanagements muss aber auch in Relation dazu gesehen werden, dass der Druck, möglichst hohe Einnahmen durch Kartenverkäufe zu erzielen, noch relativ gering ist. Die Vollfinanzierung durch öffentlich-rechtliche Haushaltsabgabe macht es einstweilen möglich. Sie ist – wie in den letzten Jahren der gesamte öffentlich-rechtliche Rundfunk – regelmäßigen Diskussionen und Rechtfertigungen ausgesetzt.

Vor dem Hintergrund der veränderten Aufgabenstellung der Rundfunkorchester (weg vom reinen Produktionsbetrieb im Studio hin zum Konzertbetrieb mit Übertragung oder Mitschnitt und späterer Sendung sowie Ausbau der Musikvermittlung) ist es zu einer vor allem von den staatlichen und kommunalen Konzertorchestern subjektiv so empfundenen, gewissen Wettbewerbsverzerrung gekommen: Rundfunkensembles sind für Veranstalter mitunter deswegen attraktiver, da sie bei höchster Qualität u. U. geringere Gagen akzeptieren können. Vor dem Hintergrund dieses Qualitätsversprechens ist für den Veranstalter auch die Werbung und potenzielle Auslastung seines Konzertes leicht zu gewährleisten. Kostenlose Trailer für das externe Konzert im Rundfunkprogramm des jeweiligen Senders machen die Sache für den Veranstalter noch interessanter. Hier können qualitativ vergleichbare Konzertorchester aus Ländern und Kommunen nur mithalten, wenn sie bei der Konzertgage flexibel sind (vgl. Kap. 7.3.5). Ein mitunter problematischer Wettbewerb, obwohl beide Seiten öffentlich finanziert sind, entweder aus Steuermitteln oder der Haushaltsabgabe für den Rundfunk.

Allerdings befinden sich auch die Rundfunkklangkörper in einem Dilemma: So rügte beispielsweise im Jahr 2009 der Oberste Rechnungshof des Freistaats Bayern den Bayerischen Rundfunk (BR) u. a. dafür, dass sich das Symphonieorchester des BR durch seine Konzertaktivitäten immer weiter vom eigentlichen Rundfunkproduktionsauftrag entfernt habe. Man solle daher eine Ausgliederung des Orchesters aus dem BR prüfen. Im gleichen Atemzug forderte der Rechnungshof jedoch auch eine entgegengesetzte Maßnahme, nämlich das Symphonieorchester stärker mit der Musikredaktion zu verzahnen (vgl. Mertens 2009b: 19). Die allgemeine Debatte um „Auftrag und Struktur" des öffentlich-rechtlichen Rundfunks, angeführt von den Ministerpräsidenten der Länder und befeuert von privaten Medienhäusern sowie mit ihnen verbundenen privaten Rundfunk- und Fernsehsendern geht weiter. Was das am Ende für die Zukunft der Rundfunkklangkörper bedeutet, ist offen.

1.9 Ausblick

Zum Ende des dritten Jahrzehnts nach der deutschen Widervereinigung hat sich die deutsche Orchesterlandschaft insgesamt konsolidiert. Die Anerkennung als Immaterielles Kulturerbe der UNESCO auf der nationalen Liste im Dezember 2014 und der Vorstoß von Bund und Ländern zur Aufnahme auf die internationale Liste sind ermutigende politische Signale. Das 2017 vom Bund erstmals aufgelegte Förderprogramm *Exzellente Orchesterlandschaft Deutschland* (Gesamtvolumen 5,4 Mio. Euro p. a.) ermöglicht Orchestern bundesweit mit Beträgen zwischen 50.000 bis 450.000 Euro pro Jahr zusätzliche Projekte und Innovationen. Seit dem 1. Januar 2018 erhalten die Stiftung *Oper in Berlin* und die Stiftung Berliner Philharmoniker über den Hauptstadtkulturvertrag ebenfalls erstmals direkt Zuwendungen des Bundes in zweistelliger Millionenhöhe. Ergänzend dazu steigt der Bund mit in die Stiftung Berliner Philharmoniker ein mit Sitz und Stimme in den Stiftungsgremien.

Steigende Besucher-, Auslastungs- und Abonnentenzahlen bei vielen Orchestern, Konzerthäusern, Musiktheatern und Klassikfestivals belegen inzwischen, dass es eine echte „Trendwende Klassik" gibt. Die zahlreichen und vielfältigen Aktivitäten und Bemühungen der Betriebe um neue Publikumsschichten seit Anfang der 2000er Jahre, der Aufbruch der Konzertpädagogik und Musikvermittlung und das Vernetzen dieser Aktivitäten im deutschen Sprachraum, z. B. im *netzwerk junge ohren* (www.jungeohren.com) scheinen erste Früchte zu tragen.

Für die erfolgreiche Weiterentwicklung der Orchesterlandschaft kommt es auch in Zukunft auf den entsprechenden politischen Willen, auf das Geschick der handelnden Personen in Kulturpolitik und Kulturverwaltung ebenso wie auf die weitere Qualifizierung des Leitungspersonals der Kulturbetriebe an. Dies gilt vor allem für das Führungspersonal der Opernhäuser und Konzertorchester, welches die gesellschaftliche Relevanz der Einrichtungen immer wieder neu unter Beweis stellen muss.

1.9 Ausblick

▶ **Lesetipps**
- Einen guten Überblick über die Entstehung der Orchesterkultur in Deutschland liefert Ronny Porsch: Fiedler, Pfeifer, Klangartisten – Streifzüge durch 500 Jahre Orchesterkultur in Deutschland, in: Das Orchester, Heft 5/2003, S. 15-26.
- Ein regelmäßig aktualisierter Beitrag zur Situation der deutschen Orchester steht im Themenportal des Deutschen Musikinformationszentrums, Bonn: Gerald Mertens: Orchester, Rundfunkensembles und Opernchöre, http://www.miz.org/artikel_themenportale_vorbemerkungen_tpkmkonzertemus- iktheater.html.
- Die Entwicklung und Lage der Konzerthäuser in Deutschland beschreibt Benedikt Stampa sehr gut und umfassend in seinem Fachartikel: http://www.miz.org/static_de/themenportale/einfuehrungstexte_pdf/03_KonzerteMusiktheater/stampa.pdf
- Unter www.miz.org sind auch eine Topographie der deutschen Berufsorchester mit wesentlichen Strukturveränderungen seit 1990 sowie zahlreiche weitere Tabellen, Daten und Statistiken zum deutschen Konzert- und Musikleben einsehbar.
- Arnold Werner-Jensen gibt in seinem Buch: Die großen deutschen Orchester, aufgelockert durch Interviews mit Orchestermanagern, Dramaturgen, Dirigenten, Orchestermitgliedern und weiteren Experten, einen guten Überblick zur Geschichte, aber auch zur praktischen Arbeit des Managements einzelner bedeutender Orchester.

Literaturverzeichnis

Bastuck, Burkhard (2009): Rechtliche Strukturen von Orchestern, in: Neue Juristische Wochenschrift, Heft 11, S. 719-723

Brezinka, Thomas (2005): Orchestermanagement – Ein Leitfaden für die Praxis, Kassel: Bosse

Frei, Marco (2010): Abgewickelt, reduziert, neu positioniert – Kurmusik im Zeichen der Kurkrise – Fallbeispiele, in: Das Orchester, Heft 1, S. 16-19

Hanssen, Frederik (2009): Kein Phönix ohne Asche, in: Das Orchester, Heft 12, S. 30-33

Jacobshagen, Arnold (2000): Strukturwandel der Orchesterlandschaft – Die Kulturorchester im wiedervereinigten Deutschland, Köln: Dohr

Mertens, Gerald (2008b): Am Anfang war die Musik – Die Bedeutung des öffentlich-rechtlichen Rundfunks für die deutsche Orchester- und Musikkultur, in: Das Orchester, Heft 11, S. 26-29

Mertens, Gerald (2009b): Rein oder raus? – Zur Lage der Rundfunkklangkörper nach dem Prüfbericht des Bayerischen Obersten Rechnungshofes – Ein Kommentar, in: Kulturpolitische Mitteilungen Nr. 127, S. 18-19

Mertens, Gerald (2018b): Die Rolle der Förder- und Freundeskreise für Orchester, S. 161-179, in: Handbuch Förder- und Freundeskreise in der Kultur – Rahmenbedingungen, Akteure und Management, Hausmann, Andrea / Liegel, Antonia (Hrsg.), Bielefeld: transcript

Porsch, Ronny (2003): Fiedler, Pfeiffer, Klangartisten – Streifzüge durch 500 Jahre Orchesterkultur in Deutschland, in: Das Orchester, Heft 5, S. 15-26

Richter, Christoph (2007): Wie ein Orchester funktioniert, Berlin: Nicolai

Röper, Henning (2001): Handbuch Theatermanagement, Köln: Böhlau

Scherz-Schade, Sven (2009b): Zum Erfolg führen – Orchesterintendanten, -direktoren und -manager über ihre Sicht von „guter Führung", in: Das Orchester, Heft 11, S. 17-19

Tewinkel, Christiane (2004): Bin ich normal, wenn ich mich im Konzert langweile? – Eine musikalische Betriebsanleitung, Köln: DuMont

Werner-Jensen, Arnold (2015): Die großen deutschen Orchester, Laaber: Laaber

Arbeitsplatz Orchestermanagement 2

Zusammenfassung

Je nach Orchestertyp und -größe sind im Orchestermanagement eine Vielzahl von organisatorischen, planerischen und strategischen Aufgaben rund um den Proben- und Aufführungsbetrieb zu bewältigen. Der Grundkanon der Managementaufgaben ist weitgehend identisch.

Schlüsselbegriffe

Konzertorchester, Opernorchester, Kammerorchester, Rundfunkorchester, Grundkanon der Managementaufgaben, Fachwissen, Leadership.

Wenn man sich mit dem „Arbeitsplatz Orchestermanagement", der Unterschiedlichkeit der Anforderungen und den dafür erforderlichen Qualifikationen näher auseinandersetzt, verdienen zunächst vor allem vier Aspekte eine grundsätzliche Betrachtung:

- die Größe eines Orchesters,
- die konkrete Funktion eines Orchesters,
- die Autonomie eines Orchesters,
- der Grundkanon der Managementaufgaben.

2.1 Grundlagen

Diese vier unterschiedlichen Blickrichtungen auf den Orchesterbetrieb erleichtern den Zugang zu den Inhalten der praktischen Arbeit in den verschiedenen Managementfunktionen.

2.1.1 Orchestergröße

Je größer der Klangkörper, je höher die Zahl seiner Mitglieder, desto komplexer sind die zu bewältigenden organisatorischen Herausforderungen im Orchestermanagement. Dies gilt vom kleinen Kammerorchester mit 16 Streichern bis zum großen Konzert- und Opernorchester mit 185 Musikerstellen, wie beim Gewandhausorchester Leipzig, dem größten Orchester weltweit. Sind bei einem Kammerorchester neben dem Dirigenten und den Orchestermitgliedern vielleicht noch zwei bis drei Personen in der unmittelbaren Verwaltung und Organisation tätig, sind es beim Leipziger Gewandhaus und dem Gewandhausorchester, um bei diesem Beispiel zu bleiben, mehrere Dutzend. Schließlich sind auch rund um das Orchester gleichzeitig drei große Bereiche abzudecken: die parallele Tätigkeit als Konzertorchester im Gewandhaus und auf Konzertreisen, als Opernorchester in der Oper Leipzig und als Kantatenorchester für den Thomanerchor in der Leipziger Thomaskirche.

2.1.2 Konkrete Funktion eines Orchesters

Die konkrete Funktion bzw. Aufgabenstellung eines Orchesters, seine Einbindung in bestimmte übergeordnete Funktions- und Trägerstrukturen führen zu einer unterschiedlichen Gewichtung von Tätigkeiten und damit zu differenzierten Managementanforderungen. Das Orchester eines deutschen Stadttheaters hat in seinem direkten Umfeld völlig andere Aufgabenstellungen als z. B. ein Rundfunkorchester, das Staatsorchester eines Bundeslandes wiederum andere als ein von einem eingetragenen Verein getragenes Kammerorchester.

Das gilt umso mehr für die nicht durchgängig spielenden Orchester: Das Orchester der Bayreuther Festspiele (überwiegend besetzt mit professionellen Musikern aus deutschen Spitzenorchestern) unterscheidet sich deutlich vom Festivalorchester des Schleswig-Holstein Musikfestivals (besetzt mit ausgewählten jungen Musikern aus aller Welt). Die Junge Deutsche Philharmonie (als Orchester der Studierenden deutscher Musikhochschulen) ist anders organisiert als das Bundesjugendorchester, die Landesjugendorchester oder die Deutsche Streicherphilharmonie (Streichorchester des Verbandes deutscher Musikschulen). Auch diese Orchester werden meist von einem hauptamtlichen Orchestermanagement geleitet.

Eine völlig andere Arbeits- und Organisationsstruktur schließlich prägt die Tätigkeit der „selbstverwalteten" Orchester, wie z. B. bei der Deutschen Kammerphilharmonie Bremen gGmbH, bei der die Musiker selbst Gesellschafter sind. Das gilt auch für das Mahler Chamber Orchestras (MCO), das als international besetztes Projektorchester in Form einer Gesellschaft bürgerlichen Rechts (GbR) im Besitz der ansonsten selbstständigen Musiker mit einem festen Management arbeitet und dabei jährlich 70 bis 80 Konzerte spielt (Vongries 2008b: 17). Einige Orchestermanager, die heute bei großen Berufsorchestern tätig sind, haben bei Festival-, Jugend- oder Projektorchestern begonnen und dort ihre ersten Erfahrungen am „Arbeitsplatz Orchestermanagement" gesammelt.

2.1.3 Autonomie eines Orchesters

Je höher die Autonomie eines Orchesters, desto umfassender ist der Aufgabenbereich des Orchestermanagements. Das Orchester eines größeren Opernhauses hat seinen Tätigkeitsschwerpunkt im Spielen von Opern und ggf. Operetten. Es ist mehr oder weniger unselbstständig und ein „abhängiger Dienstleister" für die Bühne. Das Orchestermanagement hat im Wesentlichen die Orchesterdienste für den Opernbetrieb mit seinen Proben und Vorstellungen bereitzustellen. Zahlreiche weitere organisatorische Aufgaben werden von Abteilungen außerhalb des Orchestermanagements, aber innerhalb des Opernhauses mit wahrgenommen (Dramaturgie, Marketing, Kartenvertrieb, Personalverwaltung, Lohnbuchhaltung usw.).

Demgegenüber nimmt das Management eines großen Konzertorchesters, welches über einen eigenen Konzertsaal verfügt, eine künstlerisch und organisatorisch sehr selbständige Rolle wahr. Beispiel sind die Berliner Philharmoniker, die unter dem Dach ihrer Stiftung und einer Treuhandgesellschaft alle o. a. Aufgaben in eigener Verantwortung wahrnehmen und selbständig steuern können. Hinzu kommen in diesem Fall auch noch Bereiche wie die Saalvermietung an andere Orchester, externe Veranstalter und Konzertagenturen, die Durchführung eigener Konzertreisen und Medienproduktionen sowie seit 2009 die Digital Concert Hall, also der Geschäftsbetrieb rund um die Übertragung von Konzerten im Internet (Kolbe 2009: 29).

Bei einem Rundfunk- oder Rundfunksinfonieorchester innerhalb einer der deutschen ARD-Anstalten wiederum ist die Autonomie eher begrenzt. Meist mit weiteren Ensembles (weiteres Orchester, Chor oder Bigband) eingebunden in eine „Hauptabteilung Klangkörper" bzw. einen „Programmbereich Musik", ist das Orchester nur eine von vielen Organisationseinheiten im Bereich der Hörfunkdirektion, die ihrerseits neben der Fernsehdirektion, Sende- und Übertragungstechnik, Verwaltung usw. steht. Die Entwicklung der Online-Angebote führt hier zunehmend zu Veränderungen.

2.1.4 Grundkanon der Managementaufgaben

Unabhängig von der Größe und Funktion eines Orchesters sind im Wesentlichen überall dieselben Managementaufgaben zu erfüllen: Spiel- und Konzertplanerstellung, Organisation des laufenden Proben- und Vorstellungsbetriebs, Kartenvertrieb, Marketing und Werbung, Presse- und Öffentlichkeitsarbeit, Finanzplanung und Controlling usw. (Brezinka 2005: 59). Was bei einem Kammerorchester von wenigen und im kleineren Rahmen bewältigt wird, verantworten bei einem großen Orchester mehrere Abteilungen. Beim Kammerorchester sind die wenigen Mitarbeiter des Orchestermanagements oft „Mädchen für alles", größere Orchesterorganisationen verfügen über verschiedene Spezialisten mit bestimmten Aufgabenbereichen und Tätigkeitsfeldern. Das Berufsbild des Orchestermanagers befindet sich dabei im Wandel hin zum Vernetzer, Ermöglicher und „Querdenker" (Sinsch 2009a: 28).

Mehr denn je sind Orchestermanager und -intendanten gefordert, Zukunftsstrategien zu entwickeln. Strategisches Management hilft einem Berufsorchester, „seine Stärken und Schwächen besser wahrzunehmen und daraus Orientierungshilfen, Wert und Handlungsmaximen zu entwickeln, die die Zukunftschancen des Orchesters erhöhen" (Rosu 2014: 21).

2.2 Personalausstattung

Für die Personalausstattung des Orchestermanagements eines selbstständigen Konzertorchesters ohne eigenen Saalbetrieb in Deutschland gibt es eine grobe Faustformel: Danach wird bei einem Orchester mit 100 Musikern neben dem Chefdirigenten und den Orchester- und Notenwarten eine Besetzung mit rund zehn Beschäftigten in Orchesterverwaltung und -management als angemessen anzusehen sein (vgl. z. B. den Managementstab der Bamberger Symphoniker oder des Münchner Rundfunkorchesters). Diese Faustformel von 1:10 gilt so allerdings nur in Deutschland bzw. in Ländern mit einer ganz überwiegenden öffentlichen Finanzierung durch staatliche Stellen.

In den USA, wo die öffentliche Finanzierungsquote nur verschwindend wenige Prozentpunkte des Orchesterbudgets beträgt, liegt der Personalschlüssel bei 1:1 oder noch ungünstiger. Das Cleveland Orchestra z. B. hat 103 Musikerstellen, aber weit über hundert Beschäftigte in Management und Verwaltung. Zwar sind hierin auch die Mitarbeiter des eigenen Konzertsaales enthalten. Hauptgrund für die Größe amerikanischer Orchesterverwaltungen ist aber die Tatsache, dass die Sicherstellung der auskömmlichen Orchesterfinanzierung aus den unterschiedlichsten Quellen und Tätigkeitsfeldern (Kartenverkauf, Stiftungs- und Vermögenserträge, Fundraising, Development, Sponsoring, Medienerlöse und öffentliche Mittel) in jedem Jahr von neuem den Einsatz erheblicher Personalkapazitäten für die regelmäßige Einwerbung dieser Mittel erfordert.

Die Aufgabenvielfalt und -komplexität im Orchestermanagement hat auch in Deutschland in den letzten Jahren weiter zugenommen. Konzertreisen sind aufwändiger geworden durch verschärfte Visa-Bestimmungen und Dokumentationspflichten beim Instrumententransport. Aus Gründen der Kosteneffizienz wurden Reisepläne bis an die Grenzen der Belastbarkeit weiter verdichtet. Social Media Einsatz und PR-Aktivitäten wurden ebenso ausgebaut wie die Bereiche Musikvermittlung und Education. Auch steigende Bemühungen um Fundraising und Sponsoring binden weitere Arbeitskraft. Die Personalschlüssel im Management sind jedoch kaum angepasst worden.

2.3 Aufgaben und Hierarchien bei Konzert-, Opernorchestern und Rundfunkklangkörpern

Ausgehend von den eingangs skizzierten vier grundsätzlichen Aspekten (Größe, Funktion, Autonomie des Orchesters, Managementkanon) ergeben sich facettenreiche und unterschiedliche Aufgabenstellungen für die Mitarbeiter des Orchestermanagements, die sich inhaltlich vor allem zwischen Konzert- und Opernorchestern sowie Rundfunkklangkörpern unterscheiden.

2.3.1 Konzertorchester

Selbstständige Konzertorchester werden in der Regel von einem (künstlerischen) Intendanten geführt (Abb. 2), teilweise auch in Doppelfunktion mit der Leitung eines Konzerthauses (z. B. Konzerthaus Berlin und Konzerthausorchester) (Brezinka 2005: 63). Daneben steht der musikalische Leiter/Chefdirigent (der oftmals auch den Ehrentitel GMD – Generalmusikdirektor – trägt). Hierarchisch meist untergeordnet folgen je nach Größe des Orchesterbetriebes ein Verwaltungsleiter als kaufmännischer Geschäftsführer oder Verwaltungsdirektor (Geschäftsführender Direktor) und die Mitarbeiter der verschiedenen Bereiche Personal, Buchhaltung, Kartenvertrieb, Marketing usw. Das Tagesgeschäft des Orchesters wird im Orchesterbüro organisiert. Dieses wird auch bei Konzertorchestern meist als Künstlerisches Betriebsbüro (KBB) bezeichnet. Ein Begriff, der sonst eher im Opernbetrieb üblich ist (Jacobshagen 2002: 277).

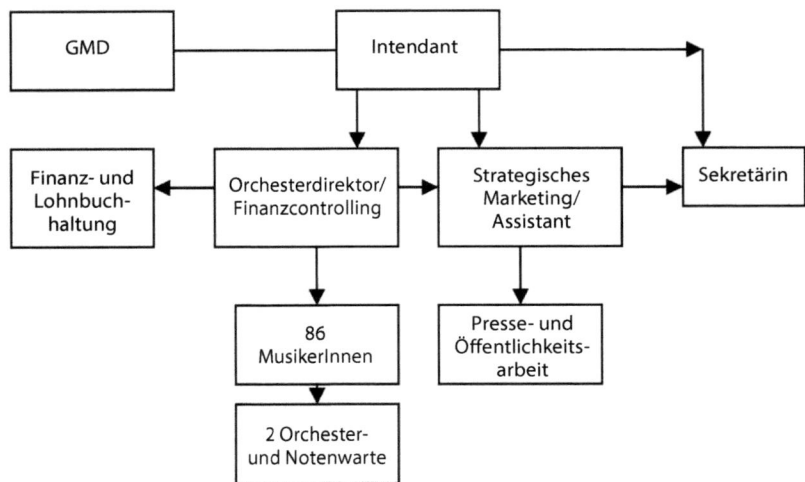

Abb. 2 Organigramm eines mittleren städtischen Konzertorchesters (Beispiel)

Die Personalstärke eines Orchesterbüros korrespondiert mit der Größe und den konkreten Aufgaben eines Orchesters. Das klassische Orchesterbüro eines Konzertorchesters hat einen Leiter, meist Orchestermanager oder -direktor genannt, einen Disponenten und weitere Kräfte, die sich um Spezialaufgaben kümmern, wie z. B. die Organisation von Konzertreisen und Gastspielen. Je enger jemand mit dem täglichen künstlerischen Betrieb eines Orchesters befasst ist, desto größer sind die Anforderungen an die Fachkompetenz. Dabei sind eigene musikalische Erfahrungen des Personals nicht zwingend, aber wünschenswert und in der Regel gegeben. Wichtig sind fundierte Kenntnisse des gängigen Orchesterrepertoires und der einschlägigen Orchesterbesetzungen.

Es gibt auch untergeordnete, meist logistische Tätigkeiten im Orchesterbüro, die in jedem Orchester anders verteilt und zugeordnet werden. Auf dieser Ebene

2.3 Aufgaben und Hierarchien

geht es dann z. B. um die Bestellung und Abrechnung von Aushilfsmusikern, die Führung von Dienstlisten, Entgegennahme von Krankmeldungen, Berechnung von Spesen, Veranlassung von Instrumentenreparaturen, Bestellung von Notenmaterialien, Koordinierung von Transporten etc.

2.3.2 Opernorchester

Im Musiktheaterbereich erstreckt sich die Leitungsfunktion der Intendanz grundsätzlich auf den gesamten Betrieb mit allen Sparten (Röper 2001: 49). Der Orchesterdirektor eines großen Opernorchesters findet sich bei großen Musiktheaterbetrieben in der Hierarchie nicht auf der zweiten Leitungsebene (also neben dem Verwaltungsdirektor, dem Technischen Direktor und dem Operndirektor), sondern auf einer der nachgeordneten Ebenen wieder. Ob damit die Rolle und Bedeutung des Orchesters und des Orchesterdirektors innerhalb eines Musiktheaterbetriebes noch angemessen berücksichtigt wird, ist allerdings durchaus zweifelhaft (s. Kap. 1.8). Bei den mittleren Opernorchestern existiert meist die Position des Orchestergeschäftsführers, der als Leiter des Orchesterbüros fungiert (Brezinka 2005: 63). Kleinere Opernorchester verfügen über einen Orchesterinspizienten (teilweise in den neuen Bundesländer auch Orchestersekretär genannt). Diese Funktion wird vereinzelt in Teilzeit oder auch von Orchestermitgliedern in Nebenfunktion ausgeübt.

Vor allem im Musiktheaterbereich laufen die wesentlichen organisatorischen Fäden des laufenden Bühnen-, Vorstellungs- und Probenbetriebs im KBB des Opernhauses zusammen. Das KBB ist die Schaltzentrale für den gesamten künstlerischen Betrieb. Die dort tätigen Mitarbeiter erstellen und überwachen die Proben-, Vorstellungs- und Besetzungspläne und vernetzen die technischen Abläufe (Bühnen-, Licht-, Tontechnik, Logistik) mit den künstlerischen Anforderungen der einzelnen Produktion. Das Orchesterbüro ist bei kleinen und mittleren Opernhäusern häufig an das KBB „angedockt".

Das KBB ist wohl der unruhigste, aber auch aufregendste Arbeitsplatz im öffentlich finanzierten Musikbetrieb, der Organisationsgeschick ebenso wie Nervenstärke, gute Repertoire-, Besetzungs- und Künstlerkenntnisse erfordert. In kleineren Opernhäusern ist die Leitung des KBB auch in einer Doppelfunktion tätig, nämlich als Chefdisponent/in. Diese Funktion kennzeichnet, in Abgrenzung von der Organisation des Tages- und Wochenbetriebs durch das KBB, im Allgemeinen die über mehrere Jahre hinausgehende künstlerische und organisatorische Planung von Premieren, Gastspielen und Sonderveranstaltungen (Jacobshagen 2002: 138).

Je größer das Haus ist und je mehr Repertoire mit externen oder internationalen Gastkünstlern gespielt wird, desto selbständiger muss die Chefdisposition aufgestellt sein. Bei großen Orchestern und Opernhäusern können auch noch Assistenten/persönliche Referenten der Intendanz oder des Chefdirigenten in organisatorische Abläufe des Orchestermanagements eingebunden sein.

2.3.3 Rundfunkklangkörper

Für die Arbeit im Management von Rundfunkklangkörpern ist zu differenzieren: Zum einen gelten grundsätzlich organisatorisch die o. a. Ausführungen für die Konzertorchester, zum anderen sind die Rundfunkklangkörper (Sinfonieorchester, Rundfunkorchester, Bigbands, Chöre) in die übergeordnete Struktur einer Hörfunkdirektion (z. B. Hauptabteilung Klangkörper) und die Konzert-, Programm- und Produktionsschemata einer großen Rundfunkanstalt eingebunden. Die Beweglichkeit für das einzelne Klangkörpermanagement und der Aufgabenzuschnitt sind daher sehr unterschiedlich ausgeprägt. Meist ist ein Klangkörpermanager in ähnlicher Funktion wie ein Orchesterdirektor eines Konzertorchesters eingesetzt. Auch die übrigen Funktionen in der unmittelbaren Organisation des Rundfunkorchesters sind ähnlich wie bei einem Konzertorchester strukturiert. Administration, Marketing, Kartenvertrieb, Rechts- und Lizenzfragen, Personalangelegenheiten usw. werden von Mitarbeitern anderer Abteilungen der Rundfunkanstalt wahrgenommen. Die ursprünglich scharfe Abgrenzung zwischen Hörfunk- und Fernsehdirektion und die historisch gewachsene Ansiedlung der Klangkörper beim Hörfunk verändert sich langsam. Denn mit fortschreitender Digitalisierung und Ausbau der Internetangebote haben sich die Produktionsstrukturen der Klangkörper seit etwa 2010 erheblich weiterentwickelt. Durch die trimediale Produktion (Hörfunk, Fernsehen und Online) ergeben sich gerade für Rundfunkensembles neue Möglichkeiten, ihre Inhalte über Youtube, Facebook, Twitter und andere Plattformen zu verbreiten.

2.4 Arbeitsplatz Orchesterbüro

2.4.1 Arbeitsplatzbeschreibung

Der Blick auf eine Arbeitsplatzbeschreibung im Orchesterbüro des Gewandhausorchesters Leipzig zeigt beispielhaft die Vielfalt der Aufgaben und Anforderungen: Allgemeine eigenständige Planung, Vorbereitung, Durchführung und Nachbereitung von Veranstaltungen, insbesondere in der Oper Leipzig, Probenbetreuung, Probespielorganisation und Aushilfenakquise, Tourneeplanung und Reisevorbereitungen,

Erstellung der Probendisposition, tägliche organisatorische und administrative Tätigkeiten, Verwaltung, Betreuung und Erweiterung des Orchester-Notenarchivs, Organisation und Kontakt zu anderen Abteilungen, Dirigenten, Musikern, Sängern und Solisten, Verständigung über Instrumente, Notenmaterial, Einrichtung, Probendisposition, Termindisposition und Besetzungsfragen etc. mit dem KBB und den Dirigenten.

2.4.2 Persönliche Anforderungen

Als persönliche Anforderungen werden definiert: Abgeschlossenes Studium, große Affinität zu Oper und klassischer Musik, hohe soziale Kompetenz, Stressresistenz, schnelle Auffassungsgabe, Organisationstalent, gewissenhafte und genaue Arbeitsweise sowie Verantwortungsbewusstsein, gute Computerkenntnisse, insbesondere MS-Office, Spaß an selbstständigem und flexiblem Arbeiten, das auch Abend- und Wochenenddienste einschließt, Sensibilität und professioneller Umgang mit Künstlern, Agenturen, Veranstaltern und Kollegen, Kommunikationsstärke (in Deutsch und Englisch) und Durchsetzungskraft (Brezinka 2005: 58).

Man wird diesen Anforderungskatalog noch um einen Punkt ergänzen müssen: Viele Orchesterbüros arbeiten mit dem Computersystem OPAS, über das zumindest Grundkenntnisse vorhanden sein sollten; Theater verwenden häufig *theasoft* oder Konzerthäuser und andere Veranstalter *evis* (vgl. weitere Einzelheiten unter Kap. 7.2).

2.5 Aufgabenkanon für das Leitungspersonal

Nach dieser auf Funktionen und Strukturen abstellenden Betrachtung kann man die Anforderungen an das Leitungspersonal des Orchestermanagements auch ausschließlich aus dem Blickwinkel der zu erfüllenden Aufgaben betrachten:

- *Führen (Leadership)*: Es geht darum, oft gemeinsam mit dem musikalischen Leiter, immer wieder neu künstlerische, inhaltliche und organisatorische Ziele zu definieren.
- *Verbinden (Networking)*: Es geht darum, alle verantwortlichen Protagonisten, Künstler, Verwaltung, Publikum, Öffentlichkeit etc. im Sinne der optimalen Positionierung der Organisation zu vernetzen.

- *Verhandeln:* Es geht um die Vorbereitung, den Abschluss und die Umsetzung von Verträgen und Vereinbarungen, mit Rechtsträgern, Veranstaltern, Agenturen, Künstlern, Betriebsräten, Orchestervorständen etc.
- *Planen und Organisieren:* Es geht darum, Spiel- und Konzertpläne konkret zu erstellen, besondere Veranstaltungen vorzubereiten, Konzertreisen und Gastspiele sowie die Budgets dafür zu planen.
- *Entscheiden:* Es geht darum, langfristige künstlerische und finanzielle Entscheidungen zu treffen, aber ebenso spontan richtig zu reagieren, z. B. bei kurzfristiger Erkrankung eines Künstlers.
- *Kontrollieren:* Es geht darum, den Vollzug und das Ergebnis getroffener Entscheidungen (deren Richtigkeit oder Fehlerhaftigkeit) zu kontrollieren.

Bezogen auf den gesamten *Orchesterbetrieb als Organisation* kann man auch eine Einteilung nach Handlungsfeldern, Funktionsträgern und Kompetenzen vornehmen (Salzwedel/Schütz 2009a: 12). Danach umfasst das Orchestermanagement drei Handlungsfelder: Kulturmanagement (1), Leistungsmanagement (2) und Ressourcenmanagement (3).

1. Das Handlungsfeld *Kulturmanagement* verfolgt als Ziel die Legitimation und innere Sinnstiftung des Orchesters, setzt also sein Leitbild um. Dies sind die vorrangigen Aufgaben eines künstlerischen Intendanten und eines Chefdirigenten. Erforderlich sind Führungskompetenz, Kulturkompetenz und Systemkompetenz.
2. Das Handlungsfeld *Leistungsmanagement* verfolgt als Ziel die (künstlerische) Qualität und die Effektivität des Orchesters. Dies ist der Handlungsschwerpunkt der Musiker und der Dirigenten. Die erforderlichen Kompetenzen liegen auch hier in der Führung und im Management (z. B. künstlerische Planung und Produktionsprozess). Erforderlich sind leistungsorientierte, künstlerische und technische Fachkompetenzen.
3. Das Handlungsfeld *Ressourcenmanagement* verfolgt das Ziel der (wirtschaftlichen) Effizienz und Produktivität des Orchesters. Dies sind die Handlungsschwerpunkte des Orchestermanagements und der Verwaltung. Hier sind Kompetenzen in den Bereichen Prozessmanagement und Betriebswirtschaft sowie soziale Kompetenzen gefragt.

2.6 Erforderliches Fachwissen

Angesichts der Vielfalt dieser Aufgaben ist Fachwissen gefragt, also der theoretische Unterbau, den sich Mitarbeiter im Orchestermanagement bislang nur durch reines „Learning by doing" als Seiteneinsteiger oder nur partiell in einzelnen Studiengängen erwerben konnten (Pegelhoff 2007: 10, Mertens 2009a: 22, Rose 2007: 10). Welche Wissensbereiche sind besonders wichtig?

- *Jura*: Die juristischen Bezüge des Orchestermanagements liegen vor allem im Arbeits- und Tarifrecht für das Orchester und die Verwaltungsmitarbeiter. Betriebsverfassungsrecht, Landespersonalvertretungsrecht bestimmen die Zusammenarbeit mit Betriebs- oder Personalrat. Zivilrecht fließt ein z. B. in die Bereiche Kartenverkauf, Saalmiete, Agenturgeschäft, Reise- und Flugbuchungen. Das Urheber- und Leistungsschutzrecht für Orchester berührt Rundfunk-/Fernsehmitschnitte und -übertragungen, die Ton- und Bildträgerproduktionen und immer mehr die Nutzung des Internet (vgl. Risch/Kerst 2009: 8). Öffentliches Haushaltsrecht ist maßgeblich für die Bewirtschaftung finanzieller Zuwendungen der öffentlichen Hand.
- *Betriebswirtschaft*: Bilanzen, Haushalte, Budgets müssen aufgestellt, kontrolliert bzw. abgerechnet werden. Der Bereich Marketing spielt dabei eine inzwischen übergeordnet wichtige Rolle.
- *Musikmanagement/Musikwissenschaft*: Es gibt nur wenige Orchestermanager, die keinen eigenen instrumentalen Hintergrund haben. Spiel- und Konzertpläne des Orchesters, Dienstpläne der Orchestermusiker kann nur derjenige seriös erstellen, der das gängige Orchesterrepertoire, Stilrichtungen, Besetzungsgrößen sicher beherrscht.
- *Veranstaltungsmanagement*: Die Logistik einer Konzertaufführung (noch mehr natürlich einer Gastspielreise) ist vielfältig und muss professionell gesteuert werden: Instrumententransport, Bühnenaufbauten und -einrichtung, Werbung, Programmhefte, Konzerteinführung etc.
- *Public Relations*: Wer Texte für Presse und Medien oder Spielzeit- und Programmhefte schreiben muss, sollte auf journalistische Grundkenntnisse zurückgreifen können.
- *Organisationslehre und -management*: Das Wissen um das Management der wesentlichen inneren Betriebsabläufe überlagert alle anderen Bereiche.

2.7 Definition Orchestermanagement

Versucht man, die Vielfalt der Aufgabenbereiche und Anforderungen am „Arbeitsplatz Orchestermanagement" zusammenzufassen, führt dies zu der nachfolgenden Definition.

▶ **Definition Orchestermanagement**
„Orchestermanagement umfasst alle Tätigkeiten der inhaltlichen, künstlerischen, personellen und organisatorischen Führung, der nachhaltigen Finanzierung und der optimalen Vermarktung eines Orchesters".

Der diesem Buch zugrunde liegende Gedanke von einem *ganzheitlichen Orchestermanagement* greift noch weiter (vgl. Kap. 4 zum Marketing). Ganzheitliches Orchestermanagement umschreibt die durchaus nicht utopische Vorstellung von einem in allen relevanten Bereichen optimierten Orchesterbetrieb. Bei diesem Ideal sitzt das Orchestermanagement mit allen seinen Mitarbeitern nicht zwischen den Stühlen, sondern betreibt umfassendes Networking nach innen und außen. Orchestermanager sind Brückenbauer und Identitätsvermittler (Vongries 2008a: 14).

Stichworte hierfür sind die entsprechende Qualifikation und Weiterbildung aller Mitarbeiter, die Innen- und Außenkommunikation sowie die Realisierung, ständige Hinterfragung und Weiterentwicklung des selbst definierten Leitbildes. Wesentliche Einflüsse, die in der Realität eine Umsetzung dieses Ideals beeinträchtigen, sind vor allem: Menschliche Unzulänglichkeiten, persönliche oder künstlerische Eitelkeiten, externe, nicht vorhersehbare Eingriffe, vor allem aus Kultur- und Finanzpolitik. In der Praxis muss es also darum gehen, den laufenden Betrieb unter Einbindung aller Beteiligten weiter zu optimieren und dadurch das Schadenspotenzial negativer Einflüsse so weit wie möglich zu begrenzen und zu minimieren. Auch hier gilt: Übung macht den Meister (Rose 2007: 13).

Einmal anders formuliert, verfolgt professionelles Orchestermanagement im Wesentlichen vier Ziele (vgl. Brezinka 2005: 10):

- Künstlerisch hochwertige Konzerte und Musikproduktionen,
- ausverkaufte Veranstaltungen,
- ein begeistertes Publikum und
- zufriedene Mitarbeiter/innen.

Je besser diese Ziele erreicht werden, je größer also die einzelnen Erfolgsfaktoren sind, desto besser ist ein Orchester aufgestellt. Dies zu erreichen sollte das persön-

2.7 Definition Orchestermanagement

liche Ziel eines jeden Mitarbeiters in einem Orchesterbetrieb sein, im Management ebenso wie im Orchester selbst.

▶ **Lesetipps**

- Das Buch: Der exzellente Kulturbetrieb von Armin Klein analysiert die aktuellen Probleme und Herausforderungen der Kulturbetriebe, zeigt aber auch die Chancen und Lösungsmöglichkeiten für die tägliche Praxis auf. Auch das Buch: Eventrecht kompakt von Risch/Kerst bietet für den Nichtjuristen im Orchestermanagement einen Einstieg in viele praxisrelevante Rechtsgebiete.
- Einen gute juristische Einführung bietet auch Kurz/Kehrl/Nix im Praxishandbuch Theater- und Kulturveranstaltungsrecht.
- Pflichtlektüre ist das Buch von Stefan Rosu: Zukunftsstrategien für Orchester.

Literaturverzeichnis

Brezinka, Thomas (2005): Orchestermanagement – Ein Leitfaden für die Praxis, Kassel: Bosse
Jacobshagen, Arnold, Hrsg. (2002): Praxis Musiktheater – Ein Handbuch, Laaber: Laaber
Kolbe, Corina (2009): Unverwechselbar im Internet – Wie sich Orchester erfolgreich multimedial vermarkten, in: Das Orchester, Heft 12, S. 28-29
Mertens, Gerald (2009a): Zwischen Theorie und Praxis – Theater- und Orchestermanagement in Deutschland, in: Das Orchester, Heft 11, S. 22-23
Pegelhoff, Ralf (2007): Musiker als Erfüllungsgehilfen – Mangelhaft: Die Personal- und Organisationsentwicklung in deutschen Orchestern, in : Das Orchester, Heft 3, S. 8-16
Risch, Mandy/Kerst, Andreas (2009): Eventrecht kompakt – Ein Lehr- und Praxisbuch mit Beispielen aus dem Konzert- und Kulturbetrieb, Berlin, Heidelberg: Springer
Rose, Anselm (2007): Übung macht den Meister – Wie wird man Orchestermanager? Zur Ausbildungssituation in Deutschland, in: Das Orchester, Heft 12, S. 8-13
Rosu, Stefan (2014): Zukunftsstrategien für Orchester – Kompetenzen und Kräfte mobilisieren, Wiesbaden: Springer VS
Salzwedel, Martin/Schütz, Dirk (2009a): Führung Macht Sinn – Führung im Orchester, in: Das Orchester, Heft 11, S. 10-13
Sinsch, Sandra (2009a): Querdenker für den Kulturbetrieb – Das Berufsbild des Orchestermanagements wandelt sich, in: Das Orchester, Heft 11, S. 28-29
Vongries, Caroline (2008a): Vertrauen ist alles – Außensicht: Orchestermanager als Brückenbauer und Identitätsvermittler, in: Das Orchester, Heft 2, S. 14-15

Finanz- und Trägerstrukturen 3

> **Zusammenfassung**
>
> Die Finanzierung von Orchestern bzw. Theatern ist in Deutschland ganz überwiegend Aufgabe der öffentlichen Hand. Trägerschaften von Berufsorchestern existieren in verschiedensten öffentlichen und privaten Rechtsformen. Bei Orchestern als sehr personalintensiven Kulturbetrieben führen systemimmanente Strukturursachen zu besonderen Finanzierungsbedingungen. Das Orchestermanagement hat verschiedene Möglichkeiten hiermit umzugehen.

> **Schlüsselbegriffe**
>
> Kulturfinanzierung durch Bund, Länder Kommunen; Haushaltskreislauf, disproportionale Personalkostendynamik, Zuwendungsverträge, Baumolsche Kostenkrankheit, Fehlbedarfsfinanzierung.

Neben der ständigen Ansprache und Gewinnung neuer Publikumsschichten und dem Erhalt eines treuen Abonnentenstamms stellt auch die Frage der auskömmlichen und nachhaltigen Finanzierung der Orchester und Theater eine immer wichtigere Managementaufgabe dar.

3.1 Öffentliche Kulturfinanzierung auf drei Ebenen

Die Kulturfinanzierung in Deutschland im Allgemeinen und damit auch die Finanzierung von Konzertorchestern und Opernhäusern im Besonderen ist in die öffentlichen Finanzierungsstrukturen von Bund, Ländern und Kommunen integriert. Die Finanzierung der Klangkörper der öffentlich rechtlichen Rundfunkanstalten erfolgt über die gesonderte Rundfunkfinanzierung (früher: Rundfunk- und Fernsehgebühren, heute: Haushaltsabgabe). Rund 90 Prozent der öffentlichen Kulturausgaben in Deutschland stammen aus den Haushalten der Länder und Kommunen, etwa 10 Prozent kommen vom Bund. Die Gesamtausgaben der öffentlichen Hand für die Kultur betrugen im Jahr 2013 auf rund 9,9 Mrd. Euro, dies entspricht in etwa lediglich 0,35 Prozent des Bruttoinlandsprodukts (DOV, Orchester 2030: 3). Für die öffentlichen Theater- und Orchester werden jährlich rund 2,5 Mrd. Euro (Spielzeit 2015/16) aufgewendet (DBV 2017: 5).

3.1.1 Finanzierungskonkurrenz von Kultureinrichtungen

Opernhäuser, Konzertorchester und Theater stehen in einer unmittelbaren Finanzierungskonkurrenz zu zahlreichen anderen Kultureinrichtungen, wie Museen, Bibliotheken, Laien- und Volksmusikensembles, Musikschulen, Jugendorchestern und den dazu gehörenden Verbandsstrukturen, zumindest soweit diese aus denselben Etats gefördert werden. Bei Verteilungskämpfen um knappere öffentliche Mittel wird in Medien, Öffentlichkeit, Verwaltung und Politik häufig argumentiert, dass die Theater und Orchester prozentual den größten Teil des öffentlichen Kulturhaushalts „schlucken", während für die „freie Szene" und andere Einrichtungen kaum etwas übrig bleibe. Diese Argumentation wird von denjenigen, die vermeintlich „weniger" haben, naturgemäß gerne aufgegriffen und unterstützt. Es erweist sich jedoch meist als Irrtum zu glauben, wenn den Theatern und Orchestern Gelder gestrichen würden, erhielten andere danach mehr. Die Erfahrungen der vergangenen Jahre zeigen, dass am Ende unter dem Strich alle weniger haben.

3.1.2 Konkurrenz als Chance

Statt sich also auf ein „Teile-und-herrsche-Spiel" oder einen „Kultur-Kannibalismus" einzulassen, dürfte es für alle beteiligten Empfänger öffentlicher Mittel im Kulturbereich sinnvoller sein, sich regional miteinander zu verbünden und lokal stärker zu kooperieren. Diese Bündnisse bündeln nicht nur gemeinsame Interessen an einer stabilen öffentlichen Finanzierung. Sie führen auch zu einer stärkeren Gewichtung des Kulturbereichs im Verteilungskampf anderer öffentlicher Haushaltsressorts (Bildung, Wirtschaft, Soziales usw.) untereinander. Und schließlich kann die spartenübergreifende Kooperation wechselseitig neue kreative Potenziale, neue Geschäftsfelder und neue Besucher generieren (z. B. Konzerte im Museum, Theater in der Bibliothek, Lesung in der Galerie).

3.2 Orchesterfinanzierung durch die öffentliche Hand

Die Instrumente und Modelle der Orchesterfinanzierung durch die öffentliche Hand in Deutschland sind ebenso vielfältig wie unterschiedlich. Im Folgenden wird versucht, zunächst die allgemeinen Grundstrukturen und dann anhand von Beispielen einzelne Besonderheiten zu beschreiben.

Das Grundgesetz schreibt einerseits die Kulturhoheit der Länder (Art. 70 Abs. 1), andererseits die Selbstbestimmung von Kommunen (Art. 28 Abs. 2) fest. Diese verfassungsrechtlichen Grundentscheidungen sind die Hauptursache dafür, dass der Bund in der Finanzierung von Orchestern (und Theatern) kaum eine Rolle spielt. Eine Ausnahmesituation war insoweit nach der deutschen Wiedervereinigung auf der Grundlage von Art. 35 des Einigungsvertrages die direkt gewährte Übergangsfinanzierung von Kultureinrichtungen in den neuen Bundesländern durch den Bund von 1990 bis 1994 (Röper 2001: 23). Angesichts des Grundsatzes der Kulturhoheit der Länder achten die Bundesländer mit Argusaugen darauf, dass sich der Bund nicht zu sehr in ihre Belange einmischt. Der Bund fördert daher ausnahmsweise Kultureinrichtungen nur dann direkt, wenn es mit einem „gesamtstaatlichen Interesse" begründet werden kann (Röper 2001: 480), also z. B. bei den Bayreuther Festspielen. Ein verfassungsrechtliches „Verbot" einer Bundesfinanzierung existiert allerdings nicht (Masopust 2016: 36). Über die „Kulturstiftung des Bundes" und die „Kulturstiftung der Länder" wurden allerdings in den vergangenen Jahren faktisch öffentliche „Schattenhaushalte" geschaffen, aus denen, meist im Rahmen der Projektfinanzierung, Kultureinrichtungen und Einzelprojekte unterstützt wurden, die auf eine direkte Förderung aus den öffentlichen Haushalten in der Regel kaum Chancen gehabt hätten.

3.2.1 Engagement des Bundes

Daher sind im Orchester- und Opernbereich die unmittelbaren Finanzierungen des Bundes (aus dem Etat der „Beauftragten der Bundesregierung für Kultur und Medien") immer noch überschaubar, aber weiter zunehmend (Gerlach-March 2010: 26). Unmittelbar anteilig gefördert werden die Bayreuther Festspiele, die Rundfunk Orchester und Chöre GmbH Berlin (weitere Gesellschafter sind das Deutschlandradio, der Rundfunk Berlin Brandenburg und das Land Berlin).

Aus weiteren direkten Orchesterfinanzierungen hatte sich der Bund seit Mitte der 1990er Jahre zurückgezogen, da die historische Begründung aus der Nachkriegszeit langsam verblasst war: Die nach dem Ungarnaufstand im Jahr 1956 mit aus Ungarn geflüchteten Musikern gegründete Philharmonia Hungarica in Marl musste nach Streichung der Bundesmittel Insolvenz anmelden und wurde aufgelöst (2001); bei den Bamberger Symphonikern (1946 gegründet von ehemaligen Mitgliedern der Deutschen Philharmonie in Prag sowie aus Karlsbad und Schlesien) wurde der Finanzierungsanteil des Bundes durch den Freistaat Bayern übernommen und das Orchester mit dem Untertitel „Bayerische Staatsphilharmonie" 2005 in eine öffentlich-rechtliche Stiftung überführt.

Im Rahmen der Hauptstadtfinanzierung durch den Bund in Berlin gibt es jedoch seit Anfang 2018 ein deutliche Veränderung: neben schon bisher geförderten Einrichtungen wie der Berliner Festspiele GmbH, Kulturveranstaltungen des Bundes in Berlin GmbH, dem Hauptstadtkulturfonds (Röper 2001: 479) und dem Humboldt-Forum erhalten nun auch die „Stiftung Oper in Berlin" 10 Mio. (Hanssen 2017) und die Stiftung „Berliner Philharmoniker" 7,5 Mio. Bundesmittel. Seit 2017 kommen erstmals bundesweit Orchester im Rahmen des Programms „Exzellente Orchesterlandschaft Deutschland" in den Genuss zusätzlicher Mittel von 50.000 bis zu 450.000 Euro im Jahr für besondere Projekte.

3.2.2 Engagement der Bundesländer

Eine wichtige Rolle bei der Finanzierung der Kultur bzw. der Opernhäuser und Konzertorchester spielen unverändert die Bundesländer. Dies folgt aus den geschilderten traditionellen Kompetenzaufteilungen zwischen Bund, Ländern und Kommunen. Vom finanziellen Volumen her sind die Finanzierungsanteile von Kommunen und Ländern mit jeweils 45 Prozent insgesamt betrachtet zwar fast identisch. Im Vergleich zwischen den einzelnen Bundesländern ergeben sich jedoch sehr große Unterschiede (Röper 2001: 473). Außerdem sind es die Länder selbst, die im Rahmen ihrer Landesgesetzgebung und des Landeshaushaltsrechts für die

Kulturfinanzierung die Parameter und die Lastenverteilung zwischen Land und Kommunen festlegen.

Die Begründung von Finanzierungsstrukturen einiger Orchester und Opernhäuser in der überwiegenden oder alleinigen Trägerschaft der Bundesländer gehen teilweise über Jahrhunderte zurück. Einzelne Einrichtungen werden heute unmittelbar vom Land als „Staatsorchester" oder „Staatstheater" getragen, mit der Konsequenz, dass der gesamte Personal- und Sachkostenetat der Einrichtung unmittelbar im Landeshaushalt festgeschrieben ist und durch entsprechende Haushaltsgesetze immer wieder neu in ein- oder meist zweijährigem Rhythmus („Doppelhaushalt") im Landesparlament bestätigt werden muss.

Das Land Rheinland-Pfalz beispielsweise führt seine drei Staatsorchester als eigenständige Landesbetriebe (Staatsorchester Rheinische Philharmonie Koblenz, Philharmonisches Orchester des Staatstheaters Mainz, Deutsche Staatsphilharmonie Rheinland-Pfalz). Die Bezeichnung als Staatsorchester oder -theater ist allerdings nur ein Indiz für eine alleinige oder mehrheitliche Landesträgerschaft (Jacobshagen 2002: 368). In Niedersachsen werden die Staatstheater (und -orchester) Oldenburg und Braunschweig als Landesbetriebe, die Niedersächsische Staatsoper Hannover als GmbH des Landes geführt und finanziert. Bedingt durch Strukturveränderungen vergangener Jahrzehnte bzw. entsprechende Vereinbarungen zwischen Land und Kommunen existieren auch Fälle, in denen ehemalige „echte" Staatsorchester mehrheitlich oder vollständig von einer Kommune getragen werden.

3.2.3 Engagement der Kommunen

Die Kommunen, hier neben den Gemeinden und Landkreisen vor allem die Städte, spielen naturgemäß die wichtigste Rolle bei Theater- und Orchesterfinanzierung. Denn hier sind die Einrichtungen – teilweise seit Jahrhunderten – „verortet", hier wurden Traditionen entwickelt, hier spürt man ihre Wirkung und hier muss – regional unterschiedlich – ein Großteil der erforderlichen Mittel für den laufenden Betrieb von Jahr zu Jahr kommunalpolitisch diskutiert, gerechtfertigt und beschlossen werden. Ein Hauptproblem – auch für die Kulturfinanzierung und deren zukünftige Entwicklung – ist die Frage der örtlichen Wirtschafts- und Steuerkraft (Mertens 2009c: 39). Haupteinnahmequelle der Gemeinden sind die Grundsteuern und die Gewerbesteuern. Die wenigen örtlichen Verbrauchssteuern (z. B. Hundesteuer, Jagdsteuer, Vergnügungssteuer) spielen vom Volumen her kaum eine Rolle und machen die Kommunen extrem abhängig von der allgemeinen Wirtschaftslage, der Lage der bei ihnen ansässigen Unternehmen und Betriebe sowie den gesetzlichen Finanzzuweisungen durch die Länder. Eine weiteres Problem sind die Aufwände der Kommunen für soziale Transferleistungen („Hartz IV", Wohngeld, Hilfe zum Lebensunterhalt usw.), die wiederum in der Höhe konkret abhängig sind von der jeweiligen Wirtschaftslage und der damit zusammenhängenden Arbeitslosenquote. Weitere besondere Belastungen resultieren aus der Unterbringung von Flüchtlingen, dem Rechtsanspruch auf Kindergartenplatz etc.

3.2.4 Exkurs: Haushaltsaufstellung, -beschlussfassung und -umsetzung (Haushaltskreislauf)

Auf allen Ebenen der öffentlichen Verwaltung folgen die Haushaltsaufstellung, die Beschlussfassung und die Umsetzung demselben Grundmuster.

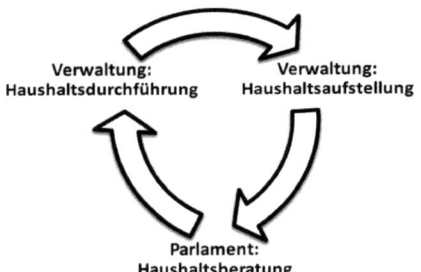

Abb. 3
Haushaltskreislauf
(eigene Darstellung)

Für das Orchestermanagement eines überwiegend öffentlich finanzierten Orchesters, ebenso wie für die Geschäftsführung eines Theaters oder einer anderen Kultureinrichtung, ist dies regelmäßig wiederkehrend eine Herausforderung. Denn in diesem Prozess entscheidet sich letztlich die Höhe der zur Verfügung stehenden Mittel für die jeweilige Einrichtung.

Der sog. Haushaltskreislauf verdient besondere Beachtung: die jeweils für das Musiktheater oder Orchester zuständige Kultur- oder Finanzverwaltung stellt den Haushaltsentwurf (Haushaltsgesetz/-satzung und Haushaltsplan) auf. Der Haushaltsentwurf wird vom Parlament (Landtag, Stadtrat etc.) und seinen Ausschüssen beraten, ggf. abgeändert und beschlossen. Die Verwaltung führt sodann den vom Parlament beschlossenen Haushalt aus; der Kreis schließt sich. Wenn es um Veränderungen oder Einsparungen im Etat geht, könnte man etwas böse formulieren: Brandstifter und Feuerwehr – nämlich die Verwaltung, die den Haushalt aufstellt und ihn am Ende umsetzt – sind identisch.

Für das Orchestermanagement bedeutet das in der Praxis, schon bei der Haushaltsaufstellung genau darauf zu achten und ggf. dafür zu sorgen, dass die zuständige Verwaltung angemessene Haushaltsansätze und eine Tarifvorsorge für die eigene Einrichtung vornimmt. Die gleiche Aufmerksamkeit ist dem Verlauf der parlamentarischen Haushaltberatungen zu widmen und den innerfraktionellen oder innerparteilichen Arbeitsgruppen für die Kultur und den Haushalt. Wenn der Haushalt erst einmal beschlossen ist und vollzogen wird, gibt es für das Orchestermanagement in der Regel keine Eingriffsmöglichkeiten mehr (Ausnahme: Nachtragshaushalt). Ein ständiger und enger Kontakt zum Kulturamt und den zuständigen Haushalts- und Kulturpolitikern ist dafür unerlässlich und ggf. überlebenswichtig. Diese Empfehlung gilt entsprechend für diejenigen Musiktheater oder Orchester, die nicht als Regiebetrieb oder Eigenbetrieb in den öffentlichen Haushalt integriert sind, sondern als externe Zuwendungsempfänger (z. B. als eingetragener Verein oder als GmbH) geführt werden.

3.2.5 Mischfinanzierungen

Die Bandbreite der Finanzierungsstrukturen und -anteile zwischen Ländern und Kommunen ist dabei so vielfältig, wie die Orchesterlandschaft selbst. Die Landeshauptstadt München z. B. finanziert den Etat der Münchner Philharmoniker (Untertitel und Werbeslogan: „Das Orchester der Stadt") zu mehr als 99 Prozent, der Freistaat Bayern hingegen weniger als 1 Prozent. Demgegenüber werden die ebenfalls in München ansässigen Staatstheater und -orchester (Bayerische Staatsoper und Staatsorchester, Staatstheater am Gärtnerplatz und Orchester) vollständig vom Freistaat Bayern finanziert, wobei es hier mitunter Ressortüberschneidungen zwischen dem Finanz- und dem Kunst- und Wissenschaftsministerium gibt: Die Zuständigkeiten für Tarifverträge und Finanzierung liegen im Finanzministerium, die für Kulturpolitik und Personalfragen – vor allem bei Leitungspersonal – im Kunstministerium.

In Nordrhein-Westfalen gibt es überhaupt keine Staatstheater bzw. -orchester mit einer überwiegenden Landesfinanzierung. Die Landesbeteiligung für die Kulturfinanzierung ist hier traditionell gering, so dass die Hauptlasten bei den Kommunen liegen. Lediglich drei „Landesorchester", die Neue Philharmonie Westfalen (Gelsenkirchen-Recklinghausen), die Philharmonie Südwestfalen (Hilchenbach bzw. Siegen) und die Nordwestdeutsche Philharmonie (Herford) erhalten einen höheren Landesanteil. In anderen Fällen sind die Finanzierungsquellen noch weiter diversifiziert, wenn mehrere Kommunen, z. B. Landkreise und Städte beim Schleswig-Holsteinischen Landestheater und Sinfonieorchester, Kulturräume (s. u. 3.2.6.1) oder Regionalverbände Beiträge leisten.

Diese Mischfinanzierungen verteilen einerseits sinnvollerweise Lasten auf mehrere Schultern. Andererseits besteht auch die Gefahr eines Dominoeffekts: Wenn ein öffentlicher Träger seine Zahlungen absenkt oder aus Trägerschaft und Finanzierung aussteigt, kann dies ein Anstoß für andere sein, dem Beispiel zu folgen. Dadurch gerät das gesamte Finanzierungsmodell des Orchesters oder Theaters aus dem Lot. Bei mischfinanzierten Orchestern ist das Orchestermanagement gut beraten, immer in engem Kontakt zu allen Trägern und Geldgebern zu stehen, um mögliche Ausfall- und Finanzierungsrisiken rechtzeitig erkennen und präventiv darauf reagieren zu können.

3.2.6 Sonderwege

Die meisten Bundesländer regeln den Lastenausgleich nach Kriterien der öffentlichen Raumordnung (z. B. Einordnung von Städten mit unterschiedlicher Größe und Funktionalität als sog. Ober-, Mittel- oder Unterzentren) u. a. auch für den Unterhalt von Theatern und Orchestern in den Kommunen über Vorwegabzüge im Rahmen der Gemeindefinanzierungsgesetze (GFG) oder Finanzausgleichsgesetze (FAG) (Mertens 2009c: 39). In den Stadtstaaten (Hamburg, Berlin und Bremen) gelten jeweils besondere Regelungen, da es hier bei der Kulturfinanzierung nur eine Ebene gibt. Eine stärkere Verknüpfung von Raumordnungs- und Landesentwicklungsplänen mit Aussagen darüber, welche kulturelle Mindestausstattung Grund- und Oberzentren vorhalten sollen, könnte Kommunen helfen einen konkreten Finanzierungsbeitrag für Orchester und Theater abzusichern; dies ist zielführender als die akademische Debatte über „Kultur als Pflichtaufgabe" (Hoff 2017: 51).

3.2.6.1 Kulturraumgesetz

Eine besondere Rolle nimmt seit 1994 der Freistaat Sachsen ein, der über das sog. „Kulturraumgesetz" (KRG) alle Landkreise und Gemeinden solidarisch zu Mitfinanzierung örtlicher Kultureinrichtungen verpflichtet und gleichzeitig einen Anteil der Landesmittel in die Kulturräume einspeist (Röper 2001: 471). Die Kommunen sind dadurch in öffentlich-rechtliche Zweckverbände „gezwungen" worden. Direkt von Freistaat getragen werden lediglich die Sächsische Staatsoper und Staatskapelle Dresden, das Staatsschauspiel Dresden und ursprünglich auch die Landesbühnen Sachsen in Radebeul (bis 2012).

Obwohl das KRG inzwischen unbefristet gilt und die seit Jahrzehnten immer wieder diskutierte Frage löst, wie eine Beteiligung und Einbeziehung der Umlandgemeinden um eine Stadt (Sitzgemeinde) erfolgen kann, die ihrerseits ein Theater und Orchester unterhält, das auch von den Bewohner des Umlandes mit genutzt wird, hat kein anderes Bundesland diese Struktur übernommen. 2018 hat der Freistaat Sachsen seinen Finanzierungsanteil von 89 Mio. auf 94 Mio. Euro erhöht. Da aber die allgemeinen Lohn- und Betriebskosten von Theatern, Orchestern und anderen Kultureinrichtungen seit 1994 stärker gestiegen sind, als die Zuwendungen des Freistaats, der Kulturräume, der Rechtsträger und Sitzgemeinden, ist inzwischen ein Finanzierungsdefizit zwischen 12 bis 15 Mio. Euro (Stand 2018) aufgelaufen. Zur Kompensation dieser Unterfinanzierung, zur Vermeidung weiterer Strukturveränderungen (Auflösungen oder Fusionen von Orchestern und Theatern) und zum Erhalt von Arbeitsplätzen wurden daher zahlreiche Notlagen-Tarifverträge mit Lohnverzicht der Beschäftigten abgeschlossen. Da hiermit in der Regel auch Arbeitszeitverkürzungen und eine Einschränkung des künstlerischen Angebots verbunden sind (s. o.), kann dies kein Dauerzustand sein. Die sächsische Staatsregierung hat im Frühjahr 2018 eine erste Lösung im Doppelhaushalt 2019/20 in Aussicht gestellt.

3.2.6.2 Vertragliche Verbundlösung

Neben den bereits beschriebenen Förderwegen werden vereinzelt auch andere Sonderwege beschritten. So hat z. B. das Land Brandenburg vor mehreren Jahren mit den größeren, die Theater oder Orchester tragenden Kommunen Brandenburg/Havel, Potsdam, Frankfurt (Oder) und der Kulturstiftung Cottbus (Staatstheater und Museum) einen „Theater- und Konzertverbund" abgeschlossen. Dieser öffentlich-rechtliche Vertrag mit mehrjähriger Laufzeit regelt den Angebotsaustausch der beteiligten Theater und Orchester untereinander sowie finanzielle Ausgleichszahlungen, soll aber neu justiert werden. Ab 2019 sollen im Land Brandenburg die großen Theater und Orchester nach dem Schlüssel 50:30:20 gefördert werden. Das Land übernimmt 50 Prozent der Budgets, über das FAG kommen 30 Prozent und die Sitzkommune muss nur noch 20 Prozent aufbringen.

3.2.6.3 Mehrjährige Zuwendungsverträge

Die Länder Sachsen-Anhalt und Thüringen sind in den letzten Jahren dazu übergegangen, die Theater- und Orchesterfinanzierung in mehrjährigen öffentlich-rechtlichen Zuwendungsverträgen gegenüber den örtlichen Rechtsträgern festzuschreiben. Dies geschieht unabhängig von der jeweiligen Rechtsform, in der das Theater oder Orchester geführt wird. Anders z. B. in Berlin: Hier ist es gerade die Rechtsform der öffentlich-rechtlichen (Zuwendungs-)Stiftung, die bei den Berliner Philharmonikern und der Stiftung „Oper in Berlin" dazu geführt hat, dass das Land Berlin mit den Stiftungen in der Regel fünfjährige Finanzierungsverträge abschließt. Bei vernünftig kalkulierter Tarifvorsorge (angemessene Schätzung zukünftiger Lohnabschlüsse des öffentlichen Dienstes) und rechtzeitiger Neuverhandlung der

Anschlussfinanzierung ist eine derartige Finanzierungsform ebenso nachhaltig wie verlässlich und daher zu bevorzugen.

3.3 Probleme der öffentlichen Finanzierung von Theatern und Orchestern

3.3.1 Strukturelles Kernproblem 1: Personalkostendynamik

Die Bedrohung der Institution „Orchester" in den letzten Jahrzehnten rührt weniger aus einer echten „Sinnkrise" her, sondern einerseits eher aus der bereits beschriebenen, schmalen Finanzierungsbasis der öffentlichen Haushalte und andererseits aus weitgehend ungelösten systemimmanenten, strukturellen Problemen. Theater und Orchester sind extrem personalintensive Betriebe. Hieraus folgt, dass das Jahresbudget einen strukturell bedingten Personalkostenanteil von ca. 85 bis 90 Prozent ggü. zehn bis 15 Prozent Sachkostenanteil enthält. Diese Budgetgliederung sieht im öffentlichen Haushaltsbereich völlig anders aus: Der Bundeshaushalt enthält rund zehn Prozent Personalkosten, die Landeshaushalte etwa 33 Prozent, die Kommunalhaushalte etwa 40 bis 45 Prozent. Aus diesen strukturell bedingten Unterschieden der Theater- und Orchesterhaushalte gegenüber denen der Länder und Kommunen ergibt sich eine völlig verzerrte Dynamik bei Personalkostensteigerungen bzw. öffentlichen Haushaltseinschnitten. Dieses Problem ist schon in den 1930er Jahren konstatiert worden (Röper 2001: 247). Es ist bis heute ungelöst und stellt weiterhin die eigentliche Kernursache für die Budgetprobleme der öffentlich getragenen Theater und Orchester dar (DOV, Orchester 2030: 16).

> **Praxisbeispiele Personalkostensteigerung und Haushaltskürzung**
>
> Ein Staatsorchester wird von einem Bundesland als eigenständiger Landesbetrieb mit seinen Personalstellen und -kosten nicht unmittelbar im Landeshaushalt veranschlagt, sondern bekommt vielmehr ein Ein- oder Zweijahresbudget zugewiesen. Es kommt – beruhend auf den allgemeinen Tarifabschlüssen des öffentlichen Dienstes – zu einer allgemeinen Personalkostensteigerung von einem Prozent. Folge: Bei einem Verhältnis der Personalkostenanteile zwischen Orchesterbudget und Landeshaushalt von 3:1 (90 zu 33 Prozent) ist der Personaletat des Orchesters durch diese Tarifsteigerung proportional dreimal so stark belastet wie der des Landes.

Kommt es im Landeshaushalt zu einer pauschalen Kürzung aller einzelnen Etatansätze (sog. „globale Minderausgabe") hat die zur Folge: der Orchesteretat ist wiederum im Verhältnis 3:1 betroffen, da eine zehnprozentige Zuschusskürzung aufgrund des hohen Personalkostenanteils beim Orchester die dreifache Dynamik entfaltet. Die Antworten auf die strukturellen Verzerrungen lauten Tarifvorsorge bzw. Personalkostenausgleich. D. h. Orchesteretat und Landeshaushalt müssten wechselseitig diese unterschiedliche Dynamiken berücksichtigen.

3.3.1.1 Reaktive Handlungsoptionen

Erfolgt eine Tarifvor- bzw. Tarifnachsorge (also der haushalterische Ausgleich von Personalkostensteigerungen) durch die öffentliche Hand nicht, was in den letzten Jahren vielerorts der Fall war, gerät das Orchestermanagement unter Druck. Es bestehen im Wesentlichen folgende reaktive Handlungsoptionen:

- Personalabbau bzw. Strukturveränderung (Kooperation, Fusion)
- Nichtbesetzen von Stellen
- Abschluss eines Haustarifvertrages mit Einfrieren der Vergütungen oder Vergütungsverzicht

Personalabbau: Im schlimmsten Fall muss das Orchestermanagement Personal abbauen, was aber rasch die künstlerische Spiel- und Dispositionsfähigkeit des Orchesters einschränkt und seine Reputation beschädigt. Die mildere Variante des Personalabbaus ist die sozialverträgliche durch Ausnutzen der natürlichen Personalfluktuation und durch die dauerhafte Nichtbesetzung von Planstellen (Röper 2001: 404). Die härtere, aber auch politisch, juristisch und menschlich schwierige Variante ist der Personalabbau durch betriebsbedingte Kündigungen. Durch die nach dem Kündigungsschutzgesetz erforderliche Sozialauswahl müssen in der Regel zuerst die jungen Musiker mit der kürzesten Betriebszugehörigkeit das Orchester verlassen, wenn sie sich nicht schon aus eigenem Antrieb um einen sichereren Arbeitsplatz in einem anderen Orchester gekümmert haben. Die inhaltlich verbundene Variante von Strukturveränderungen durch Fusion örtlich benachbarter Orchester ist inzwischen vielerorts ausgereizt oder gilt als künstlerisch und/oder politisch als nicht gewünscht oder durchsetzbar.

Nichtbesetzen von Stellen: Eine demgegenüber weichere Option ist das vorübergehende Nichtbesetzen von Planstellen bei gleichzeitiger Einsparung bzw. anteiliger Umverteilung von festen Personalkosten in den Etat für Orchesteraushilfen. Wenn jedoch Planstellen im Orchester längerfristig nicht besetzt oder am Ende dauerhaft gesperrt oder gestrichen werden (s. o. Option Personalabbau), verlangsamt sich naturgemäß die normale Personalfluktuation. Dies führt bei vielen Orchestern – wiederum insbesondere in den östlichen Bundesländern – nachweislich schon heute zu einer strukturellen Überalterung: es kommen kaum noch junge, gut ausgebildete und leistungsstarke Musiker ins Orchester, der vorhandene Bestand wird immer älter. Die eigentlich wünschenswerte, ausgewogene Altersstruktur „kippt", führt zu einem erhöhten Krankenstand in Zeiten hoher dienstlicher Belastung und damit wiederum zu erhöhten Aushilfskosten.

Notlagen-Haustarifvertrag mit Einfrieren der Vergütungen oder Vergütungsverzicht: Eine dritte Variante, die in den vergangenen Jahrzehnten in den östlichen Bundesländern fast inflationär Einzug gehalten hat, ist der Abschluss von Notlagen-Haustarifverträgen mit den zuständigen Gewerkschaften. Im Rahmen dieser Tarifverträge verzichten die Beschäftigten befristet auf Teile des 13. Monatsgehalts (sog. „Zuwendung"), auf andere Vergütungsbestandteile, auf die Vergütungserhöhungen als solche oder gar auf Teile des laufenden Monatsgehalts. Im Gegenzug wird für die Laufzeit des Verzichtes der Erhalt des Arbeitsplatzes durch den Ausschluss betriebsbedingter Kündigungen verbindlich garantiert (Röper 2001: 403). Das Einfrieren bzw. die Absenkung der Vergütung wird außerdem meist auch durch einen Freizeitausgleich in Form der Gewährung zusätzlicher freier Tage kompensiert. Dabei wird in der Regel für jedes Lohnprozent ein Freizeitausgleich von 2,6 freien Tagen vereinbart. Beträgt der tarifliche Lohnverzicht also zehn Prozent gegenüber dem Flächentarifvertag, sind neben dem Tarifurlaub weitere 26 freie Tage zu gewähren. Dieser Umstand schränkt naturgemäß die Produktivität des Orchesters bzw. Theaters weiter ein und stößt daher an Grenzen.

Ein weiteres Detailproblem: Orchester mit tariflichem Vergütungsverzicht haben bei Stellenbesetzungen einen empfindlichen Wettbewerbsnachteil gegenüber „normal" zahlenden Orchestern. Dies wirkt sich langfristig auf die künstlerische Ausstrahlung und Leistungsfähigkeit aus. Beim Abschluss von Haustarifverträgen mit Lohnverzicht muss die Arbeitgeberseite in der Regel noch weitere Einschränkungen akzeptieren, wie z. B. die Ausweitung der Mitbestimmungsrechte oder die Gewährung zusätzlicher freier Tage für die Arbeitnehmer. Das wiederum hat Auswirkungen auf die personelle Dispositionsfähigkeit des Betriebes, die Zahl der Veranstaltungen und damit auf die Einnahmen – ein Teufelskreis. Auch aus diesen Gründen wird die Zahl der Notlagen-Haustarifverträge unterhalb des Flächenniveaus von den Tarifparteien perspektivisch verringert weiter werden müssen.

Fazit: Diese drei Handlungsoptionen beschädigen den Orchester-/Theaterapparat und lösen das Problem des Ausgleichs steigender Personalkosten als solches nicht, sondern verlagern es in die Zukunft.

3.3.1.2 Aktive Handlungsoptionen

Das Management bzw. der Rechtsträger des Orchesters haben weitere, aktive Handlungsoptionen:

- Einnahmesteigerung
- Einwerben von Projektmitteln
- Outsourcing/Rechtsformänderung
- Tarifflucht.

Einnahmesteigerung: Die Steigerung der Eigeneinnahmen sollte stets ein grundsätzliches Unternehmensziel sein, soweit die Form der Fehlbedarfsfinanzierung hier keine gegenteiligen Folgen einer Zuschusskürzung bewirkt (s. u.). Die Einnahmesteigerung ist vom Ansatz her natürlich richtig, löst das Problem aber auch nicht dauerhaft. Die durchschnittlichen Eigeneinnahmen aller in der Theaterstatistik des Deutschen Bühnenvereins (Stand 2015/16) erfassten Theater und Orchester in Deutschland lagen bei 18,4 Prozent des Etats (DBV 2017: 5). D. h. in Umkehrschluss: Rund 82 Prozent des Orchester- bzw. Theateretats werden aus den öffentlichen Haushalten finanziert.

Wenn das Orchester bei dem bereits mehrfach beschriebenen Personalkostenanteil von 85 Prozent eine Tarifsteigerung von nur einem Prozent ausgleichen wollte, müsste es sein Einspielergebnis dauerhaft um vier bis fünf Prozent verbessern. Liegt die umzusetzende Tarifsteigerung jedoch bei zwei oder drei Prozent, müsste auch das Einspielergebnis entsprechend noch weiter verbessert werden. Da die Kartenpreise für eigene Konzerte und Honorarforderungen des Orchesters gegenüber anderen Konzertveranstaltern nicht beliebig zu erhöhen sind, ist auch die Steigerung der Eigeneinnahmen in diesem speziellen Segment nur in sehr geringem Umfang geeignet, Personalkostensteigerungen aufzufangen (Röper 2001: 254). Weitere Ideen und Lösungsansätze auf der Einnahmeseite (Stichworte Marketing und Besucherbindung) sind noch an anderer Stelle darzustellen (Kap. 4).

Einwerben von Projektmitteln: Projektmittel, die unmittelbar von der öffentlichen Hand oder über nachgeordnete öffentliche Einrichtungen (wie z. B. die Bundeskulturstiftung) und Fonds im Rahmen verschiedener, meist befristeter Programme beantragt werden (z. B. „Kultur macht stark" oder „Exzellente Orchesterlandschaft Deutschland"), können zumindest begrenzt den künstlerischen Etat entlasten. In diesen Fällen sind befristet gewisse Umschichtungen im Personalkostenbereich möglich, wenn z. B. aus Projektmitteln anteilig Personal für Musikvermittlungsaktivitäten finanziert wird, welches bisher voll im eigenen Etat bewirtschaftet wurde.

Outsourcing/Rechtsformänderung: Die insbesondere in den ersten Jahren nach der deutschen Wiedervereinigung häufig gewählte Handlungsoption der Ausgliederung von Theatern und Orchestern aus dem öffentlichen Bereich in die Rechtsform einer GmbH hat sich nicht als echte Alternative erwiesen. Die Personal- und Sachkostenstruktur eines Orchesters oder Theaters als solche wird durch die Wahl der Rechtsform kaum beeinflusst. Im Gegenteil: Die auf einen privatwirtschaftlich geführten Betrieb anzuwendenden bilanz- und handelsrechtlichen Vorschriften führen zu Problemen, die der öffentlich geführte Betrieb nicht kennt (z. B. Veränderungen von Vermögenswerten durch Abschreibungen, Rückstellungen für Verbindlichkeiten). Auch die latent bestehende Insolvenzgefahr macht private Rechtsformen weder für das Leitungspersonal, die Aufsichtsgremien noch für die Beschäftigten zu einer erstrebenswerten Option. Die bloße Rechtsformänderung löst das allgemeine Kostenproblem also ebenfalls nicht.

Tarifflucht: Wurde die Rechtsformänderung damit kombiniert, dass der neue Rechtsträger (z. B. eine GmbH) nicht den einschlägigen Arbeitgeberverbänden beitrat, konnte dadurch zwar die ansonsten in der Regel tariflich garantierte, automatische Umsetzung von Lohnabschlüssen des öffentlichen Dienstes teilweise ausgeschlossen werden. Auch diese „Tarifflucht" bringt allenfalls kurzfristige Effekte, da ohne geltenden Tarifvertrag für das Orchester und andere Beschäftigte keine Friedenspflicht mehr besteht, die Mitarbeiter also jederzeit in Streik treten könnten. Außerdem führt das Einfrieren der Gehälter zur bereits beschriebenen Abwanderung jüngerer, leistungsstarker Musiker zu besser und rechtssicher zahlenden Orchester. Die allgemeinen Preis- und Tarifsteigerungen im Umfeld setzen – lediglich zeitverzögert – das Management bald wieder in Zugzwang.

3.3.2 Strukturelles Kernproblem 2: „Baumolsche Kostenkrankheit"

Ebenfalls systemimmanent im Theater-, vor allem aber im Orchesterbereich, ist die Tatsache, dass die Produktivität der künstlerischen Betriebe im Vergleich zur gewerblichen Wirtschaft nicht beliebig steigerungsfähig ist (Jacobshagen 2002: 52). Bereits 1966 beschrieben die beiden amerikanischen Wirtschaftswissenschaftler William J. Baumol und William G. Bowen in ihrem Buch „Performing Arts: The Economic Dilemma", dieses Grundproblem, das seither als „Baumolsche Kostenkrankheit" bezeichnet wird (Röper 2001: 249).

Sehr stark vereinfacht formuliert: Um eine Beethoven-Sinfonie partiturgerecht aufzuführen, werden heute ebenso viele Orchestermitglieder benötigt wie zu ihrer Entstehungszeit um das Jahr 1800. Die Zahl des benötigten Personals zur Erstellung des „Produkts" Sinfonie hat sich in über 200 Jahren nicht verändert. Die Lohnkosten hierfür sind inflationsbedingt ständig gestiegen. Betrachtet man demgegenüber das produzierende Gewerbe, z. B. die Automobilindustrie, ist dort die Produktivität bei immer geringerem Personaleinsatz durch technische Rationalisierungen ständig weiter gesteigert worden; die Lohnstückkosten blieben stabil bzw. wurden und werden gesenkt.

Die vom Ansatz her logische Grundaussage von Baumol/Bowen ist verschiedentlich kritisiert worden (vgl. zusammenfassend Theede 2009: 282). So ermögliche der Einsatz moderner Musikinstrumente eine größere Klangfülle des Orchesters in größeren Sälen als vor 200 Jahren. Größere Säle wiederum fassten mehr Zuhörer, generierten folglich mehr Einnahmen. Technische Fortschritte im Bereich der Beleuchtung und der Elektroakustik (z. B. bei Open-Air-Veranstaltungen) sowie die Entwicklung von Rundfunk, Fernsehen und Internet ermöglichten die gleichzeitige Ansprache wesentlich größerer Zuhörermassen. Diese und andere Effekte haben in der Tat gewisse Einflüsse auf die Verbesserung der „Produktivität" von Orchestern. Dies ist aber im Vergleich zu den weiter steigenden Personalkosten und dem dargestellten Verhältnis von Personalkosten zu Sachkosten und Eigeneinnahmen weitgehend zu vernachlässigen.

3.3.3 Strukturelles Kernproblem 3: Inkompatibilität von öffentlichem Haushaltsrecht und künstlerischem Betrieb

Ein weiteres Problem stellt die Inkompatibilität von öffentlichem Haushaltsrecht einerseits und den Planungserfordernissen und tatsächlichen Gegebenheiten des künstlerischen Betriebs dar.

3.3.3.1 Jährlichkeit versus Spielzeit

Einer der Grundsätze der einschlägigen öffentlichen Haushaltsordnungen ist das Prinzip der „Jährlichkeit". Die jährliche Aufstellung und Rechnungslegung dient vor allen Dingen der zeitnahen Kontrolle zuvor getätigter Haushaltsbeschlüsse durch das Parlament. Dieses Prinzip wird in der Praxis – wie bereits dargestellt – immer häufiger durchbrochen, wenn der Haushaltsgesetzgeber (z. B. das Landesparlament) einen Doppelhaushalt verabschiedet. Theater und Orchester planen nicht nach Kalenderjahren, sondern nach durch die Sommerferien (sog. „Spielzeitpause" oder „Konzertferien") unterbrochenen Spielzeiten, also in der Regel von August/September eines Jahres bis zum Sommer des darauf folgenden Jahres. Das Haushaltsjahr des öffentlichen Trägers und die übliche Spielzeit fallen also auseinander (Röper 2001: 92). Die Finanzierung der Theater und Orchester könnte und sollte vom Jährlichkeitsprinzip entkoppelt werden (Mertens 2009c: 41). Auch überjährige Zuwendungsbescheide könnten hier Abhilfe schaffen.

3.3.3.2 Künstlerischer Planungsvorlauf

Ein weiteres Teilproblem besteht darin, dass Opernhäuser und Orchester zwischen zwei bis fünf Jahren vorausplanen müssen (vgl. 7.1.1). Je internationaler die Einrichtungen aufgestellt sind, desto länger sind die Vorlaufzeiten (Jacobshagen 2002: 362). International tätige Dirigenten, Gesangs- und Instrumentalsolisten, Regieteams müssen rechtzeitig gebucht werden, Tourneepläne der Orchester und Veranstaltungspläne der regionalen, nationalen und internationalen Veranstalter und Konzerthäuser aufeinander abgestimmt, Konzerte verkauft und Termine gebucht werden.

Die absolut unterste Grenze des Planungsvorlaufs für ein regional tätiges, kleineres Orchester oder Stadttheater liegt in der Regel für ein einzelnes Projekt nicht unter 12 bis 18 Monaten, ist meist aber auch hier deutlich länger. Lediglich Sonderkonzerte, Veranstaltungen als Begleitorchester, Festakte und Feierstunden, CD- oder DVD-Produktionen sowie kleinere Abstecher können ggf. noch kurzfristiger eingeschoben werden. Das bedeutet jedoch für die Finanzplanung und die Handlungsfähigkeit des Managements, dass häufig mit „ungedeckten Schecks" gearbeitet werden muss und im weiten Vorgriff auf zukünftige und vom Volumen her völlig unbestimmte Haushaltsjahre gehandelt wird (Röper 2001: 92).

> **Praxisbeispiel: Negative Liquiditätsprognose**
>
> Eine Theater und Orchester GmbH mit mehreren Städten und Landkreisen als Gesellschafter hat einen neuen Geschäftsführer und Intendanten in Personalunion verpflichtet. Der Wirtschaftsprüfer stellt der GmbH nach dem absehbaren Verbrauch einer Liquiditätsreserve eine negative Prognose aus. Die beabsichtigte Erhöhung der Zuschüsse durch die Gesellschafter steht unter dem Vorbehalt, dass hinsichtlich eines rechnerisch entstehenden sechsstelligen Jahresfehlbetrages ein Gehaltsverzicht der Beschäftigten durch Haustarifvertrag erfolgt.
>
> Folgen: Solange der Haustarifvertrag nicht abgeschlossen ist oder die Gesellschafter dem neuen Geschäftsführer nicht eine ausdrückliche und unwiderrufliche Verpflichtungsermächtigung erteilen, darf er keine Verträge mit neuen Künstlern, Veranstaltern usw. eingehen, da deren finanzielle Erfüllung nicht sicher garantiert werden kann. Ansonsten kann sich der Geschäftsführer eines (versuchten) Eingehungsbetruges strafbar machen. Die künstlerische Planung, deren Kontinuität und damit der gesamte Betrieb geraten in Gefahr.
>
> Teilweise kann sogar ein strafrechtliches Problem für die Handelnden unter dem Stichwort des (versuchten) Eingehungsbetruges gegeben sein. Dies gilt insbesondere dann, wenn es sich nicht um einen Regie- oder Eigenbetrieb handelt,

bei dem die öffentliche Hand grds. unbegrenzt haftet, sondern um einen Zuwendungsempfänger z. B. in Rechtsform einer GmbH.

3.3.3.3 „Dezemberfieber"

Das Jährlichkeitsprinzip führt mittelbar auch dazu, dass Haushaltsansätze im nachfolgenden Jahr im Ergebnis oftmals nur in Höhe des tatsächlichen Verbrauchs des Vorjahres fortgeschrieben werden. Was wirtschaftlich eigentlich vernünftig erscheint, entpuppt sich in der Praxis als das genaue Gegenteil. Haushaltsposten bzw. Haushaltsmittel, die am Ende des Jahres noch nicht ausgegeben sind, dürfen grds. nicht in das folgende Haushaltsjahr übertragen werden. Gemäß dem Haushaltsgrundsatz der sog. *zeitlichen Spezialität* verfallen die Mittel zum Ende des Haushaltsjahres. Der Nichtverbrauch veranschlagter Mittel könnte von den zuständigen Haushaltspolitikern als eine Überausstattung ausgelegt werden, mit der Folge der Kürzung des Haushaltsansatzes im Folgejahr. Um diese Kürzung von Haushaltstiteln zu vermeiden, neigt die Verwaltung daher – menschlich durchaus nachvollziehbar – dazu, noch im Monat Dezember fieberhaft Ausgaben zu tätigen, um vorhandene Restsummen aus dem Haushalt zu verbrauchen, sog. „Dezemberfieber". Dieses Phänomen ist natürlich kein spezifisches Theater- oder Orchesterproblem, belegt aber ebenfalls die Inkompatibilität der Systeme.

3.3.3.4 Haushaltssperre und vorläufige Haushaltsführung

Weitere Unterfälle der Inkompatibilität der Haushaltssysteme sind die Haushaltssperre und die vorläufige Haushaltsführung. Im ersten Fall verhängt die zuständige Haushaltsbehörde trotz eines genehmigten und laufenden Haushalts eine Ausgabensperre, z. B. weil erwartete Einnahmen überraschender Weise ausbleiben oder einzelne Ausgaben überproportional gestiegen sind. Im zweiten Fall der vorläufigen Haushaltsführung hat das Haushaltsjahr schon begonnen, ohne dass das Haushaltsgesetz oder die -satzung bereits verabschiedet bzw. verkündet ist. In beiden Fällen dürfen dann nur noch Ausgaben getätigt werden, um die Verwaltung aufrecht zu erhalten (z. B. laufende Personalkosten) oder eingegangene rechtliche Verpflichtungen zu erfüllen. Neue Verpflichtungen dürfen in dieser Zeit nicht eingegangen werden. Selbst kleinste Anschaffungen im Sachmittelbereich bedürfen der ausdrücklichen Genehmigung. Beispiele: Theaterwerkstätten dürften benötigtes Material nur mit Sondergenehmigung der zuständigen Haushaltsbehörde einkaufen, Instrumentenanschaffungen im Orchester müssen aufgeschoben werden.

3.3.4 Strukturelles Kernproblem 4: Fehlbedarfsfinanzierung

Ist ein Orchester oder Theater nicht als Regie- oder Eigenbetrieb unmittelbar in die öffentliche Verwaltung bzw. in den öffentlichen Haushalt integriert, erfolgt die Zuwendung öffentlicher Mittel in der Regel im Wege der institutionellen Förderung (Gegenmodell: Projektförderung) in der Form eines Zuwendungsbescheides, ausnahmsweise durch öffentlich-rechtlichen Zuwendungsvertrag. Das Hauptproblem ist aber die sog. *Fehlbedarfsfinanzierung*: Es wird dem Orchester der Betrag aus dem öffentlichen Haushalt zugewendet, der die Lücke zwischen den anerkannten zuwendungsfähigen Ausgaben einerseits und den Eigenmitteln und sonstigen Einnahmen des Orchester andererseits schließt (Brezinka 2005: 49). Das Problem hierbei ist: Einsparungen des Orchesters oder Mehreinnahmen führen jeweils zur Rückzahlung bzw. Anrechnung der Zuwendung und Absenkung im Anschlussjahr.

Die Folge: Warum sollte sich der Zuwendungsempfänger um Mehreinnahmen bemühen, wenn derartige Aktivitäten zur Erzielung von Mehreinnahmen vom Haushaltsrecht letztlich „bestraft" werden? Anders formuliert: Die Fehlbedarfsfinanzierung behindert jede sinnvolle wirtschaftliche Innovation und entsprechende Kreativität (vgl. Schößler 2016: 288). Diese Konstellation ist zwar nicht mehr der allgemeine Regelfall, bleibt aber immer noch ein wesentliches Ursachendetail heutiger Finanzierungsstrukturen und -probleme für Orchester und Theater.

3.3.5 Controlling und Kommunikation

Die ordnungsgemäße Verwendung öffentlicher Mittel wird auch im Kulturbetrieb regelmäßig durch städtische Rechnungsprüfungsämter oder Landesrechnungshöfe kontrolliert. Auch vor diesem Hintergrund ist ein gut aufgestelltes betriebliches Rechnungswesen die Basis für eine transparente und nachhaltige Wirtschaftsführung. Controlling ist letztlich ein Informationssystem, in dem alle wirtschaftlich relevanten Informationen des Betriebes aus allen Abteilungen zusammenfließen (Scherz-Schade 2016: 13). Das Controlling liefert die auch für die Öffentlichkeit und die politischen Entscheider wesentlichen Daten und Aussagen zu den mit dem öffentlichen Mitteleinsatz erreichten Wirkungszielen. Wie hoch war die Eigenerwirtschaftung in der letzten Spielzeit? Wie viele Besucher wurden mit wie vielen Veranstaltungen erreicht? Wo kamen die Besucher her (räumlich und sozial)? Wie hoch war im Einzelnen die Auslastung? Die Südwestdeutsche Philharmonie Konstanz beispielsweise hat 2015 erstmals einen bundesweit beachteten, gedruckten Jahresbericht vorgelegt, der in optisch und inhaltlich ansprechender Weise Antworten auf diese Fragen bietet und vor allem die Erreichung von Wirkungszielen darstellt (Adrians 2016a: 10). Derart transparente Informationen eines Orchesters stellen eine wesentliche Entscheidungsgrundlage für Gemeinderat und Landtag, aber auch für potenzielle Sponsoren dar, wenn es darum geht mehr finanzielle Mittel für den Betrieb einzuwerben.

3.4 Ansätze im Abschlussbericht der Bundestags-Enquete-Kommission „Kultur in Deutschland"

Es würde den Rahmen dieses Buches sprengen, auf weitere Details der Kulturfinanzierung und der rechtlichen Rahmenbedingungen einzugehen. Der Abschlussbericht der Bundestag Enquete-Kommission „Kultur in Deutschland" vom 11. Dezember 2007 (BT-Drucksache 16/7000) enthält zahlreiche weitere Bestandsaufnahmen, Lösungsansätze und vor allem einen Überblick über die gängigen Rechts- und Betriebsformen von Orchestern und Theatern (Ziff. 3.1.2.1.4. des Enquete-Berichts), so dass an dieser Stelle darauf verwiesen werden kann. Vor allem die zuvor geschilderten Inkompatibilitätsprobleme des öffentlichen Haushaltsrechts werden unter Ziff. 3.1.2.1.2. („Finanzierung") des Enquete-Berichts angesprochen. Die im Bericht noch favorisierte Überführung von Kulturbetrieben in private Rechtsformen, vor allem als GmbH, hat sich nicht als zielführend erwiesen (vgl. Ziff. 3.3.1.2. Outsourcing). Es gibt auch weitere Aussagen, die dem neoliberalen Zeitgeist geschuldet waren, und die man heute so nicht mehr vertreten würde (Hoff 2017: 50). Die gesellschaftliche Bedeutung Kultureller Bildung – auch im Sinne von Vermittlungsaktivitäten durch Kultureinrichtungen selbst – ist seit Veröffentlichung des Berichts inzwischen allgemein anerkannt und fehlt heute in keinem Parteiprogramm, Regierungsprogramm oder Koalitionsvertrag.

Die Umsetzung einiger Handlungsempfehlungen in die Praxis könnte den Betrieb von Theatern und Orchester stabilisieren. Gut 80 Prozent der Empfehlungen richten sich vorrangig an die Länder bzw. Kommunen. Die Länderparlamente haben den Abschlussbericht seinerzeit zwar zur Kenntnis genommen; konkrete Umsetzungsschritte in den Ländern sind jedoch kaum eingeleitet worden.

3.5 Vorschläge und Forderungen zur Zukunftssicherung

In der Praxis muss der Betrieb eines überwiegend öffentlich getragenen bzw. finanzierten Orchesters, Konzerthauses, Stadttheaters oder Musiktheaters auf einem konkreten, demokratisch legitimierten kulturpolitischen Handlungsauftrag beruhen:

- Was soll die Einrichtung für wen konkret leisten (Mission/Leitbild)?
- Wie und in welche Richtung soll sie sich weiterentwickeln? Wo soll sie dabei in fünf Jahren stehen?
- Welche personellen, inhaltlichen, organisatorischen und finanziellen Rahmenbedingungen werden dafür in Aussicht gestellt bzw. rechtlich verbindlich zugesagt?

Die öffentliche Finanzierung von Orchestern und Theatern in Deutschland muss auf Langfristigkeit, Nachhaltigkeit, Wertschätzung und Vertrauen angelegt sein und von entsprechender politischer Verantwortung getragen werden. Dies bedeutet im Einzelnen:

1. Die öffentlichen Träger bzw. Zuwendungsgeber für Orchester und Theater, also Bund, Länder und Kommunen, sind aufgefordert, bei der seit Jahren diskutierten Neuordnung der öffentlichen Finanzausgleichssysteme (Bund – Länder, Länder – Kommunen) die Bedingungen so zu gestalten, dass vor allem die Kommunen, die Orchester und Theater tragen, unabhängig von der konkreten Rechts- und Organisationsform wieder in die Lage versetzt werden, ihre Einrichtungen in Zukunft auskömmlich finanzieren zu können. Dazu gehört auch eine angemessene Tarifvorsorge.
2. Orchester und Theater sind Bestandteil der öffentlichen Daseinsvorsorge. Daher müssen sie konjunkturunabhängig finanziert werden. Die Bundesländer sind aufgefordert zu prüfen, wie weit sie durch bislang in der Regel gemiedene Trägerschaften oder Mehrheitsbeteiligungen eine höhere Gesamtverantwortung für die Orchester- und Theaterstrukturen übernehmen können.
3. Die Rechtsform der öffentlich-rechtlichen Zuwendungsstiftung hat sich in den vergangenen Jahren an einzelnen Standorten als stabilisierende und nachhaltig wirtschaftende Einheit bewährt (zum Beispiel Berliner Philharmoniker, Stiftung „Oper in Berlin", Stiftung Bamberger Symphoniker), da der Kulturauftrag im Stiftungsgeschäft (Gesetz, Erlass) langfristig fixiert und von tagespolitischen Strömungen unabhängig ist. Außerdem kann ihre öffentliche Finanzierung über mehrere (in der Regel fünf) Haushaltsjahre hinweg verbindlich gesteuert werden. Mitunter hat sich auch die Rechtsform der Anstalt öffentlichen Rechts als praktikabel erwiesen.
4. Die finanziell verbindliche, organisatorische Einbeziehung von Umlandgemeinden im Einzugsgebiet rund um die die Orchester und Theater tragenden Kommunen muss geregelt werden, zum Beispiel nach dem Vorbild von öffentlich-rechtlichen Zweckverbänden, über kommunale Umlagen oder über eine Neuordnung der raumordnungsbezogenen besonderen Finanzzuweisungen

3.5 Vorschläge und Forderungen zur Zukunftssicherung

im jeweiligen Landesrecht (etwa Oberzentrum als Orchester- und/oder Theaterstandort).

5. Eine auskömmliche Finanzierung setzt technisch voraus, dass Zuwendungen der öffentlichen Hand für den Kulturbereich und speziell für Orchester sowie Musiktheater zweckgebunden eingesetzt und nicht mit Zuwendungen für andere öffentliche Aufgaben aufgerechnet werden. Mit anderen Worten: Die in der Vergangenheit vielfach diskutierte Frage der haushaltsrechtlichen Bewertung sog. Pflichtaufgaben und sog. freiwilliger Aufgaben muss neu geprüft werden. Denkbar wäre, im jeweiligen öffentlichen Haushalt einen insgesamt auskömmlichen Mindestansatz für die Kulturfinanzierung festzuschreiben.
6. Das Zusammenspiel der drei Säulen von öffentlicher Finanzierung, privater Finanzierung und Eigenerwirtschaftung muss rechtlich so gestaltet werden, dass wirtschaftliche Anstrengungen und finanzielle Erfolge von Orchestern und Theatern zusätzlich belohnt und nicht bestraft werden.
7. Die öffentliche Hand soll neben ihrer Verantwortung für die Grundfinanzierung von Kultureinrichtungen auch für die Schaffung geeigneter Rahmenbedingungen sorgen und so den Kultureinrichtungen helfen, ihre Aufgaben zu erfüllen. Sie soll die Gründung lokaler Netzwerke im Umfeld der örtlichen Wirtschaft, von Vereinen und Verbänden fördern.

▶ **Lesetipps**
- Einen guten und verständlichen Überblick über das öffentliche Haushaltsrecht vermittelt die vom Bundesministerium der Finanzen herausgegebene Publikation: Das System der Öffentlichen Haushalte, einsehbar über die Webseite des Ministeriums, Stand 2015 (Abfrage 3.2.2018)
- Ebenfalls lesenswert zur öffentlichen und privaten Kulturförderung am Beispiel der Finanzierung der Konzerthäuser ist das Buch von Michael Theede: Management und Marketing von Konzerthäusern, 2009, S. 279 ff.
- Ein hilfreiches Glossar zu ausgewählten Begriffen des Finanz- und Haushaltsrechts bietet das Finanzpolitische Lexikon der Deutschen Gesellschaft für Finanz- und Haushaltspolitik e. V. (http://www.lexikon-finanzpolitik.de/lexikon).
- Die Publikation: Orchester 2030 (http://www.dov.org) bietet regelmäßig aktualisiert einen Überblick zu Kommunal- und Staatsorchestern in Deutschland, zu ihren Strukturen, zu Finanzierung und Entwicklungsmöglichkeiten.

Literaturverzeichnis

Adrians, Frauke (2016a): Für eine Handvoll Zahlen, in: Das Orchester, Heft 10, S. 9-11
Bühnenverein, Deutscher – DBV (2017): Theaterstatistik 2015/2016: Köln
Brezinka, Thomas (2005): Orchestermanagement – Ein Leitfaden für die Praxis, Kassel: Bosse
DOV (Hrsg.): Orchester 2030 – Kommunal- und Staatsorchester in Deutschland: Strukturen, Finanzierung, Entwicklungsmöglichkeiten (www.dov.org – Publikationen, Abfrage 24.2.2018)
Gerlach-March, Rita, (2010): Kulturfinanzierung, Wiesbaden: VS Verlag
Hanssen, Frederik (2017): Mehr Geld für Berlins Opern, in: Der Tagesspiegel v. 28.12.2017 http://www.tagesspiegel.de/kultur/ab-2018-mehr-geld-fuer-berlins-opern/20794594.html
Hoff, Benjamin-Immanuel (2017): Öffentliche Güter und kulturelle Daseinsvorsorge, in: Kulturpolitische Mitteilungen Nr. 159, S. 50-51, Bonn: KuPoGe
Jacobshagen, Arnold, Hrsg. (2002): Praxis Musiktheater – Ein Handbuch, Laaber: Laaber
Masopust, Andreas (2016): Bundeskulturförderung für Theater und Orchester, in: Musikforum, Heft 4, S. 35-37
Mertens, Gerald (2009c): Faktor 7 – Herausforderungen für die deutschen Orchester 20 Jahre nach der Wende, in: Das Orchester, Heft 9, S. 38-41
Röper, Henning (2001): Handbuch Theatermanagement, Köln: Böhlau
Schößler, Tom (2016): Preispolitik für Theater – Strategische Preisgestaltung zwischen Einnahmesteigerung und öffentlichem Auftrag, Wiesbaden: Springer VS
Scherz-Schade, Sven (2016): Musik mit Finanzprüfung – Interview mit Petra Schneidewind, in: Das Orchester, Heft 10, S. 12-14
Theede, Michael (2007): Management und Marketing von Konzerthäusern – Die Bedeutung des innovativen Faktors, Frankfurt/Main: Lang

Marketing und Publikumsentwicklung 4

Zusammenfassung

Strategisches, ganzheitliches Marketing für Orchester verlangt solides Handwerk, nachhaltige Strategien, auskömmliche Investitionen und einen intensiven Personaleinsatz. Eine saubere Markenentwicklung, -führung, -pflege und -kommunikation sowie Besucherorientierung werden immer wichtiger. Das über Jahre totgeglaubte Abonnement gewinnt wieder an Bedeutung und ist wichtiges Instrument der Kundenbindung.

Schlüsselbegriffe

Markenbildung, Storytelling, Audience Development, Musikvermittlung, Stakeholder, Qualitätsmanagement, Ticketing, Consumer Relationship Management, Abonnement, Kundenbindung, (Nicht-)Besucherforschung, Public Relations

4.1 Marketing, Kunst und öffentliche Finanzierung – ein Widerspruch?

Das Prinzip der unbedingten Einbeziehung von Besucherorientierung und Marketingüberlegungen in die Programmgestaltung und Betriebsführung ist weltweit bei fast allen Berufsorchestern, die nicht ganz überwiegend öffentlich finanziert werden, inzwischen eine Selbstverständlichkeit. Denn nur ein „volles Haus" sichert bei der sehr hohen Abhängigkeit von den Einnahmen aus Kartenverkäufen und Fundraising das Erreichen der gesetzten finanziellen Ziele und eines ausgeglichenen Budgets. In Deutschland hingegen galt bis vor einigen Jahren allein die Erwähnung der Worte „Markt", „Marke", „Marketing" oder „Kunde" im Zusammenhang mit der Programmplanung als Eingriffsversuch in die grundgesetzlich geschützte Kunstfreiheit oder führte zu anderen Missverständnissen (vgl. Klein 2001: 1, Röper 2001: 262, Hausmann 2005: 11).

Immer noch wird Marketing in der Praxis vieler Orchester und Opernhäuser eher viel zu begrenzt im Sinn von „Werbung", also Plakate kleben und Anzeigen schalten (Laudenbach 2006: 133), als Förderung des Kartenvertriebs oder als bloße Nebenaufgabe von Presse- und Öffentlichkeitsarbeit oder Dramaturgie verstanden (Behr 2000: 25, Klein 2001: 8). Dieser Umstand erklärt auch, warum immer noch zu wenige deutsche Konzertorchester oder (große) Opernhäuser über eine personell und finanziell angemessen ausgestattete Marketingabteilung verfügen, die womöglich auf der Direktionsebene angesiedelt oder in sie integriert ist (Laudenbach 2006: 134, Mertens 2005: 21, Erkelenz 2012: 13). Der unerwartet große Publikumserfolg der Elbphilharmonie im ersten Jahr der Eröffnung seit Januar 2017 stellt vielleicht einen Wendepunkt in der richtigen, bewussten Schwerpunktsetzung eines Kulturbetriebes dar: die Marketing- und Kommunikationsabteilung zählt 15 Mitarbeiter. Eine Personalausstattung, von der selbst große Opern- und Konzerthäuser sowie Orchester noch träumen. Die Botschaft aber ist klar: erfolgreiches Marketing braucht nicht nur ein gutes „Produkt", sondern auch einen entsprechenden Personal- und Budgeteinsatz.

4.1.1 Kulturmarketing und „Markt"

Marketing, Kunst und überwiegend öffentliche Kulturfinanzierung schließen sich nur auf den ersten Blick gegenseitig aus: Wo öffentliche Gelder in denselben Sektor der Daseinsvorsorge (z. B. Konzertorchester, Opernhäuser) fließen, herrscht in der Regel kein Wettbewerb, besteht also kein „Markt" im eigentlichen Sinne, auf dem wirtschaftlich freie Unternehmen agieren. Das Vorhandensein einer öffentlichen Finanzierung ist stets ein Indiz für einen fehlenden oder verzerrten Wettbewerb: Im ersten Fall geht es um die klassischen Fälle der öffentlichen Daseinsvorsorge (Infrastruktur, Krankenhäuser, Schulen, Kindergärten, usw.), im zweiten Fall um echte „Subventionen" (z. B. Landwirtschaft, Steinkohleförderung). Die nicht nur umgangssprachliche Verwendung des Begriffes „Subvention" im Zusammenhang mit Kulturfinanzierung ist übrigens schlichtweg falsch (vgl. Jacobshagen 2002: 381): Subventionen sind „staatliche Förderungsmaßnahmen zugunsten der Wirtschaft". In der Sache treffender ist daher der Begriff „öffentliche Finanzierung".

Solange die öffentliche Finanzierung der Theater, Opernhäuser und Orchester mehr oder weniger gesichert war (z. B. in der alten Bundesrepublik Deutschland vor 1989), bestand kaum echter Handlungsdruck in den Einrichtungen, sich überhaupt ernsthaft mit Themen wie Publikumsentwicklung, Marketing oder Einnahmesteigerung auseinanderzusetzen (Goertz 2004: 21). Die häufig – teilweise bis heute – bestehende Form des Verlustausgleichs durch die öffentlichen Träger (Fehlbedarfsfinanzierung, vgl. Kap. 4) machte echtes Marketing als solches eigentlich überflüssig. Mehreinnahmen führten zur Absenkung des öffentlichen Zuschusses (Laudenbach 2006: 134). Die verschiedenen Krisen der öffentlichen Haushalte, damit auch der Kulturfinanzierung in Bundesländern und Kommunen vor allem nach der deutschen Wiedervereinigung, haben dennoch den Druck auf die Kultureinrichtungen erhöht, wesentlich stärker als bisher Eigeneinnahmen zu generieren und auch dadurch ihre Relevanz unter Beweis zu stellen.

Doch nicht nur der Druck auf die Einnahmeseite, auch die gewachsene Angebotskonkurrenz auf dem Freizeitmarkt im Allgemeinen (Fernsehen, Kino, Internet, Streamingportale etc.) und dem kommerziellen Kultursektor im Besonderen (Festivals, kommerzielle Musicals, Eventveranstaltungen etc.) sowie generationenspezifische Veränderungen im Freizeitverhalten (z. B. Rückgang oder Diversifizierung von Abonnements, Kurzfristigkeit von Kartenkäufen) haben den Marketingdruck auf die öffentlichen Kultureinrichtungen im Wettbewerb um die Besucher weiter steigen lassen (Goertz 2004: 22).

4.1.2 Professionelles Marketing als Zukunfts- und Überlebensfaktor

Marketing, Kunst und öffentliche Kulturfinanzierung schließen einander nicht aus. Im Gegenteil: Sie können sich in der Praxis durchaus sinnvoll ergänzen. Allerdings müssen die klassischen Marketinglehren und -instrumente auf den Kulturbereich und hier besonders auf den Bereich der Opernhäuser und Orchester adaptiert werden. Doch mehr als das: Das Marketing für Orchester kann und muss aus dem kreativen und künstlerischen Kerngeschäft heraus weiterentwickelt werden. Und zwar mit den unendlichen Möglichkeiten und Spielarten, die eine professionelle Musikproduktion auf künstlerisch höchstem Niveau bietet (musikalische Produktentwicklung). Es geht konkret darum, Marketing nicht als bloße Teilaufgabe einer Betriebsabteilung zu sehen, sondern es vielmehr als wesentlichen Teil einer ganzheitlich ausgerichtete Unternehmensphilosophie zu verstehen (Günter/Hausmann 2009: 9) und diese in ein gemeinsam mit allen Mitarbeitern des Orchesterbetriebes entwickeltes Leitbild (Mission Statement) zu integrieren. Die weitere Professionalisierung des Marketings wird auch zukünftig für die Berufsorchester ein entscheidender Faktor im Wettbewerb um die öffentliche Grundfinanzierung sein.

4.1.3 Markenbildung

Die Grundsätze der Markenbildung und -entwicklung sind von Elisa Erkelenz (Markenbildung für Kulturorchester) sehr gut beschrieben worden. Eine wirklich nachhaltige Markenbildung ist ein langwieriger Prozess, der Konsequenz, Disziplin und langen Atem braucht (Erkelenz 2012: 92). Der Definition des einzigartigen Markenkerns eines jeden Orchesters kommt dabei besonders große Bedeutung zu. Der Markenkern kann mit folgenden Überschriften und Fragen (vgl. Erkelenz 2012: 57) erfasst werden:

- Zweck/Vision/Ziele: Warum gibt es uns? Wo wollen wir hin?
- Tradition/Geschichte: Wo kommen wir her?
- Werte: Welche Grundsätze verfolgen wir?
- Organisation: Welche Führungskultur prägt uns?
- Konzerthaus/Orchesterheimat: Welchen Bezug haben wir zu unserer Heimat, unserem Ort?
- Klangidentität: Was macht unseren Klang besonders?
- Alleinstellungsmerkmale: Was macht uns einzigartig und unverwechselbar?

Eine prägnante Marke des Orchesters steigert seinen Bekanntheitsgrad, schafft Vertrauen zu Publikum und Öffentlichkeit, erhöht den Attraktivität für Sponsoren und ist ein gutes Dialoginstrument für Partnerschaften mit weiteren Stakeholdern (Survilaite 2016: 23). Ausgehend von der Bestimmung des Markenkerns kommt der Markenkommunikation und hier vor allem dem „Storytelling" eine immer größere Bedeutung zu. Orchester und Theater befinden sich hier (ähnlich wie im Fußball) gegenüber vielen anderen Freizeitangeboten in einem klaren Vorteil, da der Tagesbetrieb mit seinen Abläufen und besonderen Persönlichkeiten gefüllt ist mit kleinen Geschichten, die sich im Sinne der Markenkommunikation hervorragend nutzen lassen (Warnke 2017: 7).

Dieser Prozess setzt sich aus vier Komponenten zusammen:

1. Kerngeschichte (Story-Identifikation)
2. Anlassbezogene Einzelgeschichten (Story-Selektion)
3. Dramaturgische Aufbereitung (Story-Formatierung)
4. Verbreitung der fertigen Storys (Storytelling im engeren Sinne).

Die Kommunikation der Orchestergeschichte und seiner Geschichten stärken den gewachsenen Charakter und stiften Identität nach innen und außen (Warnke 2017: 9). Ein besonders gelungenes Beispiel einer guten Markenkommunikation liefern die Bamberger Symphoniker auf der Suche nach ihren historischen Wurzeln in Prag („Auf der Suche nach dem böhmischen Klang" – https://www.youtube.com/watch?v=MLS2oKmYiPY). Die Kerngeschichte der Berliner Philharmoniker ist die der Bilseschen Kapelle, deren Musiker sich 1882 selbst organisierten und ihren Leiter wählten; dieser demokratische Geist prägt das Orchester bis heute. In Meiningen hat man sich 2006 auf seine historischen Wurzeln besonnen und das Orchester des Südthüringischen Staatstheaters wieder als Meininger Hofkapelle benannt.

4.2 Marketing als zentraler und umfassender Denk- und Führungsstil

4.2.1 Ebenen des Marketing

Marketing für Orchester ist im Idealfall ein zentraler und alle Bereiche umfassender, nach innen und außen gerichteter Denk- und Führungsstil aller Mitarbeiter und Führungskräfte, der das Publikum, also die Besucherorientierung, in den Mittelpunkt stellt (vgl. Klein 2001: 11, Günter/Hausmann 2009: 17). Wenn das Leitbild und die Marketingkonzeption als Führungsinstrumente erfolgreich sein und in der Betriebspraxis „gelebt" werden sollen, dann kann man sie nicht bloß extern entwickeln lassen oder von oben verordnen. Sie erreichen die größte Wirkung, wenn sie von den „wissenden" Mitarbeitern mitentwickelt und gestaltet werden können (vgl. Krauß 2009: 32, Fischer 2008: 125, Rosu 2014: 55). Vereinzelt werden Zielvorstellungen zunächst mit dem Orchestervorstand vorbereitet und erörtert und dann wiederholt mit dem gesamten Orchester in Orchesterversammlungen diskutiert (Scherz-Schade 2009b: 18). Gute Hilfestellungen für die Leitbild-, Konzeptions- und Führungsentwicklung bietet die immer weiter spezifizierte Fachliteratur zum Kultur- bzw. Theatermarketing.

Das zentrale und klassische „Marketinginstrument" eines Orchesters ist sein jährlicher Spiel- bzw. Konzertplan mit allen musikalischen und sonstigen künstlerischen Aktivitäten (Theede 2007: 101). Die Kunst steht im Mittelpunkt (vgl. auch den Slogan des Rundfunk-Sinfonieorchesters Berlin, während Marek Janowski dort als Chefdirigent (bis 2016) tätig war: „Das Wesentliche ist die Musik"). Um diesen essenziellen Kern herum entwickeln sich vielfältige, zielgruppenspezifische Education- und Vermittlungsaktivitäten, die sich häufig an Nicht-Besucher bzw. Noch-Nicht-Besucher richten (Abb. 4).

In der Sache geht es immer darum, alle Veranstaltungen eines Orchesters optimal auszulasten und diesen Aspekt bei der Planung bereits weitgehend zu berücksichtigen. Ein praktisches Problem für das Orchestermanagement und die Verantwortlichen der anderen Bereiche ist dabei der Spagat zwischen den inhaltlichen Vorstellungen der künstlerischen Leitung, meist denen des Chefdirigenten oder eines künstlerischen Intendanten, und der Prognose des maximal zu generierenden Publikumsinteresses für eine bestimmte Programmkonstellation (vgl. Kap. 7.3.4).

4.2.2 Audiencing – von der Besucherorientierung zum Qualitätsmanagement

Das *Audiencing* ist so gesehen die dem Marketing gedanklich übergeordnete Strategie-Ebene, die das Marketing integriert. Der Begriff Audiencing wurde maßgeblich von Irene Knava entwickelt und erstmals im Jahr 2009 im gleichnamigen Buch (*Audiencing I*) veröffentlicht. Audiencing erfindet das Rad nicht neu, sondern führt viele bereits bekannte und erprobte Ideen, Methoden und Werkzeuge des Audience Development, der Besucherorientierung und des Marketing zu einer speziell für den Theater- und Orchesterbetrieb zu schaffenden Strategie der Publikumsentwicklung und -bindung zusammen. Ein von der Strategie des Audiencing dominiertes Marketing bietet auch zahlreiche Ansätze für die Vernetzung eines Musiktheaters oder Orchesters mit allen Akteuren in seinem gesellschaftlichen, sozialen und politischen Umfeld. Diesen Ansatz kann man auch als „ganzheitliches" Marketing bezeichnen.

In *Audiencing II* aus dem Jahr 2014 entwickelt Knava den besucherorientierten Ansatz in Richtung Qualitätsmanagement weiter. Konsequente Servicequalität führt zu höherer Publikumszufriedenheit, steigert die Besucherbindung und schließlich den Eigendeckungsgrad (Knava 2014: 23). Die konsequente Fortsetzung ist der Einsatz von Qualitätsmanagement (QM) nach der ISO 9001:2015 (*Audiencing III* von Knava/Heskia). Hierbei werden die eigentlich für die Industrie entwickelten Standards auf den Kulturbetrieb übertragen und alle Betriebsabläufe passgenau standardisiert. Klare Strukturen und Transparenz führen objektiv am Ende zu besseren Bedingungen der Kunstproduktion.

4.2 Marketing als zentraler und umfassender Denk- und Führungsstil

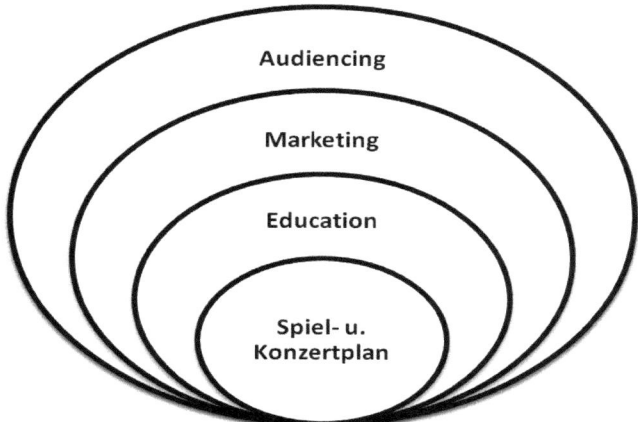

Abb. 4 Ganzheitliches, publikumsorientiertes Marketingmodell für Orchester (eigene Darstellung)

4.2.3 Parameter des Marketing

Die ursprünglichen, klassischen „vier Ps des Marketing": *Product* (Programmgestaltung), *Place* (Vertrieb), *Price* (Preise und Konditionen) und *Promotion* (Kommunikation und Werbung) wurden später um das Merkmal *People* ergänzt (Knava 2009: 133, Abb. 4). Hierbei geht es um die *Menschen*, alle Mitarbeiterinnen und Mitarbeiter, die – anders als die Künstler auf und die Mitarbeiter hinter der Bühne – in direktem Kontakt mit dem Publikum stehen: Das Telefon- und Kassenpersonal, das Einlass- und Garderobenpersonal, sonstige Servicekräfte. Problematisch sind die Bereiche, die teilweise an Fremdfirmen vergeben (Stichwort: Outsourcing) oder schlecht bezahlt (Stichwort: 450-Euro-Kräfte) werden.

Gute Umgangsformen, ansprechendes Erscheinungsbild, einheitliche Kleidung (Branding und Corporate Design und Behaviour), Freundlichkeit, Kommunikationsfähigkeit, Sprachkenntnisse, Kenntnisse über Künstler und aktuelles Programm etc. sollten als Kompetenzen und Merkmale für dieses Personal bei der Auswahl, Schulung, Weiterbildung (neue Produktionen und Künstler) und dem täglichen Einsatz die Richtschnur sein. Es geht um die Wertschätzung des Publikums. Aufschlüsse darüber, wie kundenfreundlich die Mitarbeiter in unmittelbaren Publikumskontakten wirklich sind, liefert das sog. Mystery Shopping (Mystery Visitor), also der Einsatz von Testkunden (Platzeck 2006: 141). Auch Musiker, Solisten und Dirigenten sind in die Aktivierung von Publikumskontakten integrierbar:

In Einführungsveranstaltungen vor dem Konzert, während der Konzertpausen im Foyer oder in der After-Concert-Lounge o. ä. Formaten. Weitere Faktoren sind die Veranstaltungsstätten, Gebäude und Räumlichkeiten (*Physical Facilities*), in denen die Angebote stattfinden und schließlich die standardisierten Abläufe sowie Kundenfreundlichkeit, Servicequalität etc. (*Process*).

Die Preispolitik von Orchestern, Konzert- und Opernhäusern ist in den vergangenen Jahren in Bewegung geraten. Sie reicht von immer noch völlig unflexiblen, vom Stadtrat für ein Stadttheater als Regiebetrieb zu beschließenden Gebührenordnung bis hin zur Strategie des Dynamic Pricing (Schößler 2016: 105), bei der dem Kunden im Moment der Kartenanfrage im Internet ein individueller Preis angeboten wird, der für den nächsten Kunden schon wieder aussehen kann. Die Preise werden nach dem Kaufzeitpunkt unter Berücksichtigung bereits vorliegender Buchungen und damit der Nachfragedynamik ermittelt. Letztlich lassen sich gegenwärtig für Theater und Orchester im Wesentlichen fünf Preisstrategien feststellen (Schößler 2016: 275): Premiumstrategie (hohe Preise, Vollpreiszahler), Bindungsstrategie und Kapazitätsstrategie (eher mittlere Preise, Abonnenten, Rabattkäufer), Value-Strategie (niedrige bis mittlere Preise, Vollpreiszahler), Innovationsstrategie (eher niedrige Preise, Schüler und Studierende). Regiebetriebe, z. B. ganz konkret im Frühjahr 2018 das Theater der Landeshauptstadt Magdeburg, deren Kartenpreise wie eine „Gebührenordnung" vom Stadtrat statisch für die Zukunft festgesetzt werden, sind von diesen Ansätzen noch Meilen entfernt. Kein Wunder, wenn deren Selbstwirtschaftungsquote weit unter dem Bundesdurchschnitt von rund 18 Prozent des Etats bleibt. Wenn ein stark nachgefragtes Konzert bereits nach wenigen Minuten ausverkauft ist, dann waren die Tickets zu billig. Das Orchester bzw. der Veranstalter hätte einen höheren Erlös erzielen können, hat aber die Zahlungsbereitschaft eines Teils des Publikums unterschätzt. Starre Preisgruppen abhängig vom Sitzplatz im Konzertsaal sind vielerorts noch etabliert, aber nicht mehr zeitgemäß. „Der Saalplan sollte dem Kaufverhalten der Kunden und nicht den Vorstellungen des Anbieters entsprechen" (Schößler 2018: 65).

Vielleicht muss man rein gedanklich im überwiegend öffentlich finanzierten Kulturbereich auch noch ein weiteres „P" ergänzen und zwar *Politics*. Streng dogmatisch passt das zwar nicht in die klassische Marketinglehre; als externer Faktor darf dieser Bereich nicht vernachlässigt werden: Wo in anderen Ländern mit überwiegend nicht öffentlicher Kulturfinanzierung professionelles Marketing entscheidend ist für den Erfolg von Fundraising und Sponsorenakquise, wird das Marketing in Ländern mit überwiegend öffentlicher Finanzierung immer wichtiger zur Überzeugung von Öffentlichkeit, Medien und insbesondere der politischen Entscheidern, die bestimmen, welche (Kultur-)Einrichtung wie viel öffentliches Geld erhalten soll. Denn es sind letztlich die gewählten Politiker, die in den Mechanismen

4.3 Herausforderungen in der Orchesterpraxis

Abb. 5 Die 7 Parameter des Orchestermarketing (eigene Darstellung)

des öffentlichen Haushaltsrechts über die Mittelverteilung an miteinander konkurrierende Kultureinrichtungen entscheiden (vgl. Kap. 3.1.1). Auch in diesem Zusammenhang spielt ein erfolgreiches, ganzheitliches Marketing eine wesentliche Rolle in der Beeinflussung politischer Entscheidungen.

4.3 Herausforderungen in der Orchesterpraxis

4.3.1 Marketingkonzeption

Jedes Orchester muss seine eigene, auf die konkreten Verhältnisse angepasste Marketingkonzeption entwickeln, die sich letztlich aus standardisierten Grundbausteinen zusammensetzt (Günter/Hausmann 2009: 17f). Dabei ist vom Ansatz her maßgebend, ob sich das Orchester in seinem Spiel- und Einzugsbereich in einer *Kernkonkurrenz* mit anderen vergleichbaren Orchestern befindet, z. B. in Großstädten und Ballungsräumen (Berlin, Stuttgart, München, Ruhrgebiet) oder als Konzertorchester oder Orchester eines Stadttheaters in seinem Umfeld eine weitgehende Alleinstellung genießt (z. B. in Bamberg, Coburg, Würzburg, Kiel) und sich lediglich in einer *Spartenkonkurrenz* (sonstige Konzertangebote am Ort und in der Region), in einer *Kulturkonkurrenz* (alle Kulturangebote am Ort oder in der Region) oder in einer allgemeinen *Freizeitkonkurrenz* (Summe aller Freizeitangebote) befindet (Theede 2007: 55). Hierfür ist eine detaillierte Konkurrenzanalyse erforderlich (Ayen 2002: 31, Schmidt-Ott 1998: 121).

Stichworte und Fragestellungen für eine schlüssige Marketingkonzeption – teilidentisch mit der Markenbildung (s. o. 4.1.3) – sind u. a. (vgl. Reimann/Rockweiler 2005: 36, Behr 2000: 21):

1. *Leitbild*: Wer sind wir? Was tun wir? Für wen sind wir relevant?
2. *Analyse*: Wer sind unsere Mitwettbewerber (s. o.)? Wie entwickeln sich unsere relevanten Rahmendaten? Was benötigen wir personell, finanziell, materiell? Wer sind unsere Besucher? Wo kommen sie her? Was können wir? Auf welche Netzwerke können wir zurückgreifen? Wer unterstützt uns?
3. *Zielpräzisierung*: Was/wen wollen wir genau erreichen?
4. *Strategieplanung* für spezifische Teilmärkte: Auf welchem Weg sind die geplanten Ziele zu erreichen?
5. *Operative Marketinginstrumente*: Product, Place, Price, Promotion, People, Process, Physical Facilities.
6. *Controlling*: Was haben die eingeleiteten Maßnahmen konkret gebracht? Welche Ziele wurden nicht erfüllt? Wo ist nachzusteuern?

4.3.2 Entscheidungsautonomie

Ein weiterer Aspekt der Marketingüberlegungen ist der des Umfangs der Autonomie möglicher Strategieentscheidungen des Orchestermanagements. Den größten „Marketingdruck", aber auch Gestaltungsspielraum, haben die selbständigen *Konzert- und Kammerorchester*, da sie im Kern nur das Produkt „Konzert" im weitesten Sinne und in allen Erscheinungs- und Besetzungsformen vertreiben und in ihren Entscheidungen weitgehend autark sind.

Rundfunkklangkörper, also vor allem die *Rundfunk- und Rundfunksinfonieorchester*, sind grds. zu hundert Prozent aus der öffentlichen Haushaltsabgabe finanziert und von daher nur in geringem Umfang auf Eigeneinnahmen (und ein entsprechendes Marketing) angewiesen. Allerdings haben sie in besonderer Weise einen Kultur-, Bildungs- und Programmauftrag (z. B. bei zeitgenössischer Musik, bei Aufführungen von Werken selten gespielter Komponisten, „Ausgrabungen", s. o.) zu erfüllen oder sonstige redaktionelle Anforderungen und Vorgaben zu be-

4.3 Herausforderungen in der Orchesterpraxis

achten. Die Finanzierung aus Gebührenmitteln dient hier in noch stärkerem Maße als (künstlerische) Risikofinanzierung, als bei den anderen öffentlich finanzierten Orchestern. Bei Rundfunkklangkörpern sind Branding, Corporate Design, Ticketing, Werbung u. v. a. Elemente außerdem immer in die entsprechend Unternehmenspolitik der gesamten Anstalt einzubinden, was die Beweglichkeit stark einschränkt.

Besonders schwierig ist die Position der *Opernorchester*. Nur wenige können bislang – meist traditionsbedingt – ein echtes eigenes Profil im Konzertbereich entwickeln. Herausragende Beispiele sind hier die Staatskapelle Berlin, die Sächsische Staatskapelle Dresden, das Gewandhausorchester Leipzig oder auch die Wiener Philharmoniker.

Die meisten aller Orchester, in Deutschland über 60 Prozent, sind in klassische Stadt-, Staats- oder Landestheaterstrukturen eingebunden, bei denen der Konzertbetrieb bzw. das Orchester als „Sparte" neben dem Musiktheater nur eine absolute Nebenrolle spielt. Mit allen Konsequenzen und Problemen für ein eigenständiges Orchester-Marketing und für Orchestermanager, die im Musiktheaterbetrieb oftmals „gegen Windmühlenflügel" der anderen Sparten und die Prioritätensetzung der Intendanz für das Musiktheater kämpfen müssen. In diesem Kapitel wird daher der Schwerpunk auf den Bereich der Konzertorchester, weniger auf den Bereich der Musiktheater gelegt, da dort die Marketing- und Publikumsüberlegungen alle weiteren Sparten (Chor, Schauspiel, Ballett etc.) und Bereiche (Werkstätten, Bühnenbetrieb, Dramaturgie, Theaterpädagogik etc.) erfassen (müssen).

Immerhin haben es noch weitere Opernorchester in den vergangen Jahren geschafft, ihre regulären Sinfonie-, Kammer-, Familien-, Schüler- und Jugendkonzerte sowie sonstige reine Orchesterveranstaltungen in einer eigenen Konzert- und Orchesterbroschüre gegenüber dem Musiktheaterbetrieb abzugrenzen und hierfür sogar eine gewisse Markenbildung als Orchester zu beginnen (z. B. in Hannover, Wuppertal, Bonn).

Nur am Rande erwähnt: Einschränkungen in der Entscheidungsautonomie sind auch für den Educationbereich vieler Opernorchester zu machen, da dieser meist von der schon länger Theaterpädagogik dominiert wird, bei der die Bühne im Vordergrund steht und das Orchester (Stichworte: Konzertpädagogik, Musikvermittlung) in der Regel eher untergeordnet ist. Immerhin haben sich inzwischen viele – aber längst noch nicht alle – Orchester personell auf regelmäßige Musikvermittlungsarbeit eingerichtet (vgl. die wachsende Teilnehmerzahl im *netzwerk junge ohren*: www.jungeohren.com).

4.3.3 Marketing ohne Markforschung?

Publikums- und Besucherforschung ist mit der grundlegende Baustein des Marketings und gesichertes Datenmaterial die Ausgangsbasis für jede geplante Strategieentscheidung bzw. -änderung (Behr 2000: 23). Bislang setzt kaum ein deutsches Orchester wirklich regelmäßig und strategisch Markforschungsinstrumente ein. Regelmäßige Besucherbefragen sind eher die Ausnahme als die Regel. Gleiches gilt für die Befragung von (Noch-)Nicht-Besuchern (Laudenbach 2006: 134). Bei den großen Opern- und Konzerthäusern hat sich seit einigen Jahren verstärkt das Customer Relationship Management (CRM), namentlich im Abonnement etabliert. Allgemein muss gelten: Erfasse die Daten jedes (potenziellen) Kunden und zähle jeden Besucher (Zählkarten)! Das ist noch längst nicht allgemeiner Standard.

Man kann diesen fahrlässigen Blindflug auch als „Bauchmarketing" bezeichnen, d. h. dass Marketingentscheidungen oftmals aus dem Bauch heraus, aber nicht auf der Grundlage klarer Zahlen, Daten und Fakten getroffen werden. Bei der Markt- und Besucherforschung geht es im Wesentlichen darum, die bereits vorhandenen Besucher (-Kontaktdaten) zu erfassen und zu segmentieren, um die bestehende Produktstrecken (Konzertreihen, Zusatzangebote, Service) ausbauen, erweitern und damit diese Besucher gezielt ansprechen, halten und langfristig binden zu können. Das ist durch Verwendung entsprechender Software der relativ einfache Teil. Es geht aber weiter darum, die Noch-Nicht-Besucher, also potenzielle zukünftige Besucher anzusprechen (z. B. durch öffentliche Werbeaktionen und über soziale Medien) und namentlich zu erfassen (z. B. durch Preisausschreiben, Verlosungsaktionen, Freundschaftswerbungen), um auf der Grundlage dieser Angaben und Aussagen neue Produktstrecken und Angebote gezielt entwickeln zu können. Gut funktionieren hier in der Praxis Elemente von Beziehungs- und Empfehlungsmarketing: wer als Konzertbesucher/Abonnent einen Noch-Nicht-Besucher bzw. Gast mitbringt, bekommt die 2 Karte geschenkt („Nimm 2, zahl 1").

In der Orchesterpraxis ohne Besucherforschung (s. u. Kap. 4.3.4) läuft dies häufig noch nach dem Trial-and-Error-Prinzip: Es werden neue Produkte (Konzertformte) entwickelt und man wartet deren Erfolg oder Misserfolg ab. Oftmals sind diese Produkte allerdings schon von anderen, meist nordamerikanischen Orchestern erprobt worden. Einige Beispiele: Lunchkonzerte in der Berliner Philharmonie, jeden Dienstagmittag mit Kammermusik kostenlos im Foyer (Buske 2009: 53), Casual Concerts des Deutschen Symphonieorchesters Berlin, eingeführt vom seinerzeitigen Chefdirigenten Ingo Metzmacher (freie Wahl auf allen Plätzen, Karten für 15, ermäßigt 10 Euro, Orchester in Alltagskleidung, erläuterte Musikbeispiele durch Chefdirigenten, Interview mit dem Solisten, Spielen des ganzen Werkes, After-Concert-Lounge).

Marketing ohne Besucherforschung bedeutet nicht nur, dass man Nicht-Besucher nicht erfasst und damit den Ausbau seiner Publikumsbasis vernachlässigt; es bedeutet auch, dass auch der nicht strategisch angelegte Einsatz von Marketinginstrumenten nicht konkret erfolgsbezogen gemessen werden kann: Warum genau war dieses Konzert (nicht) ausverkauft? Lag es an den Werken, am unbekannten Solisten, waren es sonstige Faktoren? Was hätte man besser machen können?

Wenn ein Orchester seine Kundenorientierung strategisch ausbauen und verbessern will, ist es zwingend auf Ergebnisse entsprechender Erhebungen angewiesen. Einfachere Befragungen können in Selbsthilfe durchgeführt werden (Bolwin/Günter 2000: 117). Hierfür existiert ein Leitfaden mit entsprechenden Fragebogenmustern und differenzierten Informationspaketen (Butzer-Strothmann/Günter/Degen 2001: 14). Außerdem können Gäste- und Besucherbücher im Foyer oder auf der Orchesterwebseite, Blogs usw. ausgewertet werden (Günter/Hausmann 2009: 25). Moderne Ticketingsysteme bieten inzwischen zahlreiche Analysetools, erreichen aber nur die aktuellen Besucher. Vor dem Einsatz von Ticketingsystemen vor allem großer Anbieter (z. B. EVENTIM) muss das Orchestermanagement unbedingt prüfen, welche Kundendaten in welcher Aufbereitung und zu welchen Kosten verfügbar gemacht werden. Einen guten Kundendatenzugriff bietet z. B. SecuTix (www.secutix.com).

Größere (Nicht-)Besucher-Befragungen sollten in Zusammenarbeit mit entsprechenden Fachunternehmen oder einschlägigen Kulturmanagement-Studiengängen erfolgen (Bolwin/Günter 2000: 118). Viele Nicht-Besucher-Befragungen bleiben in der Praxis Eintagsfliegen. Nur wenn die Erhebungen in einem regelmäßigen Turnus und für einen einzelnen Kulturbetrieb wiederholt werden, können auch Aussagen für die Bewertung getroffener Marketingentscheidungen getätigt werden.

4.3.4 Orchesterpraxis: Marketing ohne Marktforschung!

Weitgehend ohne Marktforschung werden vom Orchestermanagement (teilweise unbewusst) echte Marketingentscheidungen getroffen. Die immer weitere Ausdifferenzierung von Konzertreihen und -angeboten folgt letztlich einer „gefühlten" Publikumssegmentierung, die sich weder an den klassischen soziodemografischen Merkmalen (Alter, Geschlecht, Beruf, sozialer Stand, Haushaltseinkommen), noch an den neueren psychografischen Merkmalen einer Lifestyle-Segmentation (sog. Meta-Milieus, z. B. Traditional, Established, Modern Mainstream) orientiert. Insgesamt bewegt sich das Audience Development gegenwärtig verstärkt zwischen Randgruppenassimilation und Veränderung der Programmpolitik (Rentz 2016: 286).

Die Angebotsdiversifizierung ist vor allem im Bereich der Angebote für junge Zuhörer zu beobachten: Konzerte für werdende und stillende Mütter, Konzerte für

Kinder bis zu zwölf Monaten, Konzerte für Krabbelkinder bis zum zweiten Lebensjahr, für Kindergartenkinder, für Vorschulkinder usw. Die Ausdifferenzierung der Angebotspalette einiger Orchester ist letztlich nichts anderes als der nicht-strategische Einsatz der klassischen Marketinginstrumente: Diese Veranstaltungen finden in besonders geeigneten kleineren Räumen mit intimer Atmosphäre statt, in der sich kleine Kinder und ihre Eltern (meist Mütter) wohlfühlen können; die Preise sind familienfreundlich, Anfangszeiten und Dauer sind kindgerecht gestaltet. Die Veranstaltungswerbung erfolgt auch über Kinderärzte, Kinderkrippen und Kindergärten sowie über die Familienredaktion der örtlichen Zeitung. Sie erreicht dadurch auch Eltern von Kindern mit Migrationshintergrund. Die Orchestermitarbeiter sind für die Ansprache der jeweiligen Altersgruppe besonders geschult worden oder entsprechendes Fachpersonal ist vor Ort, im Idealfall ebenfalls mit Migrationshintergrund. – Würde man hier gezielt mit einer Besucherbefragung ansetzen, könnte das Angebot strategisch und nicht zufallsabhängig oder versuchsweise ausgebaut und verfeinert werden. Dieses Beispiel lässt sich modifiziert auf alle anderen Konzertreihen und Veranstaltungsbereiche eines Orchesters übertragen (z. B. Seniorenkonzerte am Nachmittag mit Kaffee und Kuchen o. ä.). Regelmäßige Besucherforschung ist im öffentlich finanzierten Kulturbetrieb aber auch aus einem anderen Aspekt wichtig: je genauer die verfügbaren Daten über die Publikumsstruktur (Kinder, Schüler, Studierende, Migrationshintergrund, Inanspruchnahme von sozial bedingten Preisermäßigungen) erhoben und kommuniziert werden können, desto höher die Akzeptanz bei den politischen Entscheidern (vgl. Schößler 2016: 287).

4.3.5 Leistungsangebote und Austauschpartner

Aus den verschiedenen Aspekten eines ganzheitlichen Marketingansatzes sind in der Orchesterpraxis zwei besonders bedeutsam, die teilweise eng miteinander verbunden sind: Einerseits der Umfang des gesamten Leistungsangebotes eines Orchesters und andererseits die Austauschpartner (Geschäftskunden) eines Orchesters (vgl. Hausmann 2005: 13, 18).

4.3.5.1 Kernleistungen und Zusatzleistungen

Die Kernleistungen („core services") eines Orchesters sind sämtliche musikalisch-künstlerischen Angebote, wie bereits dargestellt. Rund um diese Kernleistungen bestehen zahlreiche Zusatzleistungen („secondary services"), die wie die Kernleistungen den Besucherbedürfnissen entsprechend ebenfalls erweiterbar sind: Gastronomieangebote vor, während und nach Veranstaltungen, Ticketzentrale und Orchestershop (Bücher, Medien, Merchandising-Artikel) kombiniert mit einem öffentlich zugänglichen Kaffee (Konzerthaus bzw. Kasse meist in guter, innerstädtischer Lauflage), Orchesterfest, Konzertnacht mit langen Cateringpausen und Kammermusikbegleitung, After-Concert-Party, Probenbesuch mit Konzerthausführung und Künstlergespräch etc. (Schmidt-Ott 1998: 152). Primär- und Sekundärangebote generieren unterschiedliche Einkommensströme, wobei Aufwand und Ertrag gut kalkuliert werden müssen (vgl. Gerlach-March 2010: 100f). Die Angebotsdiversifizierung zur Umsatzsteigerung wird im Handel bereits lange und erfolgreich praktiziert (z. B. Lebensmittel in Tankstellenshops, Bekleidung und Haushaltswaren in Kaffeeläden, Telefonkarten beim Discounter).

Auch Zusatzleistungen müssen durch Besucherforschung begleitet und immer wieder an die tatsächlichen Bedürfnisse angepasst werden. In vielen nordamerikanischen Orchestern ist es üblich, häufiger kleinere Befragungen zur Kundenzufriedenheit durchzuführen. Hierdurch kann kurzfristig auf artikulierte Besucherbedürfnisse reagiert werden. Außerdem sind diese Orchester immer bestrebt, neue Besucher- und Kontaktdaten für ihre CRM-Datenbanken zu erfassen, um sie anschließend für gezielte Mailings einzusetzen (Reichart 2006: 120). Die dahinter stehende Philosophie kennt man von Amazon: „Kunden, die diesen Artikel bestellt haben, haben auch noch XYZ bestellt." Wer mit seinen Kindern ein Familienkonzert besucht hat, interessiert sich vielleicht auch noch für weitere Kinder- und Jugendkonzertangebote. Die seit Mai 2018 in der gesamten EU geltende Datenschutzgrundverordnung (DSGVO) setzt allerdings sehr hohe Maßstäbe an den Schutz von Kundendaten und deren Nutzung, z. B. für Mailings und Newsletter.

Weitere Zusatzleistungen des Orchesters neben den reinen Austauschleistungen sind z. B. der Orchester-Newsletter, das Orchestermagazin, die Orchesterwebseite, Angebote eines Freundes- und Förderkreises, aber auch das Angebot eines Abonnentenorchesters (Mertens 2018b: 169f).

Praxisbeispiel Einnahmesteigerung durch Ausbau von Zusatzleitungen

Diejenigen Orchester, die über einen attraktiven Konzert- oder Veranstaltungssaal verfügen, haben besondere Einnahmepotenziale aus Vermietung und Verpachtung. Vor allem die Vermietung der beiden Säle der Philharmonie führte bei den Berliner Philharmonikern dazu, dass die Eigenerwirtschaftungsquote der Stiftung in den letzten Jahren stets über 60 % lag. Bei einem durchschnittlichen Einspielergebnis der öffentlichen Theater und Orchester in Deutschland von unter 20 Prozent ist dies der absolute Spitzenwert.

4.3.5.2 Austauschpartner und Geschäftskunden

Bei den Austauschpartnern eines Orchesters kann man zwischen denjenigen differenzieren, die Zusatzleistungen unmittelbar erbringen oder abnehmen, also einerseits vor allem das Publikum, eigene Mitarbeiter, aber auch Cateringunternehmen, Reinigungsdienste, Veranstaltungstechnik, Vorverkaufsstellen und Shop-Betreiber.

Andererseits gibt es zahlreiche weitere (potenzielle) Austauschpartner, die ihrerseits in unterschiedlicher Nähe zum eigentlichen Kerngeschäft des Orchesters stehen: das örtliche Hotel- und Gaststättengewerbe (Beherbergung externer Konzertbesucher sowie von Gastmusikern, -solisten und -dirigenten), Konzertveranstalter, Künstleragenturen, Tourismuswirtschaft, Stadtmarketing, Fremdenverkehrsamt, Reisebüros, Presse und Medien, Druckereien, Instrumentenbau, Facility-Management, Zeitarbeitsfirmen, Stadtwerke, Parkraumbewirtschaftung, Bus-, Taxi- und Transportunternehmen, Schulen, Musik(hoch)schulen, Jugendorchester, Volkshochschulen, Besucherorganisationen, Verein oder Stiftung der Freunde und Förderer, Rechtsträger, Sponsoren, Wirtschaftsprüfer, Rechtsanwälte etc. (vgl. Ayen 2002: 70, Schmidt-Ott 1998: 109).

Alle diese Austauschpartner haben letztlich eigenwirtschaftliche Interessen, profitieren gleichzeitig aber vom wirtschaftlichen Erfolg des Orchesters. Daneben bieten sich vielfache Win-Win-Situationen, die wie geschaffen sind für ein *Beziehungsmarketing*, das darauf ausgerichtet ist, langfristige, vertrauensvolle und für beide Seiten vorteilhafte Beziehungen aufzubauen (Klein 200:15). Hier wird die Rolle der eigenen Mitarbeiter oft völlig unterschätzt und zu wenig genutzt. Teilweise bestehen bei Mitarbeitern auch Vorbehalte und Barrieren gegen erforderliche Lern- und Wandlungsprozesse (Günter/Hausmann 2009: 98). Wenn man unterstellt, dass jeder Mitarbeiter in Familie, Freundes- und Bekanntenkreis rund 100 Sozialkontakte unterschiedlicher Intensität unterhält, sind das bei einem Konzertorchester mit 100 Mitarbeitern rund 10.000 potenzielle Kontaktpersonen. Auch dieses bereits vorhandene Netzwerk gilt es als Partner- und Besucherpotenzial verstärkt zu aktivieren, selbst wenn es zunächst über rabattierte Dienst- oder Steuerkarten erfolgt. Umgedreht wird auch ein Schuh daraus: wenn künstlerische oder nicht-künstlerische Mitarbeiter des Orchesters oder Konzerthauses selbst Negativbotschaften über den Betrieb in ihrem Umfeld verbreiten, ist dies absolut kontraproduktiv. Die Gewinnung aller Mitarbeiter als authentische Markenbotschafter *ihres* Betriebs darf also nicht unterschätzt werden. – Neben den auf der Hand liegenden Partnerschaften sind auch etliche weitere denkbar, selbst wenn sie zum Teil in einer Sparten- oder Freizeitkonkurrenz zum Orchester stehen, z. B. örtliche Museen, Bibliotheken, Galerien, Jazzclubs, Kinos, aber auch Kirchengemeinden und Chöre (Ayen 2002: 31).

4.3.6 Anwendung empirischer Besucherstudien

Auch ohne gezielte Besucherforschung beim eigenen Orchester sind zumindest allgemeine Trends aus der empirischen Besucherforschung aufschlussreich und finden auch Eingang in die Marketingentscheidungen von Orchestern. Das ist nicht optimal, da die lokalen und regionalen Konzertmärkte sehr unterschiedlich sind, aber immerhin besser als reines Bauchmarketing.

4.3.6.1 Kulturbarometer

Aus dem 8. Kulturbarometer des Bonner Zentrums für Kulturforschung (vgl. Keuchel 2006: 26) lässt sich u. a. entnehmen, dass für die Besucher von Klassik-Konzerten drei Kriterien die höchste Priorität haben: 1. Gute Unterhaltung, 2. gute Atmosphäre, 3. etwas live zu erleben (Keuchel 2005b: 4). Dies deckt sich im Übrigen in den Aussagen 1 und 3 weitgehend mit den Prioritäten der befragten Nicht-Besucher. Bei Aussage 2 (Atmosphäre) sind Nicht-Besucher mangels Konzerterfahrungen nicht hinreichend aussagefähig.

Für die Marketingstrategie eines Orchesters bedeutet dies zunächst, dass vor allem die Zusatzleistungen rund um die Kernleistungen aus Sicht bestimmter Besuchergruppen stärkere Beachtung verdienen. Das Schaffen einer besonderen Atmosphäre vor und nach dem Konzert durch geeignete Catering- und Gastronomieangebote im oder neben dem Konzerthaus kann hierzu ein erster Schritt sein. Vor allem die Musikfestivals (z. B. Schleswig-Holstein, Mecklenburg-Vorpommern, Rheingau, Beethovenfest Bonn, Young Euro Classic Berlin) haben es in den vergangenen Jahren perfektioniert, vor und in den Konzertstätten durch Beleuchtung, Beflaggung, Beschilderung, Empfänge vor und nach dem Konzert oder während der Pausen etc. eine angenehme Gesamtatmosphäre rund um das Konzerterlebnis zu schaffen, die es dem Besucher erleichtert sich wohl zu fühlen. Auch haben es die Festivals mit diesen Zusatzleistungen geschafft, verstärkt bisherige Nicht-Besucher anzusprechen und zu binden sowie eine geeignete Präsentationsplattform für Sponsoren zu bieten.

Die Kultursoziologie kennt seit Mitte der 1990er Jahre den Typus des *kulturellen Allesfressers*. Das ist der relativ gut situierte, gebildete, vielfältig interessierte Kulturnutzer, der allerdings Triviales eher ablehnt (Rhein 2006:126). Dieser Kulturnutzer geht ebenso ins Museum, in die Galerie, ins Programmkino, wie in den Jazzclub, ins Theater oder ins klassische Konzert. Auch hier liegen für Orchester durchaus sinnvolle Ansatzpunkte, durch Cross-Promotion oder Kooperationen (Kammermusik im Museum, After-Concert-Party im Jazzclub, Kammermusik zur Autorenlesung etc.) neue und potenziell konzertinteressierte Besucherkreise gezielt anzusprechen.

4.3.6.2 Jugend-Kulturbarometer

Aus dem Jugend-Kulturbarometer 2004 (Keuchel 2005a: 17) lassen sich vor allem drei wichtige Kernaussagen für das Orchestermarketing nutzbar machen. Erstens: Wenn man Jugendliche, junge Erwachsene und Studenten für den Konzert- und Veranstaltungsbesuch interessieren will, gelingt dies am besten über die jeweiligen Peergroups. Ein gutes Beispiel auch hierfür ist das Young Euro Classic Festival in Berlin, welches jeden Sommer im Konzerthaus am Gendarmenmarkt während der Spielzeitpause der Berliner Orchester mit den auftretenden Jugendorchestern aus der ganzen Welt ein wesentlich jüngeres Publikum erreicht, als sonst üblich. Kurz: Jugendliche auf der Bühne – mehr Jugendliche im Konzertsaal. Zweitens: Die erschwinglichen Kartenpreise von etwas über zehn Euro mögen die Attraktivität des Angebots erhöhen. Die Erschwinglichkeit von Eintrittspreisen war ebenfalls eine der zentralen Aussagen des Jugend-Kulturbarometers (Keuchel 2005a: 20).

Eine ähnlich gute Ansprache jüngerer Besuchergruppen entsteht bei gemeinsamen Auftritten von Berufsorchestern mit Jugendorchestern im Rahmen von sog. Orchesterpatenschaften oder bei Educationprojekten der Orchester, die von Jugendlichen konzipiert, mitgestaltet oder moderiert werden. Auch die Einbindung Jugendlicher in Managementprojekte (Vorbereitung eines kompletten Konzertprojekts beim WDR-Chor) wird in der Praxis schon erfolgreich umgesetzt (Schulte im Walde 2009a: 40). Weitere gute Beispiele sind der TONALi-Wettbewerb in Hamburg oder die Schülermanager beim Beethovenfest Bonn.

Und schließlich drittens: Junge Menschen suchen gute Unterhaltung und das Live-Erlebnis. Dabei ist die Jugend in ihrem visuellen Kunstverständnis deutlich anspruchsvoller und interessierter geworden, in ihrem auditiven Kunstverständnis jedoch deutlich populärer und marktorientierter ausgerichtet. Hier bieten Konzertformate mit Filmmusik, Film-Live-Konzerte o. ä. gute Ansatzpunkte. Besonders erfolgreich und innovativ beim Erreichen junger Menschen ist der in Hamburg ansässige, 2010 gegründete TONALi Wettbewerb, der Schulen und Schüler zur Vorbereitung, Bewerbung, Durchführung, Begleitung und Nachbereitung eigener Konzerte mit jungen, angehenden Profimusikern animiert. Inzwischen bildet TONALi pro Jahr 500 Schülermanager in acht Ländern aus (Adrians 2017: 11).

> **Jugend-Kulturbarometer: Wie man junge Menschen erreicht**
>
> 1. Die **Peergroup** zählt: junge Künstler auf der Bühne und junge Menschen im Konzertsaal
> 2. Erschwingliche **Kartenpreise** (Orientierung: was kostet im Vergleich eine Kinokarte plus Getränk und Popcorn?)
> 3. **Unterhaltungsfaktor** und Live-Erlebnis

Diejenigen Orchester, die über einen attraktiven Konzert- oder Veranstaltungssaal verfügen, haben besondere Einnahmepotenziale aus Vermietung und Verpachtung. Vor allem die Vermietung der beiden Säle der Philharmonie führte bei den Berliner Philharmonikern dazu, dass die Eigenerwirtschaftungsquote der Stiftung in den letzten Jahren stets über 60 % lag. Bei einem durchschnittlichen Einspielergebnis der öffentlichen Theater und Orchester in Deutschland von ca. 18 Prozent ist hier noch Luft nach oben, wenn dafür die jeweiligen Rahmenbedingungen angepasst werden.

Durch gezielte Verstärkung der an junge Publikumsgruppen gerichteten Angebote der Orchester und Musiktheater sowie Ausbau der musikalischen Bildung und Musikvermittlung lässt sich der bis Anfang der 2000er Jahre immer wieder befürchteten Überalterung des Konzert- und Opernpublikums begegnen (Keuchel 2006: 32). Es wurde gar bis 2025 ein Besucherrückgang von über 30 Prozent (Hamann 2005: 18) prognostiziert. Diese düsteren Prognosen haben sich jedoch nicht erfüllt. Eher das Gegenteil ist eingetreten. Sowohl nach der *concerti Klassikstudie* (2016) als auch nach dem *Spartenbericht Musik* des Statistischen Bundesamtes (2016) und den Analysen einzelner Orchester und Konzerthäuser ist das Konzertpublikum insgesamt jünger, neugieriger und vor allem zahlreicher als erwartet: es gehen mehr Menschen (18,2 Mio.) in klassische Konzerte, Oper, Musical und zu Musikfestivals als zur 1. Fußball-Bundesliga. Die Zukunft des Zusammengehens von Marketing und Angebots- bzw. Konzertplanung dürfte vor allem unter dem Aspekt des Erreichens neuer Zuhörer darin liegen, mehr zielgruppenspezifische Angebote nach einem Baukastensystem zu entwickeln. Damit würde das gerade aktuell geprobte Konzertrepertoire des Orchesters also in verschiedenen Konstellationen für unterschiedliche Publikumsgruppen präsentiert und vermarktet. In den USA ist derartiges seit Jahren Standard.

4.3.7 Branding und Corporate Design

Für große Orchester und Konzerthäuser sind Markenbildung, Branding, Corporate Design im Managementdenken längst etablierte Größen. Bei kleinen und mittleren Orchestern, vor allem aber bei Opernhäusern und Stadttheatern wird hier noch regelmäßig viel Geld verbrannt. Nach einem Intendantenwechsel und dem üblichen Austausch großer Teile der bisherigen künstlerischen Leitung (NV-Bühne-Verträge mit Möglichkeit der Nichtverlängerung bei Intendantenwechsel) werden die über fünf, zehn oder mehr Jahre entwickelten, etablierten und teuer bezahlten Markenauftritte der Vorgänger über Bord geworfen und das Rad wird mit einem neuen Markenauftritt, der wiederum Geld kostet, neu erfunden (Laudenbach 2006: 133). Botschaft an die Öffentlichkeit: Hier ist eine neue Truppe am Werk mit einer neuen

Ästhetik. Das wäre so, als würde beim Wechsel des Vorstandsvorsitzenden bei Daimler der Mercedes-Stern abgeschafft oder neu erfunden. Ein Personalwechsel in der künstlerischen Leitung darf kein grundlegender Marken- und Marketing-Strategiewechsel für eine ganze Organisation sein. Derartige überholte Praktiken sind mit Nachhaltigkeit der Markenstrategie eines Kulturunternehmens und mit einem verantwortungsvollen Einsatz öffentlicher Mittel nicht vereinbar. Ähnlich schwierig ist die weit verbreitete Praxis von Orchestern, den jeweiligen Chefdirigenten in den Mittelpunkt von Werbekampagnen und Marketingmaßnahmen zu stellen. Markenbewusste Orchester, wie z. B. die Berliner Philharmoniker, nutzen natürlich das Renommee und Charisma eines Sir Simon Rattle oder eines Kirill Petrenko als Chefdirigent, bleiben aber ihrem Selbstverständnis als Klangkörper auch bei der Markenführung treu.

> **Praxisbeispiel Markenpflege und Branding**
> Die verschnörkelte Bildmarke um den Schriftzug „Gewandhausorchester Leipzig" wurde in den vergangenen Jahren stets behutsam modifiziert und weiterentwickelt, das Farbklima des Corporate Design mit Antritt des letzten Chefdirigenten vorsichtig verändert. Die Erkennbarkeit der Marke und die Investitionen der Vorgänger blieben bewahrt. Eine ähnlich vorsichtige Pflege galt in der Vergangenheit auch für den Markenauftritt der Sächsischen Staatskapelle Dresden bzw. der Semperoper oder für die Berliner Philharmonie und die Berliner Philharmoniker als Premium-Marken. Auch die Berliner Philharmoniker setzten in der Vergangenheit auf das besondere Image der Musiker, treffender Slogan: „128 Virtuosen – 1 Orchester" (Agentur Scholz & Friends).

Negativ-Beispiel aus dem Orchesterbereich: Bei den Düsseldorfer Symphonikern wurde 2003 bei einer stadtweiten Plakatkampagne mit von einem Modefotografen gefertigten Großporträts einzelner Orchestermusiker und dem Slogan „ICH BIN EIN DÜSY" in kürzester Zeit – auch durch die folgende kontroverse Diskussion in Medien und Öffentlichkeit – eine neue und griffige Wortmarke (*DÜSY*) für das Orchester etabliert (Mertens 2004: 22). Das Orchester hatte in der Stadt über die Gesichter der Musiker auf einmal ein eigenes Gesicht bekommen – weg vom anonymen Image vieler Orchester, nämlich dem der „99 geigenden Pinguine". Gleichzeitig wurde als Bildmarke ein schwarzer Labrador (nach dem Vorbild des EMI-Hundes – „His Masters Voice") in einem roten Pullover auf Drucksachen, Konzertankündigungen oder als überlebensgroße Plastikfigur vor den Konzertstätten verwendet. Der neue Intendant ab der Spielzeit 2006/2007 setzte diese inzwischen allgemein etablierten Marken ab und verpasste dem Orchester und der Tonhalle (ehemaliges Planetarium) ein Planeten- und Space-Image. – Große Häuser wissen um die Langfristigkeit und die Wertigkeit der Markenbildung und gehen daher hiermit sehr viel behutsamer um. Auch die Markenbildung ist eine Führungsaufgabe (Bünsch 2009: 24).

4.4 Kundenbindung und Abonnement

Der treue, regelmäßig wiederkehrende Konzertbesucher, der Stammkunde, der über Jahrzehnte sein Abonnement immer wieder verlängert, vielleicht sogar vererbt, schien bis vor wenigen Jahren eine vom Aussterben bedrohte Spezies zu sein. Das Abo galt als tot (Adrians 2016c: 16). Die Menschen wollten sich nicht mehr langfristig, für eine ganze Spielzeit im Voraus binden und terminlich festlegen. Last minute tickets, möglichst kurzfristige Kaufentscheidungen schienen das neue Credo zu sein. Viel wurde und wird immer noch mit Flexi-, Wahl oder Schnupper-Abos experimentiert. Das kann kontraproduktiv sein: denn die dort angebotenen (meist populäreren) Veranstaltungen ließen sich in der Regel auch hochpreisig im Freiverkauf vermarkten (Adrians 2016b: 12). Im schlimmsten Fall kannibalisiert man mit Schnupper-Abos den treuen Abonnentenstamm (Adrians 2016c: 15). Inzwischen erlebt das Abonnement eine Wiedergeburt. Echte Planungssicherheit für den Kunden ebenso wie für den Veranstalter bietet ein gut strukturiertes Abonnementsystem, das auf die aktuellen Nachfragestrukturen eingeht und damit zu einer langfristigen Kundenbindung führt. Der Tonhalle Düsseldorf und den Düsseldorfer Symphoniker ist es z. B. gelungen, die Zahl der festen Abonnenten um fast 3.000 auf 4.970 weit mehr als zu verdoppeln. Die Auslastung der „Sternzeichen"-Konzerte stieg von 74 Prozent im Jahr 2015 auf 95 Prozent im Jahr 2018.

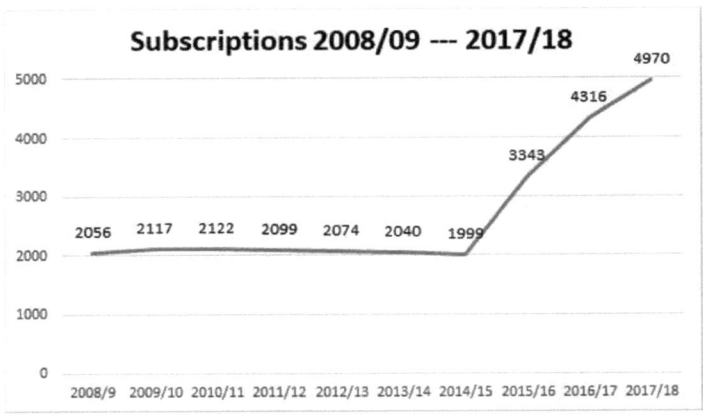

Abb. 6 Abonnementsentwicklung Tonhalle Düsseldorf ©StillArt

Zurückzuführen ist dieser Erfolg auf die konsequente Planung und Umsetzung von Abonnement- und Marketingstrategien, die vor allem der finnische Kulturmanager Magnus Still in den letzten Jahren entwickelt, publiziert und in der Praxis von Orchestern und Konzerthäusern immer weiter verfeinert hat.

4.5 Externe Kommunikation: Presse-, Medien- und Öffentlichkeitsarbeit

4.5.1 Presse- und Medienarbeit

Die Presse-, Medien- und Öffentlichkeitsarbeit wird ebenso wie das Marketing bei der Mehrzahl der Orchester und bei vielen mittleren und kleinen Opernhäusern immer noch nicht ausreichend professionell betrieben. Häufig wird der Bereich der externen Kommunikation der Dramaturgie, dem Vertrieb oder dem Marketing zugeschlagen und ist personell unterbesetzt. Es gibt meist keine klaren Richtlinien, Vorgaben und Strukturen und mangels journalistischen Fachpersonals oftmals grobe handwerkliche Mängel.

Einige ganz reale Negativ-Beispiele: Da werden immer noch E-Mails mit dem nichtssagenden oder gar falschen Betreff „Pressemeldung" oder einer simplen Monatsangabe („Februar" für den kommenden Monatsspielplan) an riesige offene

Verteiler versandt, anstelle einer Blindcopy (bcc), was auch ein Verstoß gegen die DSGVO ist. Der Absender (Name des Orchesters/Konzerthauses) wird im Betreff nicht genannt, was bei Weiterleitung in einer Redaktion suboptimal ist. Es gibt ganz überwiegend nicht differenzierte, abgestufte und nicht regelmäßig gepflegte Verteiler, in die einfach alles versandt wird, kurzfristige Erkrankung eines Dirigenten ebenso wie die Ankündigung des nächsten Kammerkonzerts.

> **Praxistipp 1: E-Mail-Betreff und Foto-Link**
> Die Betreffzeile der E-Mail sollte kurz und präzise den Inhalt der Meldung beschreiben. Wichtig: bei redaktionsinterner Weiterleitung von einen Sammeladresse – z. B. einer Nachrichtenagentur – ist der ursprüngliche Absender nicht mehr erkennbar. Daher sollte der Name des Orchesters als Absender immer als erstes in die E-Mail-Betreffzeile, z. B. „Berliner Philharmoniker: Jahrespressekonferenz am 15. Februar 2018, 11:00 Uhr". Achtung: grds. kein Versand von hochauflösendem Bildmaterial per E-Mail; besser ist ein Link auf professionelle, druckfähige Bilder (Copyright- und Fotografen-Hinweis!) zum Download im Pressebereich der Orchesterwebseite oder auf Internet-Fotoplattformen (z. B. Flickr, Instagram).

Derartiges geht bundesweit an Presseagenturen, Tages-, Wochen-, Monatszeitschriften, Rundfunkanstalten und Fernsehsender, einzelne Journalisten; nach dem Motto: Information möglichst breit streuen, es wird schon irgendwo etwas hängen bleiben (Richter 2009: 24). Der Effekt: Redaktionen erhalten pro Tag im Durchschnitt hundert Presseinformationen; nur acht von hundert werden berücksichtigt (Richter 2009: 28). Viele Adressaten können mit den Meldungen mangels Zuständigkeit, Redaktionsvorläufen oder Relevanz nichts anfangen und klicken sie entnervt in den Papierkorb. Der Absender wird schnell als unprofessionell abgestempelt und mit wirklich wichtigen Meldungen bald nicht mehr wahrgenommen. Nur wer das Interessenprofil seiner Empfänger wirklich kennt und laufend aktualisiert, kann zielgerichtet kommunizieren (Richter 2009: 26).

„Normale" Pressemitteilungen von Orchestern mit echter Newsqualität (und nur sie gehören in große Verteiler), wie die Bekanntgabe eines neue Chefdirigenten oder Orchestermanagers, der aktuellen Besucherzahlen und Einnahmeergebnisse, sind eher die Ausnahme. Journalisten stehen unter ständigem Zeitdruck: Außentermine, Redaktionskonferenzen, laufende Meldungseingänge, Redaktionsschlüsse. Eine wirklich professionell gestaltete Pressemeldung, mit klarem Betreff, kurzen Hauptsätzen und den sechs „W" (Wer, wo, was, wann, wie, warum?) im ersten

Absatz und das Wichtigste zuerst erhöhen die Abdruckquote (vgl. Sauer 2006: 42). Tödlich sind lange Pressetexte in kleiner Schrift auf mehreren Seiten einer E-Mail. Derartiges versenden sogar Pressestellen großer Konzerthäuser.

> **Praxistipp 2: Abgestufte Verteiler und Feedback**
> Unter Verwendung eines einschlägigen aktuellen Handbuches mit entsprechenden Checklisten sollte das Orchestermanagement die Presse-, Medien- und Öffentlichkeitsarbeit des Orchesters erforderlichenfalls komplett neu konzipieren und aufbauen. Dabei muss ein aktueller und bei den Adressaten durch Fragebogen/Antwortfax/Telefonat rückgekoppelter, verfeinerter Presseverteiler nebst Datenbank aufgebaut werden: Welcher Adressat (Print, Agentur, Funk, Fernsehen), welche Information, auf welchem Weg (E-Mail, Fax, Post) mit welchem Vorlauf (Tag, Woche, Monat) und welche Anlagen bzw. Links?

Das Orchestermanagement darf nicht erwarten, dass die Medien ihm hinterherlaufen. Gute PR-Arbeit bedarf aktiven Networkings: z. B. der Kontaktaufnahme und -pflege zu den Musik- und Hörfunkchefs der öffentlich-rechtlichen Rundfunkanstalten im Spielgebiet des Orchesters, dem persönlichen Kontakt zu Kulturjournalisten, Chefredakteuren und Verlagsinhabern der örtlichen und regionalen Zeitungen. Viel zu oft verlässt man sich auf einen bloßen E-Mail-Versand, wo ein persönliches Telefonat in eine Redaktion angezeigt wäre. Ein weiterer Job könnte lauten: Angebot und Entwicklung konkreter Orchesterprojekte für mögliche Medienpartnerschaften und eine Berichterstattung im Dialog.

4.5.2 Öffentlichkeitsarbeit und Internet

Gute Öffentlichkeitsarbeit ist immanenter Bestandteil des Marketings, der Pressearbeit und der allgemeinen Kommunikation. Der Pressebereich auf der orchestereigenen Webseite muss gut strukturiert, übersichtlich und stets aktuell sein (die neuesten Meldungen nach oben). Wichtig ist auch Programmierung für mobile Endgeräte, da auch Journalisten und freie Mitarbeiter von Redaktionen verstärkt mobil über Smartphones und Tablets arbeiten. Es bedarf eines klaren Konzepts, welche Inhalte, Meldungen, Fotos und Videos über welche Wege (Facebook, Twitter, Instagram, Snapchat, Blogs etc.) und mit welcher Frequenz verbreitet werden sollen und wie die Feedback- und Servicekultur aussehen soll, auch in Bezug auf mögliches Krisenmanagement (z. B. im Theater- oder Opernbereich bei provokanten Inszenierungen). Bei Verlinkung auf Fotodatenbanken müssen diese so aufgebaut,

4.5 Externe Kommunikation: Presse-, Medien- und Öffentlichkeitsarbeit

sortiert und schnell zu nutzen sein, dass ein Bildredakteur mit wenigen Klicks den Fotodownload starten und den Copyrighthinweis nutzen kann.

Weitere geeignete Inhalte für die Orchester-PR sind Podcasts (kurze Audio- und Videobeiträge über die Probenarbeit des Orchesters, Hintergrundberichte zu Solisten, Dirigenten, Programmen), die über Foto- und Videoplattformen, Twitter und Facebook, Blogs und Online Communities verbreitet werden können und die auch jüngere Menschen ansprechen. Hierin liegen zahlreiche Potenziale für die Ausweitung der externen Kommunikation und Vernetzung der Orchester, die passgerecht auf die konkrete Situation konfiguriert werden können (Janner 2009: 16). Hier schließt sich der Kreis zum professionellen Storytelling.

▶ Lesetipps

- Das Buch: Kulturmarketing von Günter/Hausmann liefert einen kompakten Überblick über alle wesentlichen Punkte, die für die Marketingstrategie eines Orchesters relevant sind.
- Der Leitfaden „Publikumsakademie" des TONALi Wettbewerbs Hamburg (4. Aufl. 2017) enthält zahlreiche Anregungen, Tipps und Checklisten für die Aktivierung von Schulen und Schüler zur Veranstaltung von Klassikkonzerten.
- Das Buch: Entfesselte Klassik von Barbara Balba Weber (Stämpfli Verlag 2018) hinterfragt die Gewohnheiten des Klassikbetriebs und versucht sich an neuen Ansätzen in der Musikvermittlung.
- Obwohl aus dem Jahre 1998 stammend und damit schon ein wenig betagt, ist das Buch: Orchesterkrise und Orchestermarketing von Thomas Schmidt-Ott zur Relevanz US-amerikanischer Marketingstrategien im deutschen Orchesterbetrieb, Lang, Frankfurt/Main, ein „Klassiker".
- Das Buch ISO for Culture von Knava/Heskia von 2016 ist State-of-the-Art Pflichtlektüre für die strategische Weiterentwicklung jedes Kulturbetriebes.
- Das Buch Fill Every Seat Every Week von Magnus Still (StillArt Publishing 2016) vermittelt Handwerkszeug über den professionellen und nachweislich erfolgreichen Einsatz von Abonnement-Strategien für Orchester und Konzerthäuser.
- Das Handbuch Förder- und Freundeskreise in der Kultur – Rahmenbedingungen, Akteure und Management, herausgegeben von Andrea Hausmann und Antonia Liegel (2018), verschafft einen guten und praxisnahen Überblick über die zeitgemäße Einbindung von Freunden und Förderern.

Literaturverzeichnis

Adrians, Frauke (2016b): Bis auf den letzten Platz, in: Das Orchester, Heft 12, S. 10-12
Adrians, Frauke 2016c): „Mehr Abos sind möglich" – im Gespräch mit Magnus Still, in: Das Orchester, Heft 12, S. 14-16
Adrians, Frauke (2017): Komm in die Küche! – Ein Wettbewerb, zwei Akademien: Tonali möchte das Konzertleben verändern und verjüngen, in: Das Orchester, Heft 9, S. 10-13
Erkelenz, Elisa (2012): Markenbildung für Kulturorchester, Frankfurt am Main: Lang
Gerlach-March, Rita, (2010): Kulturfinanzierung, Wiesbaden: VS Verlag
Haller, Michael (2016): concerti Klassikstudie (http://media.concerti.de/klassikstudie/), Hamburg, Abruf am 20.2.2018
Knava, Irene (2009): Audiencing – Besucherbindung und Stammpublikum für Theater, Oper, Tanz und Orchester, Wien: facultas
Knava, Irene (2014): Audiencing II – Kultureller Mehrwert statt Skandal, Wien: facultas
Knava, Irene/Heskia, Thomas (2016): ISO FOR CULTURE – Qualitätsmanagement als Führungsinstrument (Audiencing III), Wien: facultas
Mertens, Gerald (2018b): Die Rolle der Förder- und Freundeskreise für Orchester, S. 161-179, in: Handbuch Förder- und Freundeskreise in der Kultur – Rahmenbedingungen, Akteure und Management, Hausmann, Andrea / Liegel, Antonia (Hrsg.), Bielefeld: transcript
Renz, Thomas (2016): Nicht-Besucherforschung – Die Förderung kultureller Teilhabe durch Audience Development, Bielefeld: transcript
Rosu, Stefan (2014): Zukunftsstrategien für Orchester – Kompetenzen und Kräfte mobilisieren, Wiesbaden: Springer VS
Statistisches Bundesamt (2016): Spartenbericht Musik (https://www.destatis.de/DE/Publikationen/Thematisch/BildungForschungKultur/Kultur/SpartenberichtMusik5216203169004.pdf?__blob=publicationFile), Wiesbaden, Abruf am 20.2.2018
Survilaite, Juste (2016): Die Macht der Geschichten – Storytelling hilft Orchestern bei der Markenbildung, in: Das Orchester Heft 2, S. 23-25
Schößler, Tom (2016): Preispolitik für Theater – Strategische Preisgestaltung zwischen Einnahmesteigerung und öffentlichem Auftrag, Wiesbaden: Springer VS
Schößler, Tom (2018): Revenue Management und Dynamic Pricing – Erlöspotenziale mit Chancen und Risiken, in: Handbuch Kulturmanagement, F 1.6, S. 57-79, Berlin: Raabe
Schulte im Walde, Christoph (2009a): „Wir sind Manager" – Schüler organisieren und planen in Eigenregie Konzerte mit dem WDR Rundfunkchor, in: Das Orchester, Heft 11, S. 40
Warnke, Ruth (2017): Storytelling für Orchesterbetriebe, in: Das Orchester, Heft 2, S. 7

Tarif- und Arbeitsrecht 5

> **Zusammenfassung**
>
> Für über 80 Prozent der deutschen Orchester sind die Arbeits- und Vergütungsbedingungen von Orchestermusikern durch den Flächentarifvertrag TVK geregelt. Meist auf dieser historisch gewachsenen Basis bestehen derzeit bundesweit rund 50 Haustarifverträge mit spezifischen Abweichungen für das einzelne Orchester. Nur wenige Orchester arbeiten auf der Basis von Einzelarbeitsverträgen und Betriebsvereinbarungen. Die Rundfunkklangkörper unterliegen dem eigenständigen Tarifrecht der einzelnen Rundfunkanstalten.

> **Schlüsselbegriffe**
>
> Flächentarifvertrag, Haustarifvertrag, Tarifvertragsparteien, Arbeitsvertrag, Arbeitszeit, Dienstzählung, Mitwirkungspflichten, Vergütung, Orchestervorstand, Verträge für Chefdirigenten, Orchestermanager und Intendanten.

5.1 Einleitung und Übersicht

Das Arbeitsrecht für die deutschen Berufsorchester ist wesentlich durch die Geltung von Tarifverträgen geprägt. Hierin sind die wesentlichen Arbeits- und Vergütungsbedingungen für die Orchestermitglieder geregelt. Die Qualität des Orchestermanagements hängt in der täglichen Praxis insbesondere auch von der Souveränität im Umgang mit diesen, auf den ersten Blick komplex erscheinenden Tarifwerken und Regularien ab. Auch das Arbeitsrecht für den Orchesterbereich ist in allgemeine Rechtsordnung integriert. Über- bzw. gleichgeordnete Rechtsquellen sind insoweit das Grundgesetz, die allgemeinen Gesetze mit arbeitsrechtlichem Bezug (Bürgerliches Gesetzbuch, Arbeitszeitgesetz, Kündigungsschutzgesetz etc.), das Richterrecht (insbes. Rechtsprechung der Arbeitsgerichte), sodann Tarifverträge, Dienst- und Betriebsvereinbarungen, einzelne Arbeitsverträge und betriebliche Übungen.

Bezogen auf die Bedeutung und die praktische Relevanz für den Orchesterbereich kann man folgende Kategorisierung der wesentlichen Rechtsquellen vornehmen: An oberster Stelle steht der Flächentarifvertrag, der TVK („Tarifvertrag für die Musiker in Kulturorchestern") nebst ergänzenden Tarifverträgen (Abb. 7). Eine weitere Ebene bilden die Einzeltarifverträge (auch „Haustarifverträge" genannt) für einzelne Orchester (teilweise völlig eigenständige Regelungen oder als Ergänzung zum TVK) sowie unabhängig vom TVK die völlig eigenständigen Manteltarifverträge und speziellen Klangkörpertarifverträge der Rundfunkanstalten. Auf der nächsten Ebene folgen Dienstvereinbarungen (mit dem Personalrat in öffentlichen Betrieben) oder Betriebsvereinbarungen (mit dem Betriebsrat in privaten Betrieben). Es folgt die Ebene der Vereinbarungen des Arbeitgebers mit dem Orchestervorstand (meist auf Grundlage einer entsprechenden tariflichen Öffnungsklausel). In seltenen Ausnahmefällen werden Arbeitsbedingungen auch einseitig von Orchesterarbeitgeber vorgegeben, soweit keine Tarifbindung besteht. Diese Arbeitsbedingungen wirken dann wie „allgemeine Geschäftsbedingungen" (AGB) auf das Arbeitsverhältnis.

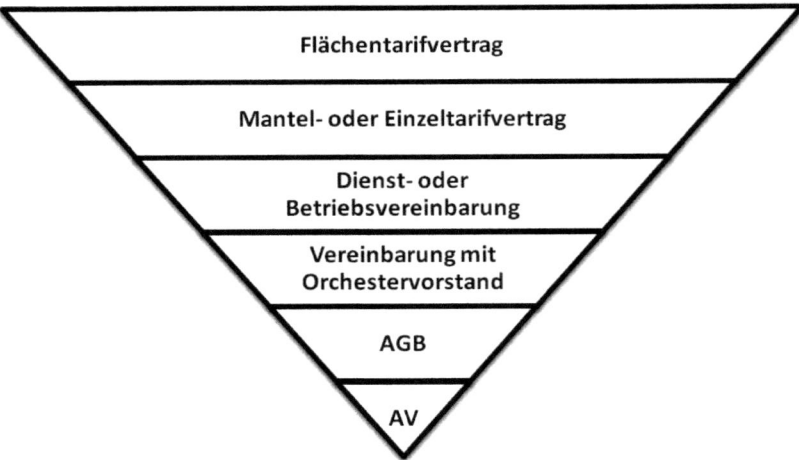

Abb. 7 Wesentliche Rechtsquellen für Arbeitsbedingungen im Orchesterbereich (eigene Darstellung)

Soweit keine der zuvor genannten Ebenen eine Regelung vorsieht, können schließlich auf der untersten Stufe in Einzelarbeitsverträgen (AV) spezifische Arbeits- und Vergütungsbedingungen für Orchestermusiker vereinbart werden (vgl. Risch/Kerst 2009: 83). Die weiteren Rechtsquellen, wie Richterrecht, betriebliche Übungen etc. haben für die konkreten Arbeitsbedingungen im Orchesterbereich nur in Einzelfällen Bedeutung (Röper 2001: 190).

Ohne an dieser Stelle zu sehr auf weitere Einzelheiten des allgemeinen Arbeits- und Tarifvertragsrechts eingehen zu können, ist darauf hinzuweisen, dass Tarifverträgen im Allgemeinen vier Funktionen zugeschrieben werden (sog. *SOFA-Prinzip*):

- *Schutzfunktion* – Tarifverträge schützen den einzelnen Arbeitnehmer vor einseitiger Ausnutzung der Vertragsgestaltungsfreiheit durch den wirtschaftlich überlegenen Arbeitgeber.
- *Ordnungsfunktion* – Tarifverträge führen zu einer Typisierung und Ordnung von Arbeitsverträgen einer Branche, die aus Vereinfachungsgründen (Massenverträge) eine gleichmäßige Regelung der Lohn- und Arbeitsbedingungen bedürfen.
- *Friedensfunktion* – Tarifverträge schließen während ihrer Laufzeit zu den in ihnen geregelten Sachverhalten Arbeitskämpfe aus (Friedenspflicht).
- *Ausgleichs- oder Verteilungsfunktion* – Tarifverträge sorgen durch Differenzierung der Lohn- und Gehaltsgruppen für die sachgerechte Einkommensverteilung zwischen Arbeitnehmern.

5.2 Tarifparteien und -beziehungen im Orchesterbereich

Tarifverträge werden auch im Orchesterbereich von den Tarifparteien, also Arbeitgeberverbänden und/oder einzelnen Arbeitgebern einerseits und der Deutschen Orchestervereinigung (DOV) als eigenständige, tariffähige Gewerkschaft und als Berufsverband der Orchestermusiker und Rundfunkchorsänger andererseits verhandelt und abgeschlossen.

Der TVK sowie ergänzende Flächentarifverträge für weitere tarifliche Leistungen (Aufwendungsersatz wie z. B. Kleidergeld oder Instrumentengeld) sowie Haustarifverträge für die kommunalen und staatlichen Orchester werden von der DOV in der Regel mit dem Deutschen Bühnenverein (DBV) – „Bundesverband deutscher Theater und Orchester" – als Arbeitgeberverband abgeschlossen, soweit der Orchesterträger, der einzelne Arbeitgeber, dort Mitglied ist.

Ist der Arbeitgeber nicht Mitglied im DBV, erfolgt der Tarifabschluss unmittelbar mit der DOV (Abb. 8). Dies gilt z. B. bei der Stiftung Berliner Philharmoniker, den

Bayreuther Festspielen, den Bamberger Symphonikern, der Jenaer Philharmonie, den Symphonikern Hamburger und einigen weiteren Konzertorchestern. Vereinzelt gibt es auch Fälle, in denen der Arbeitgeber trotz Mitgliedschaft im DBV ergänzend zum TVK einen gesonderten Tarifvertrag direkt mit der DOV abgeschlossen hat (z. B. Sächsische Staatskapelle Dresden, Dresdner Philharmonie, Gewandhausorchester Leipzig, Münchner Philharmoniker, Deutsche Staatsphilharmonie Rheinland-Pfalz, Ludwigshafen). Diese gesonderten Tarifverträge ergänzen den TVK in Bezug auf das betroffene Orchester und enthalten in der Regel besondere Vergütungs- und Arbeitszeitbestimmungen, die Übertragung von Medienrechten oder Regelungen für Orchesterreisen, die vom Flächentarifvertrag abweichen und für das jeweilige Orchester maßgeschneidert sind (vgl. Röper 2001: 400). Hintergrund hierfür ist u. a. besondere Wettbewerbssituation im Bereich der national und international tätigen Spitzenorchester sowie die Attraktivität der Arbeitsplätze und der künstlerischen Entfaltungsmöglichkeiten für den hoch qualifizierten Orchesternachwuchs.

Tarifparteien für die Arbeitsbedingungen der Rundfunkklangkörper sind auf Arbeitgeberseite die jeweiligen öffentlich-rechtlichen Rundfunkanstalten (NDR, WDR, MDR, HR, SWR, SR und BR), die eigene Klangkörper unterhalten. Klangkörpertarifverträge werden von der DOV mit der einzelnen Rundfunkanstalt verhandelt und abgeschlossen. Mantel- und Vergütungstarifverträge werden mit allen Gewerkschaften für eine Anstalt verhandelt. Für übergeordnete Themen, wie z. B. die Altersversorgung, verhandeln die ARD-Anstalten mit allen vertretenen Gewerkschaften (DJV, ver.di, DOV etc.) auch im Verbund.

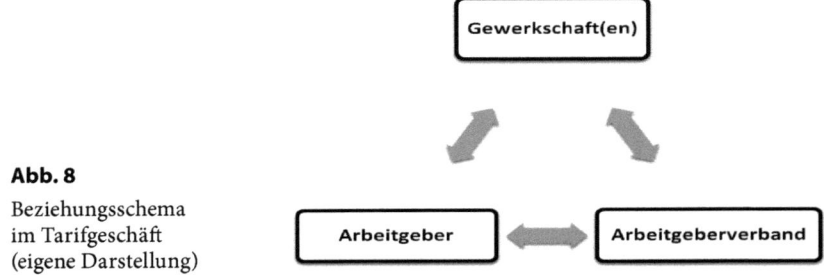

Abb. 8
Beziehungsschema im Tarifgeschäft (eigene Darstellung)

5.3 Eine deutsche Besonderheit: Der Flächentarifvertrag TVK

Der TVK, der „Tarifvertrag für Musiker in Kulturorchestern", findet in Deutschland flächendeckend für die meisten *Opernorchester* und einzelne *Konzertorchester* unmittelbar Anwendung. Diese nationale Flächentarifsituation für eine derartige Vielzahl von Berufsorchestern ist weltweit einzigartig.

Eine erste Zusammenfassung der geltenden Arbeits- und Tarifregelungen in Deutschland erfolgte bereits 1938 für den gesamten öffentlichen Dienst in der TO.A (Tarifordnung für die Angestellten des deutschen Reichs) und parallel dazu für den Bereich der Orchester in der TO.K (Tarifordnung für die Musiker in Kulturorchestern), dem Vorläufer des aktuellen TVK. Die TO.A wurde 1961 durch den Bundes-Angestelltentarifvertrag (BAT) abgelöst (heute TVÖD bzw. TV-L), die TO.K im Jahr 1971 durch den TVK. Der TVK vom 1. Juli 1971 enthielt eine Kombination von BAT- und TO.K-Bestimmungen: Einzelne für alle Arbeitnehmer anwendbare Vorschriften (z. B. Entgeltfortzahlung im Krankheitsfall, Personalakten, Dienstzeitanrechnung etc.) wurden wortgleich aus dem BAT übernommen. Die für den Orchesterbetrieb maßgeblichen, spezifischen Regelungen (Arbeits- und Mitwirkungspflichten des Musikers, Arbeits- und Ruhezeiten, Regelungen zum Orchestervorstand etc.) wurden aus dem TO.K-Text weiterentwickelt. Die parallele Entwicklung des Tarifrechts für den öffentlichen Dienst und für die öffentlich finanzierten Berufsorchester in Deutschland hat also eine lange Tradition und ist inhaltlich vor allem darin begründet, dass die meisten deutschen Berufsorchester immer noch unmittelbar oder mittelbar in die Strukturen der öffentlichen Landes- oder Kommunalverwaltungen eingebunden sind, die ihrerseits dem öffentlichen Dienstrecht unterliegen. Im Herbst 2009 wurde nach über fünfjähriger Verhandlungsdauer, zeitweise begleitet von den größten Arbeitskämpfen der Orchestermusiker seit den 1950er Jahren, zwischen dem Deutschen Bühnenverein und der Deutschen Orchestervereinigung der „TVK vom 31. Oktober 2009" als neuer Flächentarifvertrag wieder abgeschlossen (zu den konkreten Einzelheiten vgl. Kap. 5.4). Er findet auf knapp 100 Orchester unmittelbare Anwendung.

Sechs der acht *Kammerorchester* und ganz wenige weitere deutsche Berufsorchester verfügen über keinen Tarifvertrag. Dort sind die Lohn- und Arbeitsbedingungen meist in einzelnen Arbeitsverträgen der Musiker festgelegt. Dieser Umstand kann gelegentlich dann zu erheblichen rechtlichen Problemen führen, wenn allgemeine Änderungen in den Arbeitsbedingungen umgesetzt werden sollen oder die Änderung gesetzlicher Vorschriften eine Überarbeitung der Arbeitsverträge sinnvoll erscheinen lässt. Entweder erzielt der Arbeitgeber ein Einvernehmen mit allen Orchestermitgliedern über die Änderung ihrer Arbeitsverträge oder er muss den rechtlich aufwändigen und komplizierten Weg einer betriebsbedingten Änderungskündigung gehen.

Einen Sonderfall stellen die Hofer Symphoniker dar. Der Orchesterträger, eine GmbH, ist nicht Mitglied im DBV, hat aber mit der DOV einen Haustarifvertrag abgeschlossen, der auch die Beschäftigung der Orchestermitglieder in der orchestereigenen Musikschule regelt. Bis zum Abschluss des Haustarifvertrages im Jahr 2013 galten für die Orchestermitglieder „einheitliche Arbeitsbedingungen" im Sinne allgemeiner Geschäftsbedingungen (AGB), die einseitig vom Arbeitgeber vorgegeben waren und zum Inhalt der Arbeitsverträge wurden.

Für die *Rundfunkklangkörper* gelten die besonderen Tarifbestimmungen der einzelnen öffentlich-rechtlichen Rundfunkanstalten (Mantel- und Klangkörpertarifverträge). Das Tarifrecht der Rundfunkanstalten und ihrer Klangkörper hat sich in jeder Anstalt vor allem nach 1945 autonom entwickelt, wobei es in der täglichen Anwendung und Umsetzung im Orchesterbereich letztlich nur graduelle Unterschiede zwischen den einzelnen Anstalten gibt. Abweichend vom Tarifrecht für die Kommunal- und Staatsorchester standen traditionell im Rundfunktarifbereich die Tonträgerproduktion für Sendezwecke und die Aufführung mit Liveübertragung oder Aufzeichnung und zeitversetzter Sendung im Vordergrund. Diese besonderen Produktionsbedingungen beherrschen tarifhistorisch vor allem die Fragen der Arbeitszeit und der Rechteübertragung. In den letzten Jahren hat sich die Arbeit der Rundfunkorchester an die der öffentlichen Konzertorchester angenähert. Der Kultur- und Bildungsauftrag des öffentlich-rechtlichen Rundfunks prädestiniert diese für deutlich gestiegene Aktivitäten in der Musikvermittlung.

5.4 Schwerpunkte des „neuen" TVK vom 31. Oktober 2009

Es würde den Rahmen dieses Buches sprengen, den TVK in allen Einzelheiten darzustellen. Hierfür muss man den Tariftext und ggf. einschlägige juristische Kommentierungen und Handbücher zur Hilfe nehmen. Aus den für das Orchestermanagement wesentlichen Bereichen sind unter Verweis auf die jeweils einschlägigen Paragraphen des TVK im Einzelnen folgende Schwerpunkte darzustellen: Arbeitsvertrag, Arbeitsverhältnis, Auswahl und Erprobung, Arbeitspflicht, Mitwirkungspflicht, Medienrechte, Arbeitszeit, Vergütung, Kündigung und Kündigungsschutz, Orchestervorstand.

5.4.1 Arbeitsvertrag

Mit dem Musiker ist zwingend ein schriftlicher Arbeitsvertrag abzuschließen (vgl. § 3 TVK). Dabei ist das dem TVK beigefügte Arbeitsvertragsmuster zu verwenden. In der Praxis von Orchester- und Personalbüros werden hier immer wieder folgenschwere Fehler gemacht. Diese können arbeitgeberseitig später meist nur noch mit dem Mittel der juristisch schwierigen Änderungskündigung behoben werden, so dass hier größte Sorgfalt geboten ist.

Im Arbeitsvertrag ist der konkrete Name des Orchesters anzugeben, für das der Musiker angestellt wird (also nicht: „…für das Theater X", sondern: „ für die Staatskapelle X"). Sodann müssen das bzw. die konkreten Instrument/e (z. B. Geige, Flöte, Oboe) genau bezeichnet werden, die der Musiker im Orchester spielen soll. Auch etwaige „Nebeninstrumente" müssen im Arbeitsvertrag konkret bezeichnet sein. Als „Hauptinstrument" gilt demgegenüber bei mehreren Instrumenten des Musikers das Instrument, das „hauptsächlich oder überwiegend" gespielt wird. Zu beachten ist, dass die Nennung konkreter Instrumente im Arbeitsvertrag grundsätzlich zur Folge hat, dass der Arbeitgeber hierfür einen Aufwendungsersatz (Instrumentengeld) zu zahlen hat und in der Regel auch die Kosten für notwendige Instandsetzungsarbeiten am Instrument des Musikers tragen muss (§ 27 Abs. 2 TVK).

> **Praxisbeispiel (Gewöhnliches) Nebeninstrument**
>
> Ein Musiker ist arbeitsvertraglich zum Spielen des Instrumentes „Flöte" verpflichtet, ihm ist die Tätigkeit eines „Stellvertretenden Ersten (Solo-)Flötisten mit Verpflichtung zum Spielen der 2. und 3. Stimme" übertragen worden. Auf dem Programm steht die 9. Sinfonie von Antonin Dvorak („Aus der neuen Welt"), u. a. besetzt mit zwei Flöten. Neben dem bereits bezeichneten Musiker ist der Soloflötist zum Dienst eingeteilt worden. In der 2. Flötenstimme ist auch eine kurze Passage auf der Piccoloflöte enthalten. Das Problem: Da keiner der beiden Flötisten arbeitsvertraglich zum Spielen des (gewöhnlichen) Nebeninstrumentes Piccoloflöte verpflichtet ist, muss keiner diese Passage spielen.
>
> *Lösung 1:* Es wird der Zweite Flötist mit dem arbeitsvertraglich vereinbarten Nebeninstrument Piccoloflöte eingeteilt. *Lösung 2:* Im Arbeitsvertrag des o. g. Musikers hätte bereits bei Einstellung ergänzend formuliert werden müssen „… mit Verpflichtung zum Spielen der 2. und 3. Stimme sowie zum Spielen der Piccoloflöte, wenn sie in der Stimme notiert ist".

Außerdem ist dem Musiker eine bestimmte Tätigkeit zu übertragen. Diese Übertragung ist entscheidend für die Funktion (und den „Rang") des Musikers im Orchester sowie für seine spätere Einsetzbarkeit im laufenden Betrieb. Auch hier häufen sich in der Vertragspraxis die Fehler. Oft werden unrichtige oder unvollständige Bezeichnungen verwendet. Das hängt teilweise damit zusammen, dass sich bestimmte Bezeichnungen in den Orchestern eingebürgert haben bzw. in den Stellenplänen festgeschrieben wurden, die nicht deckungsgleich mit den im TVK beschriebenen Tätigkeiten sind. Denn jede über das Tutti hinausgehende Tätigkeitsübertragung oder Verpflichtung zum Spielen von Nebeninstrumenten (z. B. als Vorspieler der ersten Violinen, 2. Oboist mit Verpflichtung zum Englischhorn) hat zur Rechtsfolge, dass als zusätzliche Vergütung eine Tätigkeitszulage zu zahlen ist (§ 20 TVK). Allerdings führen Unterlassungen an dieser Stelle auch dazu, dass der einzelne Musiker womöglich nicht optimal im Orchester einsetzbar ist (vgl. Goertz 2004: 42).

Mit der arbeitsvertraglichen Übertragung von Tätigkeiten oder der Verpflichtung zum Spielen von Nebeninstrumenten ist nicht nur die finanzielle Folge einer monatlichen Tätigkeitszulage verbunden (§ 20 Abs. 2 TVK). Für den Musiker besteht danach auch die Pflicht, stets in dieser Tätigkeit oder mit dem Nebeninstrument einsatzbereit zu sein, wenn es vom Arbeitgeber verlangt wird. Der Arbeitgeber sichert durch seine Besetzungspolitik und Arbeitsvertragsgestaltungen eine möglichst umfassende Disponierbarkeit des Orchesters in allen Stimmen und eine Verfügbarkeit der Musiker für alle üblichen Partiturbesetzungen (Röper 2001: 404).

Das bedeutet zusammenfassend: Der Arbeitgeber bzw. das Orchestermanagement müssen eine Grundsatzentscheidung treffen und diese von Zeit zu Zeit bei Abschluss von Arbeitsverträgen immer wieder überprüfen: Alle in Musikerarbeitsverträgen ständig vereinbarten Tätigkeiten und Nebeninstrumentenaufgaben haben eine monatliche Vergütungskonsequenz und stellen einen dauerhaften Personalkostenfaktor dar, sichern andererseits aber eine optimale Verfügbarkeit des Musikers. Im Umkehrschluss muss abgewogen werden, welche Nebeninstrumente (meistens bei Holz- und Blechbläsern) nur so selten zum Einsatz kommen, dass eine ständige Spielverpflichtung entsprechender Vergütungskonsequenz nicht sinnvoll ist. Da es sich hierbei meist um ungewöhnliche Instrumente handelt, muss deren Spielen dann nur im Einzelfall (je Einsatz oder pauschal) für eine gesamte Produktionsdauer vergütet werden. Hierin kann eine Kostenersparnis liegen, die hinter dem Argument ständiger, aber eben nicht immer erforderlicher Verfügbarkeit, zurücktritt.

Wenn in einem Orchester z. B. auf längere Sicht verstärkt Barockmusik gespielt oder Barockopern begleitet werden sollen, ist es sinnvoll, die hierfür benötigten besonderen Nebeninstrumente (Block- oder Traversflöten, Gamben etc.) in der Orchesterdisposition verfügbar zu haben und dementsprechend in einzelne Arbeitsverträge dauerhaft aufzunehmen (z. B. beim Händelfestspielorchester Halle als Teil der Staatskapelle Halle). Ist hingegen nur eine einzige derartige Produktion geplant, empfiehlt es sich, vorübergehend geeignete Musiker des eigenen Orchesters (nach § 6 Abs. 2 Buchst. d) TVK) und ggf. externe, mit barocker Spielpraxis vertraute Spezialisten zu verpflichten.

Für den Musiker, letztlich aber auch für den Arbeitgeber, kann allerdings bei extrem exponierten (Neben-)Instrumenten (z. B. hohe Trompete) irgendwann ein Problem entstehen, wenn – häufig altersbedingt – das persönliche Leistungsvermögen des Musikers signifikant absinkt. Um hier nicht ein für alle Beteiligten belastendes Abmahnungs- und ggf. verhaltensbedingtes Kündigungsverfahren durchführen zu müssen, sieht der TVK eine jederzeitige Widerrufsmöglichkeit für den Arbeitgeber vor. Diese Widerrufsmöglichkeit bezieht sich sowohl auf eine übertragene Tätigkeit als auch auf das Spielen eines Nebeninstrumentes.

Der Widerruf ist „unwirksam, wenn er aus Gründen erfolgt, die nicht in der Leistungsfähigkeit oder der sonstigen Eignung des Musikers liegen" (§ 20 Abs. 1 TVK). Ein Widerruf aus anderen, z. B. betriebsbedingten oder organisatorischen Gründen ist unzulässig. So gesehen ist jeder Musiker, auch der Konzertmeister, zunächst einmal ein sog. Tuttist, der das Instrument Violine spielt, dem aber darüber hinaus eine bestimmte Tätigkeit (hier die eines Ersten Konzertmeisters) übertragen wird. Das Bundesarbeitsgericht sieht hierin eine zulässige tarifliche Erweiterung des arbeitgeberseitigen Direktionsrechts.

Das vorgeschriebene Arbeitsvertragsmuster (Anlage zum TVK, vgl. § 3 Abs. 1 Satz 1 TVK) ist mit fünf Paragrafen auf zwei Druckseiten sehr kurz gehalten, da sich alle Details der Arbeitszeit, Vergütung usw. aus dem Tarifvertrag ergeben. Insofern enthält das Arbeitsvertragsmuster (§ 4) eine volldynamische und umfassende Verweisung auf den TVK in der jeweils geltenden Fassung und die ihn ergänzenden, ersetzenden oder an seine Stelle tretenden Tarifverträge. Hierdurch ist sichergestellt, dass der TVK nicht nur auf die Mitglieder der vertragsschließenden Gewerkschaft, sondern grundsätzlich auf alle Mitglieder des Orchesters unabhängig von einer etwaigen Gewerkschaftsmitgliedschaft gleichermaßen Anwendung findet (Risch/Kerst 2009: 81). Dies gilt jedenfalls so lange, wie die Tarifverträge nicht gekündigt werden.

▶ **Praxistipp: Stellenplan und Arbeitsverträge abgleichen**

Wer neu in einem Orchesterbüro anfängt, tut gut daran, einmal den kompletten Stellenplan des Orchesters mit den von seinen Vorgängern bzw. der Personalabteilung abgeschlossenen Arbeitsverträgen aus den Personalakten zu vergleichen und sich einen Überblick über die tatsächliche Lage zu verschaffen.

Gravierende Abweichungen und entsprechende Überraschungen sind dabei nicht ausgeschlossen.

5.4.2 Arbeitsverhältnis

Das unbefristete Arbeitsverhältnis stellt im Orchester den Regelfall, das befristete die Ausnahme dar. Die Anwendung des Teilzeit- und Befristungsgesetzes ist bezogen auf die Befristungsmöglichkeit ohne sachlichen Grund durch den TVK ausgeschlossen; dies hat die Rechtsprechung des BAG bereits zum Vorläufergesetz (Beschäftigungsförderungsgesetz) entschieden. Stattdessen regelt der TVK selbst einzelne „sachliche oder in der Person des Musikers liegende" Befristungsgründe (§ 3 Abs. 1 Unterabs. 2 TVK). Auch für Teilzeitarbeitsverhältnisse sind besondere Bedingungen vorgesehen (Protokollnotiz zu § 3 Abs. 3 TVK); so dürfen grundsätzlich nur halbe Stellen (50 Prozent der üblichen Arbeitszeit) vereinbart werden. Teilzeitarbeit bei Tuba und Harfe ist ausgeschlossen. Maximal dürfen bis zu 20 Prozent der Planstellen eines Orchesters mit Teilzeitkräften besetzt werden. Auch innerhalb der Instrumentengruppen bestehen Limitierungen, je nach der Anzahl der Planstellen einer Stimmgruppe. In der Praxis werden mit Zustimmung der Tarifvertragsparteien vereinzelt befristet auch andere Teilzeitstellenkontingente zugelassen, z. B. 75 oder 66 Prozent-Stellen. Hintergrund sind häufig Teilzeitabsprachen nach einer Elternzeit oder zum Ausgleich anteiliger Betriebs- oder Personalratsfreistellungen (Mertens 2018a: 9).

Bei den zulässigen sachlichen Befristungsgründen gelten zunächst einmal alle die Begründungen, die die Rechtsprechung der Arbeitsgerichte in den vergangenen Jahrzehnten hierzu entwickelt hat. Die häufigsten Fälle in der Orchesterpraxis sind die Erprobung (s. u. Kap. 5.4.3), die Vakanzvertretung (die Planstelle ist vorübergehend nicht besetzt, soll aber wiederbesetzt werden, das Auswahlverfahren läuft), die Krankheitsvertretung (der Stelleninhaber ist für längere Zeit erkrankt, ein Aushilfsmusiker übernimmt für die Zeit der voraussichtlichen Erkrankungsdauer die Tätigkeit) und die Mutterschutz- und/oder Elternzeitvertretung. Weitere sachliche Befristungsgründe können sein: Vertretung bei (längerem) Sonderurlaub des Stelleninhabers, bei befristeter Rente, gelegentlich auch das „Freihalten" der Stelle eines Musikers, der das Orchester gewechselt hat, bis die Probezeit in dem neuen Orchester bestanden ist.

Der Abschluss von Zeitverträgen für die Dauer von mehr als drei Jahren ist unzulässig (§ 3 Abs. 1 Unterabs. 3 TVK). Das bedeutet, der einzelne befristete Arbeitsvertrag darf die Dauer von drei Jahren nicht überschreiten. Schließt derselbe (Aushilfs-)Musiker mit demselben Arbeitgeber lückenlos einen neuen befristeten

Vertrag für drei Jahre ab (insgesamt also sechs), ist dies unproblematisch, wenn für den Abschluss ein neuer sachlicher Befristungsgrund vorliegt (z. B. eine weitere Elternzeitvertretung in einer anderen Stimmgruppe). Entgegen einer weitverbreiteten Fehlinformation in den Orchestern ist die Unwirksamkeit einer Befristung nicht bereits bei einer Verkettung mehrerer Arbeitsverträge gegeben (sog. „Kettenarbeitsverhältnis"), vielmehr kommt es bei mehreren aneinander anschließenden Arbeitsverhältnissen darauf an, dass auf jeden Fall für das letzte Arbeitsverhältnis ein wirksamer sachlicher Befristungsgrund gegeben ist.

In den TVK wurden 2009 zwei weitere sachliche Befristungsgründe aufgenommen: Als sachlicher Befristungsgrund gilt auch, wenn der Musiker in den letzten zwölf Monaten vor Abschluss des Arbeitsvertrages ununterbrochen arbeitslos gemeldet war oder wenn die Ausbildung des Musikers noch nicht länger als 18 Monate abgeschlossen ist (§ 3 Abs. 1 Unterabs. 2 TVK).

5.4.3 Auswahl und Erprobung

Die Stellenausschreibungen der deutschen Berufsorchester erfolgen in der Regel in der Fachzeitschrift „das Orchester", ergänzend auch auf einschlägigen Internetplattformen und über die Webseiten der Orchester (Brezinka 2005: 28). Meist trifft der Orchestervorstand aus den eingehenden Bewerbungen die Vorauswahl für die Einladungen zum Probespiel durch den Arbeitgeber.

Im Bereich der Berufsorchester besteht für die Auswahl und Einstellung neuer Orchestermitglieder eine von allen anderen Arbeitsbereichen abweichende, einzigartige Situation (Brezinka 2005: 26). Die stimmberechtigten Mitglieder eines Orchesters entscheiden mehrheitlich darüber, welches neue Mitglied nach einem Probespiel bzw. einer Erprobung im Orchester vom Orchestervorstand dem Arbeitgeber zur Einstellung vorgeschlagen werden soll (§ 57 Abs. 1 Unterabs. 2 TVK). In mehr als 99 Prozent der Fälle folgt der Arbeitgeber dem Orchestervotum. Die eigentliche Probespieldurchführung obliegt dem vom Orchester turnusmäßig gewählten Orchestervorstand. Die Probespielregularien sind in der Regel in einer eigenen, vom Orchester beschlossenen *Probespielordnung* festgeschrieben. Neben dem Gewinn eines Probespiels vor dem Orchester (tariflich nicht im Detail geregelt) kommt der Erprobung des neuen Orchestermitglieds eine wichtige Bedeutung zu. Da Orchestermusiker jenseits einer ungeschriebenen, aber allgemein üblichen Altersgrenze von 35 Jahren nicht mehr zu Probespielen eingeladen werden, müssen sie ihre endgültige Orchesterposition vor Erreichen dieses Lebensalters gefunden haben (Brezinka 2005: 33). Im Ergebnis der Erprobung eines neuen Orchestermitglieds entscheidet das Orchester also über 30 oder mehr Berufsjahre eines Kollegen.

Anders als in der sonstigen Arbeitswelt üblich, finden Vorstellungs- oder Auswahlgespräche, die auch die soziale und menschliche Kompetenz eines potenziellen neuen Orchestermitglieds erfassen könnten, grundsätzlich nicht statt. Entscheidend sind zunächst allein die künstlerische Qualifikation und der Gewinn des Probespiels. Alle anderen Dinge müssen dann während der anschließenden Erprobung beurteilt werden. Frei nach Winston Churchill könnte man also sagen: „Das Probespiel ist die schlechteste Form der Mitarbeitergewinnung, es gibt aber keine bessere."

Bei der Erprobung sieht der TVK zwei gleichwertige Möglichkeiten vor (Heinemann 1994: 319): Entweder wird mit dem neuen Musiker im schriftlichen Arbeitsvertrag ein *unbefristetes Arbeitsverhältnis mit Probezeit* oder ein *befristetes Probearbeitsverhältnis* vereinbart (§ 3 Abs. 2 TVK). Auch die Erprobung gilt insoweit als anerkannter sachlicher Befristungsgrund. Im „neuen" TVK sind die Zeiten der Erprobung ggü. früher (maximal bis zu 17 Monate) verlängert. Das befristete Probearbeitsverhältnis kann jetzt bis zu einer Dauer von 18 Monaten abgeschlossen werden. Bei einem unbefristeten Arbeitsverhältnis gilt die Zeit vom Beginn der Beschäftigung bis zum Ende des 24. Monats als Probezeit. Arbeitsvertraglich können jeweils kürzere Fristen vereinbart werden. Das ist auch grundsätzlich empfehlenswert (vgl. Praxistipp).

Immer mehr Orchester sind in den vergangenen Jahren dazu übergegangen, anstelle unbefristeter Arbeitsverhältnisse mit Probezeit nur noch befristete Probearbeitsverhältnisse einzugehen. Das ist juristisch und tarifvertraglich legitim. Wenn allerdings ein Orchestermusiker aus einem ungekündigten Arbeitsverhältnis nach gewonnenem Probespiel zu einem anderen Orchester wechseln will, wird er sich in der Regel nicht auf ein bloßes befristetes Probearbeitsverhältnis einlassen, sondern auf ein unbefristetes Arbeitsverhältnis mit Probezeit bestehen oder andernfalls vom beabsichtigten Orchesterwechsel ggf. Abstand nehmen.

▶ **Praxistipp: Angemessenheit der Probezeit**

Das Arbeitsrecht geht in § 622 Abs. 3 BGB für den Normalfall einer Probezeit von maximal sechs Monaten aus. Das BAG hielt in der Vergangenheit unter Hinweis auf die tarifliche Üblichkeit für „normale" Orchestermusiker eine Erprobungszeit von ca. zwölf Monaten für zulässig, die Instanzgerichte sahen bei Konzertmeistern und Solisten maximal 18 Monate als noch vertretbar an. Einzelne Tarifverträge, wie die der Berliner Philharmoniker oder des NDR-Sinfonieorchesters, sahen in der Vergangenheit – wie der „neue" TVK – Erprobungszeiten von bis zu 24 Monaten vor, ohne dass allerdings jemals hierüber eine gerichtliche Auseinandersetzung wegen einer unangemessen langen Probezeit bekannt geworden ist. Das Orchestermanagement bzw. Personalbüro sollten

5.4 Schwerpunkte des „neuen" TVK vom 31. Oktober 2009

im Zweifel auf „Nummer sicher" und über die bislang von der Rechtsprechung als gerade noch vertretbar angesehenen zeitlichen Grenzen der Erprobung im Orchesterbereich nicht hinaus gehen.

Um die Frage des Erfordernisses einer Abmahnung in der Probezeit ranken sich in der Orchesterpraxis ebenfalls viele Gerüchte und Halbwahrheiten. Bei einem befristeten Probearbeitsverhältnis endet das Arbeitsverhältnis zum Ende der Befristungszeit, ohne dass es einer Kündigung oder Abmahnung bedarf. Hat der Musiker die Erprobung bestanden, vereinbart man mit ihm in der Regel einen unbefristeten Anschlussarbeitsvertrag.

Bei einem unbefristeten Arbeitsverhältnis mit Probezeit gibt es folgende zeitliche und inhaltliche Optionen: Stellt das Orchester bereits in den ersten sechs Monaten des Arbeitsverhältnisses fest, dass der zu erprobende Musiker die Anforderungen nicht erfüllt, empfiehlt es sich, durch den Arbeitgeber bereits vor Ablauf von sechs Monaten eine Kündigung unter Beteiligung des Betriebs- bzw. Personalrates auszusprechen. Denn innerhalb der ersten sechs Monate eines Arbeitsverhältnisses gilt der Grundsatz der Kündigungsfreiheit, erst nach Ablauf von sechs Monaten greift das Kündigungsschutzgesetz. Sobald das Kündigungsschutzgesetz Anwendung findet (aber auch erst dann), bedarf eine verhaltensbedingte Kündigung einer rechtzeitigen Abmahnung, die aus Beweissicherungsgründen schriftlich erfolgen sollte.

Was bedeutet das nun konkret? Wenn die Erprobung „normal", also ohne besondere Vorkommnisse verläuft und eine Beendigung des unbefristeten Arbeitsverhältnisses durch Kündigung in der Probezeit nicht wahrscheinlich ist, bedarf es keiner Abmahnung. Treten nach Ablauf von sechs Monaten bei dem zu erprobenden Musiker Mängel zu Tage, die zu einer Kündigung in der Probezeit führen könnten, muss vom Arbeitgeber eine Abmahnung ausgesprochen werden. Die Abmahnung muss die beanstandeten (musikalisch-künstlerischen) Mängel so konkret wie möglich benennen, eine ausreichende Zeit zum Beheben dieser Mängel geben und die mögliche Beendigung des Arbeitsverhältnisses androhen. Nach einigen Landespersonalvertretungsgesetzen muss hierbei der Personalrat beteiligt werden. Stellt der Musiker die beanstandeten Mängel fristgemäß ab, hat sich die Sache erledigt. Gelingt es dem Musiker nicht, die Mängel abzustellen, folgt gewöhnlich die fristgemäße Kündigung innerhalb der Probezeit durch den Arbeitgeber, der zuvor den Orchestervorstand und den Betriebs- bzw. Personalrat ordnungsgemäß zu beteiligen hat.

Zu welchen Zeitpunkten das Orchester über das Bestehen oder Nichtbestehen der Probezeit bzw. das Erfordernis einer Abmahnung abzustimmen hat, lässt sich nicht schematisch festlegen. Dies ist überwiegend in den Probespielordnungen der Orchester geregelt und muss zeitlich vom Orchestervorstand in Abstimmung mit dem Orchestermanagement bzw. dem Personalbüro nach den vorstehenden Maßgaben für den jeweiligen Einzelfall gesteuert werden. Zu beachten ist in diesem Zusammenhang, dass das Arbeitsverhältnis während der Probezeit mit einer Frist von drei Monaten entweder zum Ende der Probezeit oder zum Ende „des für das Orchester üblichen Beschäftigungsjahrs" (entspricht in etwa dem Spielzeitende, in der Regel gilt hier der 31. Juli oder 31. August) gekündigt werden kann.

5.4.4 Arbeitspflicht

Die konkreten Arbeitspflichten des Musikers folgen zunächst aus dem (den) im Arbeitsvertrag genannten Instrument(en) und der ihm übertragenen Tätigkeit (vgl. § 6 Abs. 1 TVK, siehe bereits Ziff. 5.4.1). Der TVK enthält eine darüber hinausgehende Erweiterung bzw. Konkretisierung der Arbeitspflicht. Danach ist der Musiker „im Rahmen seines Leistungsvermögens" auch verpflichtet a) vorübergehend oder vertretungsweise eine andere (Musiker-)Tätigkeit auf seinen im Arbeitsvertrag genannten Instrumenten auszuüben, b) zu solistischen Leistungen, c) zur Kammermusik und d) zum Spielen eines ungewöhnlichen Instruments, auch wenn es nicht (!) im Arbeitsvertrag genannt ist (§ 6 Abs. 2 TVK). „Kammermusik" liegt nach einer Definition des Bundesarbeitsgerichts aus den 1950er Jahren bei bis zu 16 Spielern vor, die nicht chorisch besetzt sind, also einzelne Stimmen spielen. Ob ein Dirigent beteiligt ist, ist unerheblich. „Ungewöhnliche" Instrumente sind solche, die außerhalb der üblichen Instrumentendisposition eines Sinfonieorchesters liegen, wie sie sich z. B. aus § 17 TVK (Eingruppierung der Orchester) und § 20 TVK (Tätigkeitszulagen) ergibt.

Die 2. Protokollnotiz zu § 6 TVK Abs. 2 TVK enthält eine offene, lediglich beispielhafte Aufzählung ungewöhnlicher Instrumente (z. B. Alt-Flöte, Bach-Trompete, Bassetthorn usw.). Dass der Musiker über das erforderliche subjektive Leistungsvermögen verfügen sollte, um eine hochwertige künstlerische Leistung zu erbringen, versteht sich eigentlich von selbst; es muss im Zweifel durch den Arbeitgeber nachgewiesen werden.

5.4 Schwerpunkte des „neuen" TVK vom 31. Oktober 2009

> **Praxisbeispiel Ungewöhnliches Instrument**
>
> Ein städtisches Orchester spielt das Musical „Jesus Christ Superstar". Der Schlagzeuger des Orchesters soll das Drum Set (großes Rock-Schlagzeug) spielen, hat hierzu aber keine Verpflichtung im Arbeitsvertrag. Sein individuelles Leistungsvermögen ist gegeben, er hat diese Partie gerade als Aushilfe in einem benachbarten Orchester gespielt. Folge: Der Schlagzeuger muss diese Partie auch im eigenen Orchester spielen, hat aber Anspruch auf die besondere Vergütung, die in diesem Fall (große, abendfüllende Partie) mit einer Bruttotagesgage angemessen wäre.

In der Praxis ist zu beachten, dass die arbeitsvertraglich vereinbarte Tätigkeit nach § 6 Abs. 1 TVK mit der monatlichen Vergütung abgegolten ist (§ 20 TVK). Für die zusätzlichen, nur im Tarifvertrag festgelegten und nur bei einzelnen Musikern abgerufenen, besonderen Tätigkeiten nach § 6 Abs. 2 TVK ist eine Zulage (vgl. § 20 Abs. 6 TVK) bzw. eine „angemessene besondere" Vergütung zu zahlen (§ 21 TVK). Was „angemessen" ist, hängt von den Umständen des Einzelfalles ab.

Für das Spielen eines ungewöhnlichen Instrumentes nach § 6 Abs. 2 Buchst. d) TVK hat sich über die Jahrzehnte in der Rechtsprechung und in der Orchesterpraxis eine Faustformel herausgebildet, dass für eine anspruchsvolle und umfangreiche Partie bzw. Stimme je Einsatz maximal eine Bruttotagesgage zu zahlen ist (Berechnung: Monatsvergütung des Musikers geteilt durch 30 = Bruttotagesgage). Handelt sich innerhalb einer Aufführung nur um einen kurzen und künstlerisch nicht exponierten Einsatz mit einem ungewöhnlichen Instrument, ist die besondere Vergütung entsprechend geringer.

5.4.5 Mitwirkungspflicht

Im Gegensatz zur (individuellen) Arbeitspflicht regelt die (kollektive) Mitwirkungspflicht, an welchen dienstlichen Veranstaltungen der Musiker teilzunehmen hat. Allgemein gilt der Grundsatz, dass der Musiker zur Mitwirkung bei allen Veranstaltungen (Aufführungen und Proben) mit dem Orchester, für das er angestellt ist, verpflichtet ist. Die weiteren Einzelheiten der Mitwirkungspflicht sind detailliert in § 7 TVK umschrieben (z. B. auch Gastspiele, Konzertreisen, Bühnenmusik, Rundfunk- und Fernsehaufnahmen, Veranstaltungen an ungewöhnlichen Aufführungsstätten, Dirigentenausbildung an Musikhochschulen, Zusammenarbeit mit Jugendorchestern, musikpädagogische Projekte).

Im TVK von 2009 wurde eine nicht unerhebliche Erweiterung der Mitwirkungspflicht eingeführt (§ 7 Abs. 3 Buchst. a) und b) TVK). Abweichend von dem Grundsatz, dass der Musiker nur in dem Orchester mitwirken muss, für das er eingestellt ist, kann eine Mitwirkungspflicht von bis zu maximal 56 Diensten unter bestimmten Voraussetzungen auch in einem örtlich eng benachbarten Orchester bestehen, wenn dessen Sitz nicht weiter als 34 Bahnkilometer entfernt ist. Diese Kilometerangabe orientiert sich am Beispielsfall der Orchester in Köln und Bonn. Einzelheiten und weitere Voraussetzungen einer derartigen Kooperation mit einem Nachbarorchester sind in den Protokollnotizen 2 bis 4 zu § 7 Abs. 1 bis 3 TVK geregelt. Bislang wurde noch keine Orchesterkooperation nach dieser Klausel vereinbart.

Der TVK sieht zwar neben der Mitwirkungsverpflichtung von Musikern zu Rundfunk- und Fernsehaufnahmen auch eine weitere zu Ton-, Bild- und Bildtonträgerproduktionen vor (§ 7 Abs. 4 Buchst c) TVK). Insoweit erlaubt sind jedoch lediglich die Produktion von Werbe-CDs, die nicht für den Handel bestimmt sind oder von Tonträgern für den orchestereigenen Gebrauch (z. B. für Zuspielungen von Bühnenmusik oder für Ballettmusik im eigenen Haus).

Die kommerzielle Medienproduktion ist für TVK-Orchester im Dienst grundsätzlich nicht vorgesehen, da dem Arbeitgeber hierfür die erforderlichen Leistungsschutzrechte nicht übertragen sind. Dies folgt aus dem letzten Satz von § 8 Abs. 2 Unterabs. 1 TVK, wonach die sonstige Rechteeinräumung „nicht die darüber hinausgehenden Nutzungen dieser [Bild- und/oder Ton-] Träger gegen Entgelt" erfasst (Jacobshagen 2002: 389). Hat ein Orchester nicht durch einen Haustarifvertrag eine spezielle Medienregelung mit Erweiterung der Mitwirkungspflicht bzw. Rechteübertragung vorgenommen, laufen dennoch getätigte DVD-, CD- und Filmmusikproduktionen mit kommerziellen Abnehmern in einer gewissen Grauzone. Häufig wählt man in der Praxis dann den Weg, dass das Orchester die Produktion nicht „im Dienst", sondern als GbR (Gesellschaft bürgerlichen Rechts) der Orchestermitglieder außerhalb des Dienstes als „Mugge" (sog. musikalisches Gelegenheitsgeschäft) bzw. „Mucke" (Rotwelsch: mucken = als Bettelmusikant spielen) einspielt.

Der TVK regelt im Übrigen die Frage der Mitwirkung an Medienproduktionen, der Rechteübertragung und -abgeltung im Dienst nunmehr sehr übersichtlich in drei Stufen bzw. Paragrafen: § 7 Abs. 4 TVK – Mitwirkungspflicht an Aufnahmen und Mitschnitten, § 8 TVK Rechteübertragung, § 9 TVK Rechteabgeltung (Abb. 9).

Abb. 9
Nichtkommerzielle
Medienproduktion
im Dienst
(eigene Darstellung)

5.4.6 Arbeitszeit

Die Regelungen zur Arbeitszeit stellen neben Fragen der Vergütung die beiden Themen im Tarifgeschäft dar, wo es auf Arbeitgeber- und Arbeitnehmerseite in der Regel zu Grundsatzdiskussionen kommt und sehr gegensätzliche Positionen aufeinander treffen. Der größere Teil der Arbeitszeit wird durch die Musiker kollektiv, nämlich im Orchester absolviert, der kleinere Teil individuell. Die Arbeitszeit ist im Einzelnen in § 12 TVK und seinen Protokollnotizen geregelt.

5.4.6.1 Übersicht

Im Geltungsbereich des TVK ist zunächst festzuhalten, dass es – anders als in fast allen anderen Bereichen des Arbeitslebens – keine festgeschriebene Wochenarbeitszeit nach Stunden gibt (Heinemann 1994: 194). Die Arbeitszeit eines Musikers setzt sich aus drei Komponenten zusammen, einer kollektiven, einer individuellen und einer nicht erfassten (Abb. 10). Die kollektive Arbeitszeit ist tariflich nach „Diensten" bemessen, deren Länge und Intensität (z. B. mit zeitlich unbegrenzten Haupt- und Generalproben im Musiktheater) höchst unterschiedlich sein kann (a). Die individuelle Arbeitszeit umfasst alle sonstigen Tätigkeiten des Musikers, die mit seiner kollektiven Arbeitszeit im direkten, inhaltlichen Zusammenhang stehen, die aber tarifvertraglich nicht ausdrücklich gemessen wird (b). Man kann in diesem Zusammenhang auch von „Vertrauensarbeitszeit" sprechen. Und schließlich gibt es noch die nicht erfassten Tätigkeiten, die weder unter (a) noch (b) fallen, aber im mittelbaren Zusammenhang mit der Tätigkeit des Musikers stehen (c) und nicht zu seiner disponierbaren Freizeit gehören. Damit unterscheidet sich die Bewertung der Arbeitszeit von Musikern von der vieler anderer Berufe, bei denen z. B. auch Vorbereitungstätigkeiten, Umkleide- oder Bereitschaftszeiten zur regulär gewerteten Arbeitszeit gehören.

Arbeitszeit des Musikers

Kollektiv:	Individuell:	Nicht erfasst:
Dienstanrechnung für Aufführungen und Proben, Orchesterversammlungen, Probespiele, Reisen (über vier Stunden), Musikvermittlung	Persönliche Vorbereitung (Üben der Stimmen), Einrichten der Noten, Instrumentenvorbereitung und -pflege, u.U. Kammermusikproben etc.	Nacht-, Sonn- und Feiertagsarbeit, Ankleide- und Bereitschaftszeiten, Applauszeiten, Reisezeiten unter vier Stunden, Foto- und Filmaufnahmen, Personal-, Gruppen- und Dispositionsgespräche, Betriebsversammlungen

Abb. 10 Arbeitszeit des Musikers (eigene Darstellung)

a. *Kollektive Arbeitszeit:* „Dienst" ist zunächst nach der tariflichen Definition „die Mitwirkung des Musikers bei Aufführungen und Proben" (§ 12 Abs.1 TVK). Erweitert wird diese Definition durch eine tarifvertragliche Fiktion, in der bestimmte Tätigkeiten wie ein „Dienst" behandelt oder angerechnet werden. Dies gilt für die Teilnahme des Musikers an Orchesterversammlungen (maximal zwei pro Spielzeit), Probespielen, Reisen sowie musikpädagogischen Veranstaltungen des Orchesters. Einzelheiten hierzu sind den Protokollnotizen zu § 12 Abs. 1 bis 3 TVK geregelt. Teilweise gibt es auch kollektive Arbeitszeit, die jedoch ausdrücklich nicht als Dienst gewertet wird, so z. B. kurze Verständigungsproben unmittelbar vor Dienstbeginn von bis zu maximal 15 Minuten Dauer, sog. „reine Sitzproben" (das Orchester probiert auf einer fremden Bühne, ob der Sitzplatz für alle Musiker ausreicht), oder sog. „Anspielproben" (szenische und akustische Verständigungen) von bis maximal 30 Minuten Dauer, vgl. Protokollnotiz Nr. 1 zu § 12 Abs. 4 TVK. Auch Reisezeit unterhalb von vier Stunden wird in der Regel nicht als Arbeitszeit gewertet (4. Protokollnotiz zu § 12 Abs. 1 bis 3 TVK).

b. *Individuelle Arbeitszeit:* Die individuelle Arbeitszeit umfasst die persönliche Vorbereitung des Musikers auf seinem Instrument, das Vorbereiten und Üben seiner Stimmen, Eintragungen von Artikulationszeichen und Strichen in die Noten, Instrumentenwartung und -pflege. Dazu zählt auch die rechtzeitige Anwesenheit vor dem angesetzten Dienstbeginn (in der Regel spätestens zehn Minuten) und das individuelle Einspielen und Aufwärmen sowie das Stimmen des Instrumentes (vgl. Heinemann 1994: 158). Auch Proben von Kammermusikgruppen aus dem Orchester, die nicht ausdrücklich im Dienstplan aufgeführt werden, fallen hierunter.

c. *Weitere, nicht ausdrücklich erfasste Arbeitszeit:* Organisation der Diensteinteilung, Reisezeiten unter vier Stunden, Teilnahme an Personal-, Gruppen- und Dispositionsgesprächen, an Fotoaufnahmen für das Orchesterfoto zu PR- und Werbezwecken oder Filmaufnahmen für orchestereigene Werbetrailer, Transport von reparaturbedürftigen Instrumenten zum Instrumentenbauer, aber auch Applauszeiten vor, während und nach der Vorstellung.

Im Orchesterbüro und von den Musikern abgerechnet und tatsächlich gezählt wird nur die unter Buchst. a) aufgeführte und im TVK definierte Arbeitszeit, die sich nach „Diensten" bemisst.

5.4.6.2 Einzelheiten der Dienstzählung

Die Zählung der Dienste wird bezogen auf den einzelnen Musiker, nicht auf das gesamte Orchester vorgenommen (vgl. § 12 Abs. 1 TVK: „Dienst ist die Mitwirkung *des Musikers…*"). Die kollektive Dienstleitung durch eine Vielzahl von Musikern im Orchester (s. o. Fallgruppe a) in Aufführungen und Proben korrespondiert mit der individuellen Zählung der Dienste, an denen der Musiker konkret teilgenommen hat, weil er dazu eingeteilt war.

Der TVK definiert grundsätzlich nur die Dauer von Proben, nicht von Aufführungen. Deren Dauer kann sehr unterschiedlich sein: Knapp zwei Stunden für ein gewöhnliches Sinfoniekonzert zählen für den Musiker ebenso als ein „Dienst" wie eine Opernaufführung von drei Stunden Länge. Nur in drei Fällen wirkt sich ausnahmsweise auch die Länge einer Aufführung bzw. die Dauer einer Arbeitsleistung auf die Dienstzählung aus:

1. Überschreitet nämlich die „reine Spieldauer" einer Aufführung ausschließlich der Pausen und Unterbrechungen (gerechnet vom tatsächlichen Beginn bis zum tatsächlichen Ende) dreieinviertel Stunden, wird sie als zwei Dienste gerechnet (sog. „Doppeldienst", vgl. 1. Protokollnotiz zu § 12 Abs. 1 bis 3 TVK). Dies kann beispielsweise bei langen Opern von Verdi (Don Carlos), Wagner (Meistersinger), Strauss (Rosenkavalier) oder Mozart (Figaros Hochzeit) der Fall sein. Wichtig: es zählt die „reine Spieldauer". Dazu zählt auch die Zeit, wenn nur einzelne Instrumentengruppen spielen, wenn das ganze Orchester nicht spielt, das Bühnengeschehen jedoch nicht unterbrochen ist, sei es zum Beispiel durch unbegleitetes Singen, durch Rezitative, durch gesprochenen Dialog oder Monolog oder durch stummes Bühnengeschehen. Der Arbeitgeber und der Orchestervorstand stellen einvernehmlich „die reine Spieldauer einer Aufführung" als verbindlich für alle Aufführungen fest, wenn die Aufführung „eingespielt" ist

(so die „Redaktionellen Anmerkungen vom 31. Oktober 2009" zum TVK). Das dürfte in der Regel in der dritten Vorstellung nach der Premiere der Fall sein.
2. Eine weitere konkrete Stundenvorgabe gibt es für die Mitwirkung des Orchesters bei Kinder- und Jugendkonzerten bzw. im Kinder- und Jugendtheater: Identische Doppelvorstellungen (zwei unmittelbar hintereinander liegende Aufführungen desselben Werkes oder Konzertprogramms) werden nur als ein Dienst gerechnet, wenn die Dauer von Beginn der ersten bis zum Ende der zweiten Vorstellung insgesamt nicht mehr als drei Stunden beträgt (2. Protokollnotiz zu § 12 Abs. 1 bis 3 TVK). Beispiel: das erste Kinderkonzert beginnt um 10:00 Uhr, das zweite Kinderkonzert mit demselben Programm schließt sich nach einer kurzen Pause unmittelbar an und endet nicht später als 13:00 Uhr.
3. Bei musikpädagogischen Projekten und der Zusammenarbeit mit Jugendorchestern (§ 7 Abs. 5 Buchst. c) TVK) führen erst drei Stunden „tatsächlich geleistete Arbeitszeit" zur Anrechnung eines Dienstes (8. Protokollnotiz zu § 12 Abs. 1 bis 3 TVK) und zwar zu dem Zeitpunkt, an dem jeweils die dritte Stunde des Dienstes vollendet ist.

Von diesen drei Ausnahmen im Bereich der Aufführungen abgesehen sind ansonsten die Dienstlängen wie folgt geregelt: Orchesterprobe ohne Bühnengeschehen (Konzertprobe oder Orchesteralleinprobe – OA) für ein Bühnenwerk bis zu zweieinhalb Stunden, Orchesterprobe mit Bühnengeschehen (BO – Bühnen-Orchesterprobe) bis zu drei Stunden (§ 12 Abs. 4 TVK) (Jacobshagen 2002: 91/277). Für die Haupt- und die Generalprobe vor einem Konzert sowie für die Aufnahmesitzungen von Bild-, Ton- oder Bildtonträgern sind ebenfalls bis zu drei Stunden Dauer vorgesehen (vgl. 3. Protokollnotiz zu § 12 Abs. 1 bis 3 TVK).

Bei der Neuinszenierung eines Bühnenwerkes im Musiktheater gilt folgendes: Die letzten drei Proben, darunter auch die Hauptprobe (HP) als vorletzte und die Generalprobe (GP) als letzte Probe vor der Premiere sind in ihrer Dauer nicht begrenzt, können also auch sieben oder acht Stunden betragen – dies sind bedeutende Ausnahmen vom Grundsatz der ansonsten zeitlich festgeschriebenen Probenlängen. Die vierte Probe vor der Premiere kann bis zu vier Stunden betragen (§ 12 Abs. 4 TVK). Schließlich kann auch noch die letzte Probe vor einer Wiederaufnahme (WA) eines länger nicht gespielten Stückes aus dem Repertoire des jeweiligen Musiktheaters als zeitlich unbegrenzte Probe durchgeführt werden.

Obwohl Haupt- und Generalproben von Bühnenwerken extrem lang sein können, gelten sie bislang nur als ein Dienst. Bei der dienstlichen Anrechnung bzw. Bewertung der beiden weiteren verlängerten Proben vor der Haupt- und Generalprobe und der unbegrenzten Wiederaufnahmeprobe hat der Arbeitgeber ein Optionsrecht: Übt er es nicht aus, zählen diese langen Proben für den Musiker automatisch als Doppeldienst.

Übt der Arbeitgeber das Optionsrecht aus, muss er sich hierüber zum Ende einer Spielzeit mit dem Orchestervorstand für die folgende Spielzeit darüber verständigen. In diesem Fall entfällt die Doppeldienstzählung für die langen Proben; der Arbeitgeber muss dem gesamten Orchester, im Einvernehmen mit dem Orchestervorstand auch nur dem einzelnen Musiker, als Kompensation fünf zusammenhängende freie Tage gewähren. Deren genaue Lage ist dem Orchestervorstand spätestens 16 Wochen vorher mitzuteilen (3. Protokollnotiz zu § 12 Abs. 4 TVK).

Das Orchestermanagement ist nicht gehindert, auch ansonsten längere Proben als die vorstehend beschriebenen anzusetzen, muss aber hierfür jedem eingeteilten Musiker zwei Dienste anrechnen, auch wenn die verlängerte Probenzeit dann tatsächlich nicht voll ausgeschöpft wird. Der TVK besagt, dass eine Probe „im Allgemeinen" eine bestimmte Dauer nicht überschreiten „soll". Dies bedeutet, dass geringfügige Überschreitungen der jeweiligen Stundengrenzen nur ausnahmsweise möglich sein können, z. B. um den Satz einer Sinfonie oder die Szene einer Oper noch bis zum Ende oder nächsten Abschnitt proben zu können. Die zeitliche Grenze derartiger Ausnahmen dürfte bei maximal 15 Minuten liegen.

Wird die stundenmäßig vorgesehene Probenzeit jedoch massiv überschritten, ist den teilnehmenden Musikern hierfür ebenfalls ein zweiter Dienst anzurechnen. Da dies aber auch finanzielle Konsequenzen haben kann (s. u. Kap. 5.4.6.3), sollten die künstlerische Leitung und das Orchestermanagement immer darauf bedacht sein, die üblichen Probenzeiten einzuhalten. Diese verstehen sich im Übrigen als Bruttozeiten. Das bedeutet konkret: Wenn eine Bühnen-Orchesterprobe von 10.00 bis 13.00 Uhr angesetzt ist, muss der Musiker spätestens zehn Minuten vor Beginn des Dienstes am Ort der Probe eintreffen, um fünf Minuten vor Dienstbeginn „seinen Platz im Orchester einzunehmen" (§ 12 Abs. 6 TVK). Die folgende dreistündige Probenzeit wird in der Regel durch eine angemessene Arbeitsunterbrechung in zwei Hälften geteilt, ohne dass sich hierdurch die tariflich ausdrücklich festgelegte Arbeitszeit verlängert.

5.4.6.3 Dienstbegrenzungen

Um eine „übermäßige Belastung" des Musikers zu verhindern (so schon der Wortlaut in der TO.K und im ersten TVK von 1971), ist die Anzahl der Dienste begrenzt, zu denen der Musiker herangezogen werden kann. Hierbei sind stets zwei Parameter zu berücksichtigen: der Ausgleichszeitraum (1) und die Kalenderwoche (2).

(1) *Ausgleichszeitraum:* Während die alten Arbeitszeitregelungen der §§ 15 und 15a des TVK von 1971 – die optional von Arbeitgebern auch weiterhin noch angewendet werden können – starre Ausgleichszeiträume zwischen acht Wochen (Opernorchester) bis zu 16 Wochen (Konzertorchester) vorsehen, ist im aktuellen

TVK geregelt, dass der Musiker in 24 Wochen 183 Dienste zu leisten hat (§ 12 Abs. 2 TVK). Zieht man von den 52 Wochen eines Kalenderjahres sechseinhalb Wochen regulären Erholungsurlaub (45 Kalendertage nach § 37 Abs. 3 TVK) ab, verbleiben 45,5 Wochen. Die Spielzeit gliedert sich also in der Regel in zwei ungleiche Ausgleichszeiträume auf, einen mit 24 Wochen und einen weiteren mit ca. 21,5 Wochen bzw. 183 plus ca. 164 Dienste. Die genaue Länge des zweiten Ausgleichszeitraums hängt von der konkreten Gesamtdauer der Spielzeit bzw. Konzertsaison ab, die meist auch regional mit den jeweiligen Sommerschulferien korrespondiert. Der erste Ausgleichszeitraum beginnt am ersten Montag nach dem Ende der Theater- bzw. Konzertferien, der zweite endet am letzten Sonntag vor den nächsten Theater- bzw. Konzertferien. Für die jeweils davor und danach liegenden Tage sind die Dienste anteilig zu berechnen.

Aus dem ersten Ausgleichszeitraum können in den zweiten bis zu neun Dienste übertragen werden (auch umgekehrt, § 12 Abs. 2 Unterabs. 2 TVK). Im obigen Beispiel könnte der Musiker also auch zu 192 Diensten im ersten und 155 im zweiten oder 174 im ersten und 173 im zweiten herangezogen werden. Diese große Flexibilität innerhalb einer Spielzeit ermöglicht es dem Orchestermanagement, die Jahresplanung für das Orchester an die Schwerpunktsetzung des Spiel- und Konzertplanes anzupassen bzw. entsprechende Schwerpunkte zu setzen. Der Spielzeitabschnitt mit den größeren Dienstballungen wird dabei mit einer höheren Dienstbelastung von bis zu 192 Diensten pro Musiker im Ausgleichszeitraum untersetzt. Entsprechend wird die Dienstbelastung bei geringerem Bedarf im anderen Spielzeitabschnitt reduziert.

(2) *Kalenderwoche:* Der zweite wichtige Parameter für die dienstliche Belastung ist die Kalenderwoche (Montag bis Sonntag). Der Musiker darf in einer Kalenderwoche zu maximal zehn Diensten herangezogen werden (§ 12 Abs. 3 TVK). Es handelt sich hierbei um eine absolute Höchstbelastungsgrenze, deren Überschreitung den Musiker zur Verweigerung der Arbeitsleistung berechtigt. Das Erreichen bzw. Vermeiden genau dieses Punktes stellt mit die größte Herausforderung und damit auch ein ständiges Konfrontationspotenzial im Tagesgeschäft eines Orchesterbüros dar. Nach einer Woche mit maximal zehn Diensten darf eine Woche mit neun Diensten folgen. Folgt danach wieder eine Woche mit zehn Diensten, darf die darauf folgende acht Dienste für den einzelnen Musiker nicht übersteigen. Das maximale individuelle Dienstschema des Musikers lautet also in vier aufeinander folgenden Wochen: 10-9-10-8.

Unbedingt zu beachten ist, dass bei dieser wöchentlichen Zählung nach dem „neuen" TVK allein reine „Spieldienste", also die Mitwirkung in Aufführungen, Proben und Medienproduktionen gezählt werden. Reisen, Orchesterversammlungen, Probespiele und musikpädagogische Projekte, die innerhalb einer Kalenderwoche anfallen, werden nicht in dieser Kalenderwoche gezählt, sondern in dem jeweiligen Ausgleichszeitraum, in dem sie liegen (Protokollnotizen 4 bis 6 und 8, jeweils letzter Satz zu § 12 Abs. 1 bis 3 TVK).

Das Orchesterbüro muss also auf zwei Ebenen die Dienstbelastung der Musiker planen und hochrechnen, in der Kalenderwoche und im Ausgleichszeitraum. Ansonsten kann es zum Ende eines Ausgleichszeitraums dazu kommen, dass einzelne Musiker wegen des Erreichens der absoluten Obergrenze der möglichen Dienste zum Ende des Ausgleichszeitraums nicht mehr einsetzbar sind. Die Verlagerung der Zählung bestimmter Dienstarten aus der Kalenderwoche in den Ausgleichszeitraum folgt insoweit dem Motto „Aufgeschoben ist nicht aufgehoben".

Erklärt sich der Musiker bei Erreichen der absoluten Höchstbelastungsgrenzen in der Woche oder im Ausgleichszeitraum ausnahmsweise bereit, auch noch weiter zur Mitwirkung zur Verfügung zu stehen, hat er Anspruch auf eine Mehrarbeitsvergütung. Dies hat das Bundesarbeitsgericht in der Vergangenheit bereits auf der Grundlage des alten TVK wiederholt entschieden. Herrscht im Orchester ein gutes Klima zwischen Musiker und Management, findet man immer geeignete Wege, dienstliche Engpässe flexibel zu meistern (Goertz 2004: 41, Scherz-Schade 2009b: 19).

Bei der wöchentlichen Diensteinteilung des Musikers ist ergänzend die regelmäßige Gewährung freier Tage zu berücksichtigen. Für Musiker gilt, anders als im öffentlichen Dienst und in vielen anderen Arbeitsbereichen, eine Sechs-Tage-Woche. Der Musiker hat lediglich Anspruch auf einen dienstfreien Tag wöchentlich (nicht in der Woche), vgl. § 14 Abs. 1 TVK. Zwischen zwei dienstfreien Tagen dürfen nicht mehr als zehn Tage und in vier Wochen müssen grundsätzlich vier dienstfreie Tage liegen (§ 14 Abs. 2 TVK).

5.4.7 Vergütung, Tätigkeitzulagen, sonstige Entgelte und Aufwendungsersatz

Bei den finanziellen Leistungen des Arbeitgebers an den Musiker sind verschiedene Arten zu unterscheiden: regelmäßig (monatlich oder jährlich) wiederkehrende und unregelmäßig einzelfallbezogene Leistungen. Zur ersten Fallgruppe gehören vor allem die laufende monatliche Vergütung, das 13. Monatsgehalt (derzeit 72 Prozent einer Bruttomonatsvergütung), der Aufwendungsersatz (Instrumentengeld, Rohr-, Blatt-, Saitengeld, Kleidergeld) und die vermögenswirksamen Leistungen. Zur zweiten Fallgruppe gehören u. a. besondere angemessene Vergütungen (Kammermusik, ungewöhnliches Nebeninstrument etc.), die Entgeltfortzahlung im Krankheitsfall, Übernahme notwendiger Instrumentenreparaturkosten.

5.4.7.1 Vergütungsbestandteile und Vergütungsgruppen

Die monatliche Vergütung des Musikers besteht aus der Grundvergütung und, soweit arbeitsvertraglich eine höherwertige Tätigkeit übertragen wurde, der Tätigkeitszulage (§ 16 TVK). Die jeweilige Grundvergütung richtet sich u. a. danach, in welche der Vergütungsgruppen des TVK ein Orchester eingeordnet ist (§ 17 TVK). Der TVK fixiert insoweit auch bestimmte Mindestvorgaben standardisierter Orchester- und Stimmgruppenbesetzungen (vgl. Protokollnotiz zu § 17 Abs. 2 und 7 TVK).

Die Opernorchester werden nach ihrer Besetzung und Planstellenzahl („Kopfstärke") in die Vergütungsgruppen A bis D eingeordnet. Opernorchester, die nicht über mindestens 56 Planstellen verfügen, gehören der niedrigsten Vergütungsgruppe D an. Zwischen 56 bis 65 Planstellen gilt die Vergütungsgruppe C, ab 66 die Vergütungsgruppe B, ab 78 die Vergütungsgruppe B/F (F steht für „Fußnote", da die gezahlte Vergütungszulage in einer Fußnote der Vergütungstabelle geregelt ist). Ab 99 Planstellen erfolgt die Einstufung in die Vergütungsgruppe A. Zwischen 99 und 129 Planstellen kann wiederum eine der Höhe nach variable „Fußnotenzulage" gezahlt werden (Vergütungsgruppe A/F2), ab 130 Planstellen ist zwingend zur Grundvergütung und prozentual auf die Tätigkeitszulage eine Fußnotenzulage (Vergütungsgruppe A/F1) zu zahlen. Dies ist die oberste normale tarifliche Vergütungsgruppe. Insgesamt gibt es also sieben tarifliche Vergütungsgruppen, 1979 waren es noch neun (Dünnwald 1982: 317).

Entscheidend für die Eingruppierung ist nicht die Zahl der tatsächlich besetzten, sondern der im Haushalts- und Stellenplan ausgewiesenen Planstellen. Daher gibt es einige Orchester, die z. B. erheblich weniger als 99 Musiker beschäftigen, dennoch aber in die Vergütungsgruppe A eingestuft sind. Teilweise wurde die Einstufung in eine höhere Vergütungsgruppe einseitig vom Rechtsträger, z. B. durch Beschluss des Stadtrats oder Landtages oder durch Verwaltungsakt, vorgenommen. Teilweise wurde die tarifvertraglich jeweils erforderliche Planstellenzahl zwar formell im Stellenplan ausgewiesen, einige Stellen aber mit einem Sperrvermerk versehen und nicht besetzt.

Die Eingruppierung der Opernorchester nach bloßer Kopfstärke und nicht nach künstlerischer Leistungsfähigkeit bzw. Qualität wurde bereits 1971 in den TVK eingeführt. Sie ist seit dieser Zeit nicht unumstritten. Das argumentative Gegenbeispiel bilden fünf der westdeutschen Kammerorchester, die – obwohl nur 16 bis 24 Musiker stark – grundsätzlich eine Vergütung nach Vergütungsgruppe A, jedenfalls aber über TVK D zahlen. Gerade die kleinen Kammerorchester (mit reiner Streicherbesetzung) sind auf hervorragende Spitzenmusiker angewiesen. Sie arbeiten – anders als größere Opern- oder Konzertorchester – immer in kompletter Stamm- und Spielbesetzung. Jeder Musiker spielt jeden „Dienst"; er kann sich nicht innerhalb des Orchesters abwechseln. Diese besondere Belastung nimmt nur auf sich, wer dafür auch eine angemessene monatliche Vergütung erhält.

In Zahlen verbergen sich für einen Tuttimusiker (z. B. erste Violine tutti) hinter der Vergütungsgruppe D ein Monatsbruttogehalt ab ca. 2.700 Euro (Eingangsgrundvergütung für einen Anfänger) in der Vergütungsgruppe D bis zu ca. 4.800 Euro (Endgrundvergütung nach elf Dienstjahren) in der Vergütungsgruppe A/F1 (Stand Februar 2018). Wird dem Musiker bei Einstellung oder während des bestehenden Arbeitsverhältnisses im gegenseitigen Einvernehmen eine bestimmte (höherwertige) Tätigkeit (Solobläser, Stimmführer und andere wichtige Funktionsträger) oder das Spielen eines oder mehrerer Nebeninstrumente übertragen, erhält er hierfür eine monatliche Tätigkeitzulage (§ 20 Abs. 1 TVK), wobei im Tarifvertrag drei Stufen vorgesehen sind (vgl. § 20 Abs. 3 bis 5 TVK).

Der Musiker hat Anspruch auf ein anteiliges 13. Monatsgehalt (sog. Zuwendung) und vermögenswirksame Leistungen, deren Höhe und Auszahlungsmodalitäten im Einzelnen in §§ 23 bis 26 TVK geregelt sind. Gegenwärtig beträgt die reguläre Zuwendung 72 Prozent eines Brutto-Monatsgehalts; das entspricht 5,66 Prozent der Jahresvergütung.

5.4.7.2 Sonderverträge

Konzertmeister, Solocellisten, Solobratscher, Stimmführer der 2. Violinen und teilweise in großen Orchestern auch sonstige herausragende Solisten, die die Erscheinung des Orchesters und seine Qualität besonders prägen, vereinbaren ihre konkrete, übertarifliche Vergütung und ggf. eine Reduzierung der Arbeitszeit („Diensterleichterung") meist in sog. „Sonderverträgen" (§ 2 Abs. 2 TVK). Deren konkrete Konditionen hängen wiederum von der Größe und Bedeutung des Orchesters sowie dem finanziellen Verhandlungsspielraum des Orchesterträgers ab. Zu beachten ist, dass in Sonderverträgen nur von „einzelnen" Vorschriften des TVK, also nicht von allen, abgewichen werden darf.

5.4.7.3 Vergütungsordnung

Die genauen monatlichen Vergütungen sind in der Vergütungsordnung zum TVK (Anlage zum Tarifvertrag) niedergelegt. Die Vergütungsgruppen D bis B/F haben jeweils neun Vergütungsstufen, die Vergütungsgruppe A hat sechs Vergütungsstufen. Wird ein Musiker im Orchester erstmals eingestellt, ist vom Orchesterbüro bzw. der Personalabteilung zu prüfen, ob dem Musiker Dienstzeiten aus anderen Orchestern oder vergleichbaren Tätigkeiten anzurechnen sind (§ 15 Abs. 1 und 2 TVK). Danach wird der Musiker konkret in die entsprechende Stufe der Vergütungsordnung eingestuft. Die Grundvergütung steigt von zwei zu zwei Jahren bis zur vorletzten

Stufe und danach in der letzten Stufe bis zum Erreichen der Endgrundvergütung um drei Jahre (§ 18 Abs. 1 TVK). Die Endgrundvergütung in einem A-Orchester wird planmäßig nach elf, in B/F- bis D-Orchestern nach 17 Jahren erreicht.

Die konkrete Dienstzeitfeststellung ist auch bedeutsam für die Zahlung des Jubiläumsgeldes nach 25 bzw. 40 Dienstjahren (§ 35 TVK). Teilweise gewähren Orchesterarbeitgeber zur Gewinnung besonders qualifizierter Nachwuchsmusiker bereits nach bestandener Probezeit eine höhere Grundvergütungsstufe (§ 18 Abs. 2 TVK) oder übertariflich die Endgrundvergütung (die übliche Formulierung in Stellenanzeigen lautet dann: „Endgrundvergütung durch Nebenabrede"). Für Musiker, die bereits unter der Geltung des „alten" TVK beschäftigt waren, gelten im Hinblick auf ihre Vergütung besondere Übergangsregelungen. Teilweise erhalten sie eine sog. Besitzstandszulage, die noch familienbezogene Bestandteile (Verheiratung/Kinderzahl) nach den Bestimmungen des alten BAT über den Ortszuschlag berücksichtigt. Einzelheiten hierzu wurden im *Tarifvertrag zur Neugestaltung der Vergütung* im TVK vom 31. Oktober 2009 geregelt.

5.4.7.4 Weitere finanzielle Leistungen

Als sonstige regelmäßige Zulagen kommen mit dem Orchestervorstand zu vereinbarende und monatlich pauschalierte, angemessene Sondervergütungen zur Abgeltung von Medienrechten in Betracht (§ 8 Abs. 1 TVK). Nicht regelmäßige, angemessene besondere Vergütungen können – wie bereits dargestellt – anfallen, u. a. für die Mitwirkung bei Kammermusik, bei solistischen Leistungen, dem Spielen arbeitsvertraglich nicht vereinbarter Instrumente oder ggf. auch beim Spielen von Bühnenmusik in Kostüm und/oder Maske (§ 21 Abs. 1 und 3 TVK).

Stellt der Musiker dem Arbeitgeber für den Einsatz im Orchester seine privaten Instrumente zur Verfügung, bekommt er hierfür einen angemessenen Aufwendungsersatz (Instrumentengeld, Rohr-, Blatt- und Saitengeld, Bogengeld), dessen Höhe in ergänzenden Tarifverträgen zum TVK festgelegt ist (§ 27 Abs. 2 TVK). Gleiches gilt auch für das Tragen der vom Musiker privat angeschafften, besonderen dienstlich benötigten Kleidung, wie Frack oder Abendkleid, wofür ein angemessenes Kleidergeld zu zahlen ist (§ 28 Abs. 2 TVK). Schließlich trägt der Arbeitgeber auch die als erforderlich nachgewiesenen Instandsetzungskosten für das bzw. die Instrumente des Musikers (§ 27 Abs. 2 TVK).

5.4.7.5 Dynamisierung finanzieller Leistungen

Die Dynamisierung der Vergütungen der Musiker ist wie das gesamte Tarifrecht historisch an den öffentlichen Dienst gekoppelt. Der „alte" TVK sah eine Ankopplung der Vergütungsentwicklung der Musiker an die BAT-Angestellten des Bundes vor (§ 55 TVK von 1971). Dieser „Vergütungsautomatik" zur Folge wurden die jeweiligen Vergütungsabschlüsse des öffentlichen Dienstes durch entsprechende Durchführungstarifverträge zwischen den Tarifvertragsparteien Deutscher Bühnenverein und DOV für den TVK-Bereich übernommen und die jeweiligen Vergütungsordnungen in allen TVK-Vergütungsgruppen dynamisiert. Materielle Änderungen im Bereich der Arbeitszeit oder bei sonstigen Leistungen des öffentlichen Dienstes wurden immer in gesonderten Tarifverhandlungen zum TVK umgesetzt und waren inhaltlich nicht mit der Vergütungsanpassung verbunden. Das Grundmodell der Vergütungsautomatik wird auch im „neuen" TVK (§ 19 TVK) fortgesetzt. Nach dem Auseinanderfallen des öffentlichen Dienstrechtes in die Bereiche von Bund, Ländern und Kommunen, spiegelt sich dies auch in der ausdifferenzierten Ankopplung der Orchestervergütungen an die jeweilige Ebene des öffentlichen Dienstes wieder: Wendet ein kommunaler Orchesterarbeitgeber den TVÖD für die Kommunen an, sind bei Vergütungsveränderungen für die Beschäftigten in diesem Bereich auch die Vergütungen der Musiker dieses Arbeitgebers sinngemäß anzupassen (§ 19 Abs. 1 TVK). Das gilt entsprechend, wenn der Arbeitgeber den TV-L anwendet oder anzuwenden hat (§ 19 Abs. 2 TVK). Wendet ein Orchesterarbeitgeber weder TVÖD noch TV-L an, ist auf die Entwicklung der „Arbeitsentgelte der Beschäftigten der öffentlichen Verwaltung seines überwiegenden unmittelbaren oder mittelbaren wirtschaftlichen Trägers" abzustellen und diese auch für die Musiker zu übernehmen (§ 19 Abs. 3 TVK). Liegt bei einem Orchesterarbeitgeber keine dieser drei Alternativen vor, muss eine Vergütungsanpassung für die Musiker dieses Arbeitgebers durch gesonderten Tarifvertrag vorgenommen werden (§ 19 Abs. 4 TVK).

In der Tarifpraxis zwischen DBV und DOV haben sich seit 2014 zwei parallele Vergütungstabellen als Anlage zum TVK entwickelt: eine, die sich an der Tarifentwicklung der Bundesländer (TV-L) orientiert und eine, die sich an der Tarifentwicklung von Bund und Kommunen orientiert (TVÖD). Da die in der Regel zweijährigen Vertragslaufzeiten der Vergütungstarifverträge des öffentlichen Dienstes zwischen TV-L und TVÖD auseinander fallen, werden nach Vorliegen des jeweiligen Tarifabschlusses im öffentlichen Dienst die prozentualen Ergebnisse in gesonderten Tarifverhandlungen zwischen DBV und DOV „sinngemäß" auf die TVK-Orchester und zwischen DBV, VdO sowie GDBA auf die Beschäftigten im NV Bühne übertragen.

Die Zahlbeträge des Aufwendungsersatzes (Instrumentengeld, Rohr-, Blatt- und Saitengeld, Bogengeld) werden in regelmäßigen Abständen (ca. drei Jahre) zwischen den Tarifvertragsparteien neu verhandelt und in den entsprechenden Tarifverträgen vereinbart. Dabei werden u. a. die Preisentwicklungen auf dem Instrumentenmarkt, die Anschaffungskosten und die durchschnittliche Lebensdauer eines Instrumentes bzw. der Verbrauch von Rohren, Blättern und Saiten im professionellen Orchesterbetrieb in Betracht gezogen.

5.4.8 Kündigung und besonderer Kündigungsschutz

Nach Ablauf der Probezeit kann das Arbeitsverhältnis des Musikers beidseitig mit einer Frist von sechs Monaten zum Ende des für das Orchester üblichen Beschäftigungsjahres ordentlich gekündigt werden (§ 43 Abs. 2 TVK). Kündigt der Arbeitgeber, gelten die üblichen Regularien der rechtzeitigen und ordnungsgemäßen Beteiligung des Betriebs- bzw. Personalrates sowie des Orchestervorstandes (§ 57 Abs. 1 TVK). Außerdem muss der Arbeitgeber die Bestimmungen des Kündigungsschutzgesetzes beachten, da sich der Musiker innerhalb von drei Wochen nach Zugang der schriftlichen Kündigung vor dem örtlich zuständigen Arbeitsgericht mit einer Kündigungsschutzklage gegen die Kündigung zur Wehr setzen kann und dies in der Regel auch tut.

Als Kündigungsgründe kommen arbeitgeberseitig betriebs-, verhaltens- oder personenbedingte Gründe in Betracht, die im Einzelnen mit ausdifferenzierten juristischen Voraussetzungen nach dem Kündigungsschutzgesetz und der dazu ergangenen Rechtsprechung unterlegt sind. Orchestermanagement und Personalabteilung kann hier nur empfohlen werden, sich rechtzeitig umfassend rechtlich beraten zu lassen.

Der TVK enthält für ältere Orchestermusiker einen besonderen Kündigungsschutz. Dieser ist historisch darin begründet, dass das Tarifrecht des öffentlichen Dienstes bei Arbeitnehmern mit 15 Beschäftigungsjahren und nach dem vollendeten 40. Lebensjahr nur noch eine Kündigung aus „wichtigem Grund" (vgl. § 626 BGB) zulässt, die ordentliche Kündigung also ausschließt. Dies gilt auch für Musiker, wobei der TVK die außerordentlichen Kündigungsgründe um drei Tatbestände erweitert. Als wichtige Gründe gelten danach auch „der Beschluss des zuständigen Organs des rechtlichen Trägers, das Orchester aufzulösen oder zu verkleinern", oder „ein Versagen der künstlerischen Leistungen des Musikers, das sein Ausscheiden aus dem Orchester aus künstlerischen Rücksichten gebietet" oder „die amts- oder betriebsärztliche Feststellung einer dauerhaften Berufsunfähigkeit" (§ 44 Abs. 1 TVK). Kommt es zur Orchesterauflösung oder -verkleinerung, muss der Arbeitgeber bei den älteren Musikern eine zwölfmonatige Kündigungsfrist einhalten. Kann er dem Musiker keinen anderweitigen zumutbaren Arbeitsplatz anbieten, muss er ihm eine Abfindung in Höhe mehrerer Jahresgehälter zahlen (§ 53 TVK). Die Dauer der Zahlung ist abhängig vom Lebensalter des Musikers zum Zeitpunkt des Wirksamwerdens der Kündigung. Letztlich ist mit dieser Tarifregelung ein betrieblicher Sozialplan für ältere Arbeitnehmer vorweggenommen. Diese für den Rechtsträger drohende Kostenfolge einer Orchesterauflösung oder Orchesterverkleinerung dürfte in den vergangenen Jahrzehnten die eine oder andere geplante Strukturveränderung im Keim erstickt haben. Vereinzelt gab es dennoch Orchesterauflösungen, die zur Anwendung dieser Abfindungsvorschriften geführt haben (z. B. in Neustrelitz, Wittenberg und Potsdam).

5.4.9 Orchestervorstand

Der Orchestervorstand ist die gewählte Vertretung der Orchestermitglieder und in der Praxis in fast allen Fragen des künstlerischen Betriebsablaufes der erste und wichtigste Ansprechpartner für das Orchestermanagement (Brezinka 2005: 32). Der Vorstand besteht aus drei bis fünf Mitgliedern. Er wird in der Regel zu Beginn einer Spielzeit für zwei bis drei Spielzeiten nach demokratischen Grundsätzen von „allen Musikern", also auch von denen, die sich im Probejahr oder im befristeten Arbeitsverhältnis befinden, gewählt (vgl. §§ 54 f TVK).

Seine Aufgaben und Befugnisse sind schwerpunktmäßig in den §§ 57 bis 60 TVK geregelt. Aber auch in zahlreichen weiteren Bestimmungen des TVK sind Beteiligungs-, Informations- und echte Mitbestimmungsrechte (immer dann, wenn sprachlich ein „Einvernehmen" zwischen Arbeitgeber und Orchestervorstand vorausgesetzt wird) geregelt (vgl. z. B. Veränderung der Planstellenkontingente bei Teilzeitarbeit, Protokollnotiz zu § 3 Abs. 3 TVK; besondere Vergütung für Abgeltung von Medienrechten, § 9 Abs. 1 TVK; Verkürzung von Ruhezeiten, § 13 Abs. 1 und 2 TVK) (Jacobshagen 2002: 280).

Die Beteiligung des Orchestervorstandes in künstlerischen Fragen tritt neben die eines Betriebs- bzw. Personalrates in allen sonstigen gesetzlich oder tarifvertraglich geregelten Fällen und beeinträchtigt die Kunstfreiheit des Arbeitgebers nicht (Steidle 1998: 239). Obwohl im TVK, anders als z. B. Personalvertretungsrecht („Monatsgespräch"), keine turnusmäßige Konsultation zwischen Orchestervorstand und -management vorgesehen ist, ist es beiderseitig sinnvoll, in der Regel einmal in der Woche die laufenden Angelegenheiten zu besprechen und die erforderlichen inhaltlichen Abstimmungen vorzunehmen. Zur Verbesserung der allgemeinen Kommunikationsdichte zwischen Orchestervorstand und dem Orchestermanagement kann auch ein regelmäßiger Monatstermin sinnvoll sein (vgl. Kap. 6.4.1).

Die Mitglieder des Orchestervorstandes erhalten für ihre zeitlich in der Regel aufwändige, ehrenamtliche Tätigkeit keine Vergütung. Eine generelle Freistellung wie bei Personal- oder Betriebsräten in großen Betrieben oder Verwaltungen ist nicht vorgesehen. Für je ein Vorstandsmitglied ist rotierend pro Woche lediglich die Befreiung von einer Probe vorgesehen (Protokollnotiz zu § 56 Abs. 2 TVK).

5.5 Verträge von Intendanten, Orchestermanagern, Chefdirigenten und Hilfspersonal

5.5.1 Intendantenverträge

Für Theaterintendanten existiert seit Jahrzehnten der Intendanten-Mustervertrag des Deutschen Bühnenvereins, der von vielen Rechtsträgern – auf die jeweiligen örtlichen Bedingungen angepasst – für Intendanten der Theater, Opern- und Konzerthäuser verwendet wird (Jacobshagen 2002: 198, Bastuck 2012: 2f). Für Orchesterintendanten passt dieses Vertragsmuster in großen Teilen nicht, da die auf den Bühnenbetrieb bezogenen Passagen sachlich nicht zutreffen. Dennoch wird der Mustervertrag zumindest als Vorlage auch für das Leitungspersonal von Orchestern verwendet (Bastuck 2012: 3). Grundsätzlich sind die Vertragsinhalte frei verhandelbar. Intendantenverträge werden in der Regel auf drei bis fünf Jahre befristet abgeschlossen. Wenn neben der Befristungsklausel keine ordentliche Kündigungsmöglichkeit vereinbart wird, kann dies bei vorzeitiger Beendigung des Intendantenvertrages für den Rechtsträger zu hohen Abfindungszahlungen unter Berücksichtigung des ursprünglich vorgesehenen Vertragszeitraums führen.

Wesentliche Punkte, die meist in einem (Orchester-)Intendantenvertrag geregelt werden, sind: Aufgaben und Kompetenzen, Abgrenzung zu weiterem Leitungspersonal (GMD, geschäftsführender Direktor), Vergütung und Vergütungsbestandteile, Aufwendungsersatz, Vertragsdauer und Beendigung, Sonderkündigungsrechte, Präsenz- und Residenzpflichten, Budget- und Personalgrößen, Altersversorgung sowie ggf. Zielvereinbarungen.

5.5.2 Verträge für Orchestermanager

Orchestermanager oder Orchesterdirektoren werden ebenfalls meist auf der Basis befristeter Verträge angestellt (Brezinka 2005: 59). Als Grundlage wird hierfür in der Regel der NV Bühne herangezogen. Soweit es sich konkret um eine künstlerische Leitungsposition handelt, dürfte dies auch rechtlich nicht zu beanstanden sein. Ist dies jedoch nicht der Fall, kann die Anwendung der Befristungs- und Nichtverlängerungsregelungen problematisch sein wegen einer potenziellen Umgehung des Kündigungsschutzgesetzes (vgl. Schröder/Schmalbauch 2004: 23).

5.5.3 Verträge für Hilfspersonal

Das sonstige Personal im Orchesterbüro (z. B. Sekretariat) und in den weiteren Abteilungen (Buchhaltung, Personal usw.) wird grundsätzlich im unbefristeten Arbeitsverhältnis angestellt, da sachliche Befristungsgründe bzw. ein künstlerisches Abwechslungsbedürfnis bei diesem Personal gerade nicht vorliegen. Dies gilt auch für Noten- und Orchesterwarte sowie Notenbibliothekare (Jacobshagen 2002: 282). Die Arbeitsverhältnisse für dieses Personal unterfallen jedenfalls bei entsprechender Tarifbindung des Arbeitgebers den einschlägigen Tarifverträgen des öffentlichen Dienstes.

5.5.4 Verträge für Chefdirigenten

Verträge von Kapellmeistern im Opernbereich unterliegen grundsätzlich dem NV Bühne. In kleineren und mittleren Opernhäusern wird teilweise auch mit dem musikalischen Oberleiter ein befristeter Vertrag nach NV Bühne abgeschlossen. Dies ist insbesondere dann der Fall, wenn die Anstellung durch den Intendanten erfolgt, der damit auch dem musikalischen Oberleiter vorgesetzt ist.

Bei vielen größeren Opernorchestern und bei den meisten Konzertorchestern ist jedoch so, dass der Chefdirigentenvertrag (ähnlich wie der Intendantenvertrag) direkt vom Rechtsträger, vertreten durch den (Ober-)Bürgermeister, Senator, Minister o. ä. abgeschlossen wird (vgl. Bastuck 2012: 5f). In diesem Fall ist der Chefdirigent einem künstlerischen Intendanten in der Regel gleichgestellt. Für diese Art der Chefdirigentenverträge gibt es keine allgemeinen Muster. Sie werden frei ausgehandelt. Dabei besteht häufig eine ungleiche Verhandlungsmacht: Einen namhaften Chefdirigenten für ein Orchester verpflichten zu können, ist für einen Rechtsträger bzw. die vertretenden Politiker grundsätzlich eine Prestigefrage. Den Unterhändlern des Rechtsträgers (z. B. Kulturdezernent, Rechtsamt) sitzen meist ein Künstleragent und ein versierter Fachjurist gegenüber. Sie vertreten gemeinsam die Interessen des Dirigenten. Da sie dies laufend für verschiedene Klienten tun, verfügen sie gegenüber dem Rechtsträger über einen erheblichen Erfahrungsvorsprung.

> **Praxisbeispiel Beratungsverschulden beim Chefdirigentenvertrag**
>
> Die Verhandlung von Chefdirigentenverträgen ist für die Vertreter des Rechtsträgers nicht risikofrei. Die Stadt Köln musste ihrem früheren Generalmusikdirektor und Chefdirigenten des Gürzenich Orchesters, James Conlon, über eine Million Euro Schadensersatz zahlen. Das Oberlandesgericht Köln entschied im März 2009, dass Kölns damaliger Kulturdezernent den Dirigenten in Fragen der Ausländer- und Doppelbesteuerung falsch beraten habe. Dies führte dazu, dass der Künstler in Deutschland über eine Million Euro an Steuern nachzahlen musste (Bastuck 2014: 16). Dieses Risiko kann der Rechtsträger verringern, indem er seinerseits (externe) Fachjuristen einsetzt.

Gute und hilfreiche Formulierungsvorschläge können dazu dienen, ein juristisch wasserdichten Chefdirigenten- oder GMD-Vertrag passgenau für die jeweilige örtliche Situation auszuhandeln (vgl. Bastuck 2014: 1 ff). Wesentliche Punkte, die meist in Dirigentenverträgen und abhängig vom Schwerpunkt der Tätigkeit (Konzerthaus, Konzertorchester, Opernorchester) geregelt werden, sind: Aufgaben, Kompetenzen und Pflichten, wie Präsenz, Konzertdirigate, Repertoire, Gastdirigenten, Vertretung, finanzielle Ausstattung des Orchesters, Personalentscheidungen, Stellenbesetzungen; im Opernbereich zusätzlich: Operndirigate und Premieren, Engagement von Ensemblemitgliedern, Spielplan der Oper, Besetzung von Neuproduktionen. Weitere Regelungen können (zusätzliches) Managementpersonal (z. B. persönlicher Referent), Hörfunk- und Fernsehübertragungen betreffen. Außerdem werden entweder eine Leistungsvergütung und/oder eine Festvergütung sowie Aufwendungsersatz, eine konkrete Vertragslaufzeit, Verlängerungsoptionen, Kündigungs- und Sonderkündigungsrechte sowie Regelungen zur Altersversorgung vereinbart (Bastuck 2014: 9 ff).

Der ab 2002 geltende, erste Vertrag von Sir Simon Rattle bei den Berliner Philharmonikern sah mindestens 40 von der Stiftung garantierte Konzerte vor, die einzeln bezahlt wurden, sowie ein monatliches Pauschalhonorar als Chefdirigent. Die vereinbarte Präsenzpflicht in Berlin betrug fünf Monate. Tatsächlich dirigierte Rattle in der Spielzeit 2007/2008 40 Konzerte in Berlin und 32 auf Reisen. Das Jahreshonorar dürfte geschätzt rund 2 Mio. Euro betragen haben. Bei Konzertorchestern sind in der Regel Präsenzpflichten zwischen lediglich zehn bis zu 16 Wochen im Jahr nicht unüblich. Weitere Einzelfälle: Die Präsenzpflicht des GMD der Deutschen Oper Berlin seit 2009, Donald Runnicles, beträgt rund fünf Monate bei 40 Abenddirigaten. Der Essener GMD und Intendant Stefan Soltesz (bis 2013) hatte sogar eine Präsenzzeit von acht Monaten im Vertrag, ebenso wie

Intendant und Chefdirigent der Leipziger Oper, Ulf Schirmer. Letzterer bezog 2017 für seine Doppelfunktion ein Festgehalt von 419.000 Euro pro Jahr (Tappert 2017). Die Höhe der Konzert- bzw. Abendgagen und etwaiger Pauschalhonorare kann stark variieren und hängt entscheidend vom Marktwert des Dirigenten und dem Verhandlungsgeschick seines Agenten bzw. Anwalts ab. GMD Konstantin Trinks beispielsweise (bis 2012 in Darmstadt) erhielt ein relativ überschaubares Jahreshonorar von rund 80.000 Euro brutto.

Chefdirigenten in künstlerisch herausgehobener Position gelten grundsätzlich nicht als abhängig beschäftigte Arbeitnehmer, was u. a. für die steuer- und sozialversicherungsrechtliche Behandlung von Bedeutung ist. Bei Streitigkeiten aus dem Vertrag mit dem Orchesterträger ist daher in der Regel auch der Zivil- und nicht der Arbeitsrechtsweg eröffnet, soweit nicht im Einzelfall, meist abhängig von der konkreten vertraglichen Vereinbarung, die besondere Bühnenschiedsgerichtsbarkeit zuständig ist.

▶ **Lesetipps**
- Zur Geschichte und Entwicklung des Tarif- und Arbeitsrechts für die Musiker in Berufsorchestern: Gerald Mertens, 30 Jahre TVK – Gedanken zur Bewährung des Flächentarifvertrages, in: Das Orchester, 7-8/2001, S. 17-20.
- Burkhard Bastuck (Einzelheiten im Literaturverzeichnis) hat im Handbuch Kultur & Recht in den Jahren 2012 und 2014 zwei sehr hilfreiche Beiträge zur Vertragspraxis bei Intendanten- und Chefdirigenten-Verträgen mit zahlreichen Formulierungsvorschlägen und rechtlichen Tipps veröffentlicht.

Literaturverzeichnis

Bastuck, Burkhard (2012): Der Intendantenvertrag – Vertragspraxis und Empfehlungen, in: Handbuch Kultur & Recht, L 7.11, Berlin: Raabe
Bastuck, Burkhard (2014): Der Vertrag des Generalmusikdirektors, in: Handbuch Kultur & Recht, L 1.7, Berlin: Raabe
Brezinka, Thomas (2005): Orchestermanagement – Ein Leitfaden für die Praxis, Kassel: Bosse
Goertz, Wolfram (2004): Zwischen Arthrose und Spaziergang – Überlegungen zum Zustand der deutschen Orchesterlandschaft, in: Deutsche Orchester zwischen Bilanz und Perspektive, Hrsg. Junge Deutsche Philharmonie, Regensburg: conbrio
Heinemann, Jochen (1994): Arbeitsrecht des Orchestermusikers, Frankfurt/Main: Lang
Jacobshagen, Arnold, Hrsg. (2002): Praxis Musiktheater – Ein Handbuch, Laaber: Laaber

Mertens, Gerald (2001): 30 Jahre TVK – Gedanken zur Bewährung des Flächentarifvertrages, in: Das Orchester, Heft 7-8, S. 17-20
Mertens, Gerald (2018a): Balanceakt zwischen den Interessen, Teilzeit für Orchestermusiker – ein Überblick, in: Das Orchester, Heft 3, S. 6-9
Risch, Mandy/Kerst, Andreas (2009): Eventrecht kompakt – Ein Lehr- und Praxisbuch mit Beispielen aus dem Konzert- und Kulturbetrieb, Berlin, Heidelberg: Springer
Röper, Henning (2001): Handbuch Theatermanagement, Köln: Böhlau
Scherz-Schade, Sven (2009b): Zum Erfolg führen – Orchesterintendanten, -direktoren und -manager über ihre Sicht von „guter Führung", in: Das Orchester, Heft 11, S. 17-19
Schröder, Michael/Schmalbauch, Ilka (2004 – Grundwerk 1998): Bühnenarbeitsrecht, in: Unverzagt, Alexander/Röckrath, Gereon (Hrsg.), Kultur & Recht, Loseblattsammlung, Berlin: Raabe
Steidle, Gregor (1998): Kunstfreiheit und Mitbestimmung im Orchester, Baden-Baden: Nomos
Tappert, Andreas (2017): Leipziger Stadtfirmen und was ihre Chefs verdienen, in: Leipziger Volkszeitung vom 20.12.2017, http://www.lvz.de/Leipzig/Lokales/Leipziger-Stadtfirmen-und-was-ihre-Chefs-verdienen (Abfrage am 28.1.2018)

Leadership, Kommunikation und Personalentwicklung

6

> **Zusammenfassung**
>
> In der Theorie herrscht im Orchester absolute Harmonie, in der Praxis oftmals nicht. Die kollektive künstlerische Zusammenarbeit unterschiedlichster Charaktere auf oftmals engstem Raum kann konfliktbeladen sein. Mit geeigneten Mitteln, Maßnahmen und Methoden können jedoch alle Beteiligten (Musiker bzw. Stimmführer, künstlerische Leitung, Verwaltung und Orchestermanagement) für ein gutes Betriebs- und Arbeitsklima sorgen.

> **Schlüsselbegriffe**
>
> Leadership, innerbetriebliche Kommunikation, Konfliktentstehung und Konfliktvermeidung, Mediation, Weiterbildung, Rollenbilder und Funktionen

6.1 Einleitung

Ein professionelles Orchester gilt als der „Mikrokosmos" des tatsächlichen Lebens. Alles, was sich in einer Gesellschaft oder auch nur in einem Großunternehmen an Zwischenmenschlichem abspielt, findet in Miniaturform auch innerhalb eines Orchesterbetriebes statt. Er ist ein Biotop, ein eigener Organismus im Kunstbetrieb.

Das Orchestermanagement muss sowohl das künstlerische wie das nichtkünstlerische Personal angemessen führen und seine Potenziale entwickeln. Wenn sich Musiker nach einigen Jahren im Orchester nur noch als musikalische „Erfüllungsgehilfen" verstehen, läuft etwas falsch (Pegelhoff 2007: 8). Das Gleiche gilt, wenn die Mitarbeiter der Orchesterverwaltung über das Orchester von „denen da unten" oder die Orchestermitglieder „von denen da oben" sprechen. Was wissen Musiker eigentlich von dem, was die Orchesterverwaltung letztlich nur für sie tut? Die Hierarchien und Strukturen, in denen öffentlich finanzierte Theater und Orchester organisiert sind, haben sich gegenüber anderen Organisationsbereichen, z. B. in der freien Wirtschaft, in den letzten hundert Jahren kaum verändert. Häufig wird aus Sicht der Musiker autoritär geführt (Scherz-Schade 2009a: 16). Auch im täglichen Arbeitsprozess von Orchestern entstehen Frustrationspotenziale, Reibungen und Konflikte. Bleiben diese unbearbeitet und unreflektiert, können sie zu schwerwiegenden Auseinandersetzungen und Beeinträchtigungen des Arbeits- und Betriebsklimas führen (Pegelhoff 2007: 11).

Orchestermanager und -direktoren befinden sich vor allem in Opernorchestern in einer schwierigen Sandwichposition. Einerseits sind sie für den gesamten Orchesterbetrieb verantwortlich und müssen die Orchestermitglieder führen, andererseits liegen wichtige Entscheidungskompetenzen beim Chefdirigenten und/oder der Intendanz, wenn es um künstlerische Führungsfragen geht. Das Ausbalancieren dieser beiden Bereiche lässt sich durch klare Kompetenzzuordnungen ansatzweise klären. Dennoch besteht für Orchestermanager stets erhöhter Rückkoppelungsbedarf mit der künstlerischen Leitung, wenn man nicht „zwischen den Stühlen" sitzen will. Ist dann auch noch das Orchesterbüro personell chronisch unterbesetzt, nimmt erfahrungsgemäß aus Zeitgründen zuerst die Kommunikationsdichte ins Orchester hinein Schaden.

Die *Mitarbeiterzufriedenheit* im Orchester und in der Verwaltung ist ein nicht zu unterschätzender Faktor für den Erfolg des Gesamtbetriebes. Jeder Musiker, jeder Mitarbeiter des Orchesterbetriebes ist ein potenzieller Botschafter seines Unternehmens. Er sollte entsprechend wertgeschätzt werden. Zufriedene, von ihrer Arbeit überzeugte Mitarbeiter strahlen nach innen und außen und sind ein wesentlicher Faktor im Beziehungsmarketing (siehe Kap. 4.3.5.2).

Ein weiterer Aspekt, der in der Orchesterpraxis einstweilen noch völlig unterbewertet ist, sind die sog. „soft skills", also die Fähigkeiten eines Musikers, die nicht oder nicht ausschließlich mit der Beherrschung seines Instruments zu tun haben. Bei der Auswahl und Einstellung eines Musikers werden allein seine künstlerischen Fähigkeiten getestet. Der „Mensch dahinter" bleibt für das Orchestermanagement meist im Verborgenen. Jeder Musiker bringt jedoch zahlreiche weitere Qualifikationen mit, die für den Betrieb ausgesprochen nützlich sein können, wenn sie nur planmäßig erkannt, erfasst und gefördert werden. Es gibt Musiker, die auch über eine pädagogische Ausbildung verfügen, für die im „normalen" Orchesterbetrieb aber bislang kein Bedarf bestand. Ebenso können Musiker ohne pädagogische Ausbildung begnadete Pädagogen und Musikvermittler sein. Oder sie verfügen über

Qualifikationen in ganz anderen Bereichen, z. B. über qualifizierte Computer- und Programmierkenntnisse oder journalistische Fähigkeiten.

Diese besonderen Qualifikationen können dem Orchesterbetrieb dienen z. B. im Bereich von Education-Projekten, der Ensembleleitung, der Zusammenarbeit mit Kindern und Jugendlichen, in Kammermusik- und Jazzensembles, aber auch bei der Betreuung von Blogs und Foren auf der Orchesterwebseite, eines Gästebuchs, Führen der Orchesterchronik, Schreiben von Reiseberichten und sonstigen Beiträgen für Orchesterpublikationen etc. Die Qualifikationen für derartige Tätigkeiten können jedenfalls während der Erprobungszeit (Probejahr) neuer Orchestermitglieder ermittelt werden. Tarifvertraglich oder arbeitsvertraglich gibt es hierfür noch keine geeigneten Bestimmungen. Die Potenziale für ein gutes Betriebsklima dürften unstreitig sein. Dem Orchestermanagement kommt für die Verbesserung der Kommunikation und für die Personalentwicklung in Orchester und Verwaltung eine wichtige Führungs- und Koordinierungsfunktion zu (vgl. Pegelhoff 2007: 13)

6.2 Kommunikation und Konfliktentstehung im Orchester

6.2.1 Individualität versus Kollektivgeist

Die Tätigkeit von Musikerinnen und Musikern im Orchester bewegt sich zwischen zwei Polen bzw. Positionen: Auf der einen Seite steht die individuelle Musiker- und Künstlerpersönlichkeit, auf der anderen der Kollektivgeist, das Team- oder „Wir"-Gefühl des Orchesters. Beide Positionen bedingen sich gegenseitig: Der einzelne Musiker bleibt ohne die anderen ein Solist. Von ihm wird eine künstlerische Höchstleistung erwartet. Zum Erreichen einer niveauvollen Orchesterleistung bedarf es eines optimierten Zusammenspiels aller Mitglieder eines Orchesters, wobei das Gruppenergebnis und -erlebnis maßgeblich von der Summe der künstlerisch-technischen Einzelfähigkeiten abhängt. Dieser im Prinzip zwanghafte Zusammenschluss einzelner Künstlerpersönlichkeiten zu einer Gemeinschaft bietet ein erhöhtes Konfliktpotenzial, aber auch Chancen höchster kollektiver, musikalischer und beruflicher Erfüllung.

Die Konfliktentstehung in Orchestern ist als solche völlig normal. Allerdings gibt es gewisse Besonderheiten, die mit der kollektiven Musikproduktion zusammenhängen: Die nonverbale Kommunikation zwischen den Beteiligten innerhalb eines Orchesters oder einer Kammermusikgruppe wurde in der Vergangenheit – z. B. vom amerikanischen Orpheus Chamber Orchestra, welches als kleines Kammerorchester Werke grundsätzlich demokratisch und ohne Dirigent erarbeitet – als Vorbild für

Führungskräfte in der Wirtschaft (Führungsprinzipien) herangezogen (Seifter/Economy 2001: 34). Bei näherem Hinsehen hinkt der Vergleich allerdings, da die Musik – mit Ausnahme der freien Improvisation – nach einer vom Komponisten vorgegebenen Partitur verläuft, die inhaltlichen Rollen also genau verteilt sind, während den Team- und Führungsprozessen in der Wirtschaft das zentrale Steuerelement einer festen Partitur fehlt. Der Vergleich zu einem Jazzensemble ist das schon näherliegender. Dirigenten gelten oft als letzte Bastion autokratischer Führung und Orchester als starre Gebilde der Subordination (von Hoensbroech 2017: 130).

Jedoch gibt es im Orchester auch die für Außenstehende kaum wahrnehmbaren Führungs- und Abstimmungsprozesse jenseits der Zeichengebung eines Dirigenten, zwischen einzelnen Musikern, die dieselbe Stimme oder Melodie spielen, innerhalb von Stimmgruppen oder zwischen verschiedenen Stimmgruppen. Das Orpheus Chamber Orchestra kann dennoch für Innovationsprozesse in anderen Orchestern, vor allem in den größeren Streichergruppen, durchaus als Beispiel dienen, indem z. B. eine Sitzplatzrotation eingeführt wird oder Stimmführer – freiwillig – gelegentlich auch eine Position im Tutti einnehmen, um die Gruppe aus anderer Perspektive zu erleben und die eigene Führung kritisch zu hinterfragen, ggf. zu verbessern (vgl. Salzwedel/Schütz 2009c: 32). Als Vorbild können die Grundprinzipien auch auf größere Orchester angewandt werden (Klein 2007: 188).

Vor dem Hintergrund der gezielten Kontrolle der Individualität durch den Einzelnen selbst und durch das Kollektiv, bzw. die Einbringung der Individualität in das Kollektiv, auch über die musikalische Produktion hinaus, lautet die Fragestellung also nicht nur: „Was muss das Orchester, der Arbeitgeber, für mich tun, sondern was kann ich für das Orchester/meinen Betrieb tun?" Die aus den USA stammende Kommunitarismus-Lehre formuliert sinngemäß: „Es gibt nichts, was der Einzelne nicht für die Gemeinschaft tun könnte." Dieses ständige Wechselspiel zwischen individueller künstlerischer Leistung und dem kollektiven, aber im Moment der Produktion sich schon wieder verflüchtigenden Arbeitsergebnis macht das Besondere der Arbeit in einem Orchester aus.

6.2.2 Konfliktentstehung, Kommunikationskultur, Konfliktbewältigung

In jedem Arbeitsumfeld entstehen Konfliktsituationen, das ist völlig normal. Im künstlerischen Umfeld mit seinen ständigen Kreativprozessen und dem Zusammenarbeiten im Orchester auf engstem Raum herrschen jedoch besondere Bedingungen.

6.2.2.1 Konfliktentstehung und -konstellationen

Über das gemeinsame Musizieren hinaus geht es auch um das gemeinsame Kommunizieren im Orchester und die dabei herrschende Kommunikationskultur. Die aktive Bewältigung entstandener Konflikte ist als Chance zur Verbesserung der Kommunikationskultur zu begreifen. Voraussetzung für eine derartige Konfliktbewältigung ist die Entwicklung von Kritikfähigkeit bei anderen, aber auch an sich selbst. Es kommt also darauf an, den Horizont des Senders, aber auch des Empfängers von Botschaften (verbal und nonverbal) einnehmen zu können. Die These lautet: Ein Orchester, das bewusst seine Innenkommunikation analysiert, ggf. neu aufbaut und verbessert, entwickelt damit auch die Voraussetzungen für die Außenkommunikation gegenüber Dritten.

Für die Konfliktbewältigung und Kommunikationsverbesserung innerhalb des Orchesters ist im Wesentlichen nach folgenden denkbaren Konstellationen zu unterscheiden:

- Person – Person / Person – Gruppe / Gruppe – Gruppe (1)
- Stimmführer – Gruppe (2)
- Person – Orchestervorstand (OV) / Gruppe – OV / Orchester – OV (3)
- Dirigent – Person / Dirigent – Gruppe / Dirigent – Orchester / Dirigent – OV (4).

(1) Konflikte entstehen häufig innerhalb derselben Stimmgruppe, zwischen einem Einzelnen und der Stimmgruppe, aber auch zwischen verschiedenen Stimmgruppen (Bläser/Streicher) (Kutz 2007: 31). Ihre Ursachen können vor allem im musikalischen Bereich (Intonation, Lautstärke) oder im zwischenmenschlichen Bereich (Geschlecht, Alter, Sprache, Kommunikationsfähigkeit, Körpergeruch) liegen (Pegelhoff 2007: 10). Beispiele für Konfliktfall Person – Gruppe: Diensteinteilung der Gruppe durch Diensteinteiler (Kutz 2007: 37), wenn z. B. Arbeitsbefreiungswünsche von Gruppenmitgliedern nicht angemessen berücksichtigt werden oder der Eindruck einer Bevorzugung einzelner entsteht. Weiteres Beispiel für diese Konstellation: Unzureichende persönliche Dienstvorbereitung, Unzuverlässigkeit. Hieraus kann dann auch ein Konflikt mit dem Orchestermanagement entstehen. Nicht alle Probleme sind einvernehmlich lösbar. Ein Orchestermanager muss als Führungskraft in seinem Werkzeugkasten auch die Fähigkeit zum konsequenten Durchgreifen besitzen (von Hoensbroech 2017: 178).

In Orchestern mit sehr großen Stimmgruppen hat sich vereinzelt die Wahl von „Vertrauensleuten" bewährt. Ältere Orchestermitglieder im Tutti verfügen über langjährige menschliche und musikalische Erfahrungen. Sie können so etwas wie der „ruhende Pol" in der Stimmgruppe sein, deren Ratschlag und Vermittlung bei Konflikten breite Akzeptanz findet.

Besonders sensibel sind Konflikte, die ihre Ursache in einer krankheits- oder altersbedingten Leistungsminderung eines Orchestermitglieds haben. Bei krankheitsbedingter Leistungsminderung dürften primäre Handlungsszenarien vor allen Dingen in der Förderung der Rekonvaleszenz (Heilung, Rehabilitation, Kur etc.) liegen, bei altersbedingter Leistungsminderung in Personalmaßnahmen wie z. B. Rücktritt auf eine weniger beanspruchende Position. Derartige Maßnahmen bedürfen der beratenden Begleitung durch das Orchestermanagement ebenso wie durch die Stimmgruppe und ggf. den Orchestervorstand und den Betriebs- bzw. Personalrat.

(2) Inwieweit gelten Stimmführer, Solobläser als Vorbilder oder Vorgesetze für die Gruppe oder das gesamte Orchester? Wird von ihnen ein besonderes Verantwortungsbewusstsein für die Stimmgruppe/das gesamte Orchester erwartet? Oder gilt „gleiches Recht/gleiche Pflicht für alle"?

Stimmführer und Vorspieler, vor allem in den großen Streichergruppen, übernehmen wichtige musikalische Leitungsaufgaben und sind daher auch arbeitsvertraglich durch die Übertragung der entsprechenden Tätigkeit entsprechend hervorgehoben (vgl. Sinsch 2009b: 37). Es bestehen in den verschiedenen Orchestern zahlreiche „ungeschriebene Gesetze" über das, was Stimmführer über die eigentliche musikalische Leistung hinaus zu tun und welche Kompetenzen oder gar abgeleitete Direktionsrechte sie haben. Klare Stellen- und Arbeitsplatzbeschreibungen gibt es jedoch meist nicht. Vereinzelt ist in Rundfunktarifverträgen geregelt, dass die Stimmgruppe bei Proben dem Stimmführer untersteht. Ansonsten sind Strukturen und Kompetenzen innerhalb einer Stimmgruppe nicht definiert. Andererseits sind gewisse Hierarchien in großen Stimmgruppen sinnvoll und notwendig.

Stimmführer spielen „ohne Rückspiegel"; sie sehen nicht, was hinter ihnen passiert und nehmen Probleme in der Stimmgruppe häufig nicht wahr. Bei solistischen Partien genießen sie besondere Aufmerksamkeit, sind häufig aber auch Zielpunkt für Kritik – auch für die „mangelhafte" Ausübung der ansonsten nicht näher definierten Führungsrolle.

(3) Wie ist die Rolle des Orchestervorstandes in der Konfliktbewältigung allgemein einzuschätzen? Wie, wenn er selbst beteiligt ist?

Im Allgemeinen kommt dem Orchestervorstand eine wichtige Rolle in der Konfliktvermeidung und -bewältigung zu. Ist der Orchestervorstand selbst Beteiligter des Konfliktes dürfte er als „Mediator" im strengen Sinne ausscheiden, da er entweder unmittelbar betroffen oder mittelbar mit den Konfliktparteien (gleiche Stimmgruppe, sonstige persönliche Beziehungen) verbunden ist.

6.2 Kommunikation und Konfliktentstehung im Orchester

Als Konfliktvermeider kommt dem Orchestervorstand grundsätzlich eine große Bedeutung zu, wobei ein Risiko darin besteht, dass Konflikte nur „unter den Teppich gekehrt" werden, sich im Verborgenen weiter entwickeln, um dann später umso heftiger auszubrechen.

Inwieweit der Orchestervorstand als Konfliktlöser angesehen werden kann, kommt sicher auf den Einzelfall und die Schwere des Konfliktes an. Es gibt Situationen, in denen ein Orchestervorstand von seiner Rolle, aber auch von seiner „Ausbildung" her nicht handlungsfähig ist. Das gilt entsprechend auch für Betriebs- und Personalräte. In derartigen Fällen kann die Inanspruchnahme externer Hilfe erforderlich werden.

(4) Konflikte mit Dirigenten können im musikalischen Produktionsprozess entstehen (unterschiedliche Auffassungen zur Interpretation, Dynamik, Tempo, Tongebung etc., aber auch ungeschickte oder herabwürdigende Äußerungen zur Schlagtechnik oder dem künstlerischen Leistungsvermögen von beiden Seiten, persönliche Ablehnung bestimmter Musiker auf bestimmten Positionen) (Kutz 2007: 33). Konflikte können aber auch außerhalb des Produktionsprozesses entstehen, z. B. Unstimmigkeiten über die Spiel- und Konzertplangestaltung, Besetzungsgrößen, Aushilfenbedarf, Freistellungen, Bevorzugung Einzelner („Günstlingswirtschaft").

Ein weiterer Keim für Konflikte kann auf dem Umstand beruhen, dass die Orchestermusiker grundsätzlich unbefristete Verträge haben, während Kapellmeister, GMDs und Chefdirigenten (ebenso wie der Orchestermanager und die künstlerisch Beschäftigten anderer Sparten – in einem Opernhaus) nur auf der Basis befristeter Verträge, meist nach dem Tarifvertrag „NV Bühne" beschäftigt sind. Warum sollten Führungskräfte mit befristeten Verträgen längerfristige Visionen verwirklichen oder grundsätzliche Entwicklungen vorantreiben (Pegelhoff 2007: 9)? Es gibt auch andere Abhängigkeiten: Schließlich hat das Orchester vor der Einstellung und der Nichtverlängerung des musikalischen Oberleiters ein Beteiligungsrecht (§ 57 Abs. 1 Unterabs. 1 Buchst. d) TVK). Im Übrigen kommt dem Orchestervorstand bei allen Konflikten zwischen dem Orchester oder einzelner Musiker mit Dirigenten eine vorrangige und wichtige Vermittlerrolle zu.

6.2.2.2 Konfliktbewältigung durch Mediation

Sind die konkreten Konfliktfelder und die daran Beteiligten bekannt, erscheint aber eine Lösung auf der normalen Gesprächsebene nicht erreichbar, kommt als ein Lösungsmodell eine Zwei- oder Mehrparteienmediation in Betracht, die auf dem Freiwilligkeitsprinzip beruht. Freiwilligkeit setzt Einsicht auf beiden Seiten voraus. Wenn beiden Seiten „stur" auf ihren Standpunkten beharren, im Ergebnis aber empfindliche arbeitsrechtliche Konsequenzen drohen, kann der hierdurch entstehende Druck die Bereitschaft zur Mediation erhöhen. Mediation wird (nach Kutz 2007: 14) definiert als

> „ein strukturiertes, gleichzeitig aber flexibles Verfahren zur außergerichtlichen Konfliktregelung unter Beteiligung eines neutralen, allparteilichen Dritten (des Mediators), welcher die Parteien bei der Erarbeitung eigenverantwortlicher, an den Interessen der Medianden ausgerichteter und zukunftsorientierter Lösungen unterstützt".

Mediation kann Konfliktsituationen im Orchester entschärfen, Grundlagen für eine veränderte Zusammenarbeit und für eine neue Streit- und Kommunikationskultur schaffen (Kutz 2007: 96). Seit 2012 gilt in Deutschland das Mediationsgesetz, welches die wesentlichen Rahmenbedingungen für Mediationen regelt. Mediation setzt Freiwilligkeit zur Teilnahme voraus. Gerade bei schwerwiegenden, über Jahre schwelenden Konflikten oder wenn bereits arbeitsrechtlich relevante Vorgänge (z. B. Abmahnungen) in der Welt sind, kann es für eine Mediation zu spät sein. So geschehen z. b. im Frühjahr 2018 beim Konflikt um den schließlich suspendierten Cottbuser GMD Evan Christ, dessen Vertrag gegen den Willen des Orchester verlängert worden war, obwohl es bereits zuvor massive Beschwerden wegen des inakzeptablen Führungs- und herabwürdigen Kommunikationsverhaltens gekommen war. Befindet sich eine Kommunikationsstörung hingegen noch in einem relativ frühen Stadium kann das Angebot einer Mediation zielführend sein.

6.2.3 Konfliktprävention

Zunächst ist es wichtig, mehr Kommunikationsmöglichkeiten und -anlässe im Orchester zu schaffen. In der Regel sind tarifvertraglich lediglich zwei Orchesterversammlungen pro Spielzeit vorgesehen. Die Tagesordnungen sind meist derart gefüllt, dass kaum Raum für Zwischenmenschliches oder intensivere Sachdiskussionen bleibt. Aus besonderen Anlässen kann der Arbeitgeber weitere Versammlungen ansetzen, die als Dienst gezählt werden müssen (z. B. vor großen Konzertreisen und Gastspielen, bei der Diskussion über eine neue künstlerische Leitung etc.). Die Qualität und Stringenz derartiger Versammlungen hängen auch von einer professionellen Moderation ab. Orchestervorstände sind (auch) hierfür nicht ausgebildet. Eine gezielte Weiterbildung kann da sehr hilfreich sein und sollte vom Arbeitgeber sogar angeregt und bezahlt werden. Für Betriebs- und Personalräte ist das gesetzlich geregelt, für Orchestervorstände nicht. Denn in vielen künstlerisch-organisatorischen Fragen erleichtert eine gute Vorstandsarbeit letztlich auch das Tagesgeschäft des Orchestermanagements.

6.2 Kommunikation und Konfliktentstehung im Orchester

Konfliktentstehung und Konfliktprävention sind in der Praxis eng miteinander verbunden. Einen hohen Stellenwert hat dabei das Thema Gleichbehandlung bzw. das subjektive Gefühl von „Gerechtigkeit". Die bewusste (oder unbewusste) Bevorzugung Einzelner ist hierbei ein besonders häufiger Konfliktpunkt: Gewährung von unbezahltem Urlaub, Arbeitsbefreiungen, Nebentätigkeiten, Sonderhonorare, personelle Sonderwünsche (Dirigentenvorlieben/-abneigungen ggü. bestimmten Musikern), unzuverlässige Dienstplanung, kurzfristige Änderungen aus nicht nachvollziehbaren Gründen. Besonders sensibel sind die Hierarchien und die Diensteinteilung innerhalb der Stimmgruppen.

Denkbar ist auch, die gezielte gemeinsame außermusikalische Freizeitgestaltung (Ausflüge) von kompletten Stimmgruppen zu initiieren und dadurch die Kommunikation der Gruppe außerhalb des Dienstalltags zu fördern. Diese Empfehlungen können nur eine erste Richtung vorgeben und sind als Vorschläge zu verstehen, die in jedem Orchester diskutiert und individuell umgesetzt werden können und müssen. Denn auch die Einführung neuer Kommunikations- und Führungsstrukturen funktioniert nicht einfach „von oben".

▶ **Praxistipp: Konfliktprävention**

Zur Vermeidung von Konflikten ist zu empfehlen,

- die Aufgaben von Stimmführern und Solobläsern auf der Grundlage bestehender Tarifverträge in schriftlichen Arbeitsplatzbeschreibungen (Leitfaden) zu definieren; hierbei soll für Streicher auch die Verpflichtung enthalten sein, dass zur ersten Probe alle Striche in den Stimmen eingerichtet sind,
- zur Ermittlung dieser Arbeitsplatzbeschreibungen und Schulung angehender Stimmführer Gruppen-/Kompetenzseminare durchzuführen (Was erwartet das Orchester, die Gruppe vom Inhaber einer bestimmten Position?),
- Stimmführer gelegentlich freiwillig im Tutti spielen zu lassen, um hierdurch die Gruppenperspektive zu erfahren und Rückschlüsse auf die eigene Führungsrolle zu erlangen,
- in größeren Stimmgruppen oder übergeordnet für die Bereiche Holzbläser/ Blechbläser/Streicher und Harfe eigene Vertrauensleute zu wählen,
- jedem neuen Orchestermitglied/Stimmführer eine Begrüßungsmappe auszuhändigen (nützliche praktische Hinweise für den täglichen Dienstbetrieb, Abläufe bei Krankmeldung, Namen und – soweit möglich – Fotos von Ansprechpartnern, also Orchestervorstand, Vertrauensleute, Personalverwaltung etc.).

6.3 Kommunikationsschulung

Ohne die Mitglieder von Orchestervorständen, Betriebs- und Personalräten überfordern und überlasten zu wollen, ist es generell sinnvoll, für deren Mitglieder, aber auch optional für alle interessierten Mitarbeiter, Kommunikationsschulungen durchzuführen, die auch die Sozialkompetenz stärken. Die Mitglieder der Gremien sind ehrenamtlich tätig und in der Regel nicht durchgängig fachspezifisch auf ihre Aufgaben vorbereitet. Die gesetzlich vorgesehenen Schulungen für Betriebs- und Personalräte decken meist nur Elementarbereiche ab. Zumindest analoge Schulungen für Orchestervorstände sind gesetzlich oder tarifvertraglich nicht vorgesehen.

Kommunikationsschulungen und entsprechende Weiterbildungen von Gremienmitgliedern können und sollen keine Mediatorenausbildung bzw. die Inanspruchnahme professioneller Hilfe in Konfliktfällen ersetzen. Derartige Maßnahmen können aber dazu beitragen, dass auf entstehende Konfliktsituationen von allen Beteiligten bereits im Anfangsstadium angemessen reagiert und dadurch eine weitere Eskalation vermieden werden kann. Maßgebliche Stichworte für die Verbesserung der Kommunikation sind: Information, Kommunikation und Motivation:

- *Information* darf nicht als bloße einseitige Benachrichtigung verstanden werden, sondern muss auch das Verhältnis zwischen Sender und Empfänger berücksichtigen (Ich-, Wir-Botschaften).
- *Kommunikation* setzt auch und vor allem eine entsprechende Aus- bzw. Weiterbildung auf Arbeitgeberseite voraus. Hier dürfen nicht die üblichen Totschlagargumente gelten („Wir haben kein Geld für Weiterbildung!" oder „Wir können keine Arbeitszeit opfern, keine Freistellung gewähren!").
- *Motivation* bedeutet auch Schaffung einer intelligenten Anerkennungskultur: „Lob für alle", nicht nur für Solisten oder Konzertmeister. Auch dies muss Personalverantwortlichen und Künstlern vermittelt werden.

6.4 Zusammenarbeit von Orchestermanagement und -vorstand

Eine gute, vertrauensvolle Zusammenarbeit zwischen Orchestermanagement und Orchestervorstand ist für das Funktionieren des täglichen Orchesterbetriebs essenziell.

6.4 Zusammenarbeit von Orchestermanagement und -vorstand

6.4.1 Monatsgespräch

Auch aus Sicht von Orchestervorständen ist eine enge Zusammenarbeit mit dem Orchestermanagement wünschenswert. Um deren Relevanz und die Verlässlichkeit zu fördern sowie beiderseitige Frustrationen zu vermeiden, sollten getroffene Absprachen schriftlich fixiert sowie Zielvereinbarungen und -termine vereinbart werden. Sinnvoll kann – analog zum Personalvertretungsrecht – die Vereinbarung eines Monatsgesprächs zu Kommunikationsfragen zwischen Orchestervorstand und Management sein, zu dem im Einzelfall der Chefdirigent sowie Kapellmeister hinzugezogen werden können. Durch ein koordiniertes Vorgehen von Orchestermanagement und -vorstand kann auch die Kommunikation im Orchester aktiviert werden.

6.4.2 Neue Kommunikationsprozesse in Gang setzen

Um neue Kommunikationsprozesse innerhalb von Orchestern in Gang zu setzen und die allgemeine Bewusstseinsbildung zu fördern, erscheint es sinnvoll, die erforderlichen Diskussionen nicht im Plenum, sondern in einzelnen Gesprächsgruppen zu erläutern. Dies sollten nicht zwingend die einzelnen Stimmgruppen sein, die ohnehin schon enger verbunden sind. Es ist denkbar, aber nicht zwingend, diesen Prozess durch den Orchestervorstand zu organisieren. Hilfreich kann in der Anfangsphase auch sein, zufällige Gruppenkonstellationen, z. B. sortiert nach Anfangsbuchstaben der Nachnamen, zuzulassen, um damit eine Stimmgruppen übergreifende Durchmischung zu erreichen. Die Gruppen sollten nicht zu groß bemessen sein, damit jeder Teilnehmer die Chance hat, seine Vorstellungen einzubringen.

Leitbild einer neuen Kommunikationskultur innerhalb des Orchesters sollte sein: „Mehr miteinander, weniger übereinander reden." Dies gilt natürlich auch für die Erweiterung des Kommunikationsprozesses über den Kreis der Orchestermitglieder hinaus auf das sonstige nichtkünstlerische Personal. In der Praxis ist gerade dieser Punkt – weil zeitaufwändig – der schwierigste.

Zur Anregung oder Optimierung von Kommunikationsstrukturen kann es eine Hilfestellung sein, Externe aus dem Umfeld einzubinden, die bereits in ihrem Bereich ähnliche Verfahren durchgespielt haben, z. B. einen Personalratsvertreter aus einem anderen städtischen Betrieb, einen Dritten aus einem anderen Theater oder Orchester, von einer Gewerkschaft etc.

6.4.3 Stichworte und Motive für eine verbesserte Kommunikation

Stichworte bzw. Motive für eine verbesserte Kommunikation innerhalb des Orchesters, aber auch gegenüber dem Orchestermanagement können sein:

- „Wertschätzung durch Wahrnehmung" (durch Kollegen, durch den Arbeitgeber)
- Fürsorgepflicht als Arbeitgeber
- Ganzheitliche Wahrnehmung des Musikers/Mitarbeiters mit all seinen Stärken und Schwächen, Fähigkeiten und Potenzialen
- Gesundheit, Physiotherapie, allgemeine Fitness
- Bedingungen am Arbeitsplatz: Lautstärke, Beleuchtung, Ergonomie.

Musiker sollten als „wissende Mitarbeiter" eingebunden werden in

- organisatorische Aspekte,
- programmatische Aspekte,
- personalpolitische Aspekte.

Um an dieser Stelle keine Missverständnisse zu erzeugen: Das Orchestermanagement und die künstlerische Leitung müssen letztlich Richtungsentscheidungen fällen und tragen dafür die Verantwortung. Man kann nicht alle in alles einbeziehen. Dennoch können und sollten die Musiker und der Orchestervorstand mehr als bloße „Rädchen im Getriebe" sein. Wenn Vorstand und Musiker den Konzertplan der nächsten Saison erst aus der Zeitung erfahren, ohne ansatzweise im Vorfeld eingebunden gewesen zu sein, führt das zu Frustrationen. Insbesondere dann, wenn sich später aus einer einseitigen, nicht rechtzeitig oder nicht ausreichend kommunizierten Planung im Orchester Dienstballungen und organisatorische Engpässe bei der Umsetzung des Konzertplanes ergeben, die man hätte vermeiden können.

> **Praxisbeispiel Qualitätsverbesserung durch Partizipation**
> Das Saint Paul Chamber Orchestra (Minnesota) hat ein „Artistic Vision Committee", einen künstlerischen Planungsbeirat für die Saisonplanung eingerichtet, bestehend aus Orchestermitgliedern und Mitarbeitern des Managements. Das Management stellte in der Folge eine Steigerung der künstlerischen Qualität der Konzerte und eine deutliche Steigerung der Einnahmen fest (Mertens 2007: 32).

6.4.4 Weitere Kommunikationsplattformen

Folgende weitere und teilweise neue Kommunikationsplattformen können in der Praxis hilfreich sein:

- Regelmäßige Auftritte von Intendanz, Orchestermanagement, Chefdirigent in der Orchesterversammlung nach konkreter Tagesordnung,
- Informationen über Spiel- und Konzertplanungen kommender Spielzeiten und Beteiligung von Intendanz, Chefdramaturg, Orchestermanagement, Orchestervorstand,
- Gesprächsrunden von Stimmführern, Solobläsern und interessierten Orchestermitgliedern auf Einladung des Orchestervorstandes zu konkreten Themen (z. B. Probenzeiten und -organisation, Probenhäufigkeit in Abhängigkeit vom Programm, allgemeine Arbeitsorganisation).

Es sollten außerdem regelmäßige, vertrauliche Mitarbeitergespräche ermöglicht und dokumentiert werden, z. B. einmal jährlich. Die Einrichtung dieser Plattform kann im Einzelfall der Mitbestimmung/Mitwirkung von Personal- bzw. Betriebsrat unterliegen. Festzulegen ist auch, welche Gesprächskonstellation bzw. -ebene wirklich sinnvoll ist (Musiker/Mitarbeiter mit GMD, Personalleiter, Intendant, Geschäftsführer, Orchesterdirektor etc.). Wichtig ist das subjektive Gefühl, dass das Gesagte vom Gegenüber wahr- und ernstgenommen wird. Je größer das Orchester, desto mehr müssen praktikable Verfahrensabläufe gefunden werden, um möglichst allen Mitarbeitern gerecht zu werden. Das ehrliche Interesse der Unternehmensleitung an den Mitarbeitern ist der größte Motivationsfaktor (Pegelhoff 2008: 12). Oberstes Ziel dieser Kommunikationsprozesse und -strukturen sollte die Erhöhung der Mitarbeiterzufriedenheit und damit der Mitarbeitermotivation insgesamt sein. Diese Komponente wiederum muss integraler Bestandteil des Leitbildes, der Vision des Gesamtunternehmens sein.

6.4.5 Zwischenergebnis

Für die Verbesserung der Kommunikation im Orchester gibt es keine Patentrezepte, aber durchaus sinnvolle und vielversprechende Ansatzpunkte. Jedes Orchester muss hierbei seine eigenen Ideale definieren und ist aufgefordert, sich diesem wichtigen Diskussions- und Erkenntnisprozess um des eigenen Selbstverständnisses und der Zukunftsperspektiven Willen zu stellen. Wünschenswert ist die Erstreckung einer neuen und bewusster eingesetzten Kommunikation auf den gesamten Betrieb.

6.5 Personalentwicklung im Orchester

Ein Kulturbetrieb, der nach seinem Selbstverständnis zielorientiert und strategisch ausgerichtet arbeitet, begreift seine Mitarbeiter als sein wesentliches Potenzial (Klein 2007: 169). Die Musiker sind dabei das wichtigste „Kapital" eines Orchesters. Dennoch gibt es kaum einen Bereich des Arbeitslebens, in dem so wenig in Sachen Weiterentwicklung und Weiterbildung von Mitarbeitern getan oder dem Zufall überlassen wird (Fischer 2008: 153). Die Personalentwicklung in Orchestern steckt noch in den Kinderschuhen (Scherz-Schade 2009b: 19). Wer den Auswahl- und Erprobungsprozess absolviert hat, verbringt oftmals ein bis zu 40jähriges Arbeitsleben in einem Klangkörper, ohne dass ein einziges Mal seitens des Arbeitgebers mit ihm über seine persönliche berufliche Entwicklung gesprochen wird (Brezinka 2005: 33) und ohne echte Aufstiegschancen („Einmal zweite Geige, immer zweite Geige"). Hierdurch werden mögliche Entwicklungspotenziale und -defizite nicht erkannt, Chancen für die Mitarbeiter, aber auch für den Orchesterbetrieb nicht genutzt, Frust und Resignation gefördert. So kann der sichere Job im Stammorchester zur ungeliebten Nebensache werden (von Hoensbroech 2017: 128).

Ein weiterer Einflussfaktor auf die Arbeitszufriedenheit von Musikern sind die Auswirkungen von Stress und dessen Bewältigung. Dienstballungen, der künstlerische und psychische Leistungsdruck zur Perfektion während der Aufführung haben in den vergangenen Jahren ständig zugenommen. Zufriedene Musiker und Mitarbeiter sind durchweg stressresistenter. Dies gilt es bei der Personalentwicklung und bei der Verbesserung von Arbeitsbedingungen und -abläufen stets zu berücksichtigen (Schöneberg 2017: 38).

6.5.1 Neue Orchestermitglieder

Zur Einführung für junge und neue Kollegen gehört neben einer offiziellen Begrüßung im Orchester oder der jeweiligen Abteilung, einer Begrüßungsmappe mit allen wichtigen Informationen zu Betriebsabläufen und Ansprechpartnern (mit Bild) vor allem die Einbindung in die Tradition des jeweiligen Orchesters, in die Besonderheiten des Klangkörpers (vgl. Fischer 2008: 208). Hier ist zu unterstreichen, dass Musiker, die länger im Orchester sind, den „Neuen" den Weg zeigen müssen, um im Orchester als Gesamtheit anzukommen. Es muss die Teamfähigkeit neuer Kollegen gefördert und deren Entwicklung aktiv unterstützt werden. Die Frage lautet: „Was kannst Du für Dein neues Orchester tun ... und wie können wir Dir dabei helfen, das herauszufinden?".

Ein gewisses Problem besteht allerdings in dieser Phase darin, dass neue Kollegen im Orchester wegen der laufenden Erprobung naturgemäß verunsichert sind, von allen anderen beobachtet werden und nicht wissen, ob ihre Mitgliedschaft denn eine dauerhafte werden wird. Hier kann es hilfreich sein, wenn jedem Probanden ein erfahrener *Mentor* aus dem Orchester als persönlicher Ansprechpartner für die Dauer der Probezeit zur Seite gestellt wird. Auch sollte das gesamte Orchester überlegen, ob man sich gegenüber Musikern, die die Erprobung noch nicht vollendet haben, nicht einfach in die Rolle eines guten Gastgebers begibt. Der Gast könnte bald ein Familienmitglied werden. Es soll Negativfälle geben, bei denen Musiker aus ihrer schlecht oder nicht begleiteten Erprobungszeit traumatische Erfahrungen für ein ganzes Berufsleben mit sich herum tragen. Das kann vermieden werden. Mit Orchestermitgliedern, die die Erprobung erfolgreich absolviert haben, sollte ein *Perspektivgespräch* (Zielvereinbarungsgespräch) geführt werden (Fischer 2008: 173, Klein 2009: 126). Teilnehmen sollten der verantwortliche Orchestermanager, ein Vertreter des Orchestervorstandes, ggf. der Chefdirigent und das neue Orchestermitglied. Gegenstand des Gespräches sollten u. a. die persönlichen künstlerischen und beruflichen Perspektiven des neuen Mitglieds und seine sonstigen musikalischen und außermusikalischen Vorlieben und Qualifikationen sein (s. u.).

▶ **Praxistipp: Fragenkatalog für Musiker nach Festanstellung**
- Wie sehen Erwartungen, Wünsche, Vorschläge des neuen Orchestermitglieds für den neuen Arbeitsplatz aus?
- Wo hat das neue Orchestermitglied während seiner Erprobung Mängel in der Betriebsorganisation, in betrieblichen Abläufen und in seiner persönlichen Betreuung erkannt?
- Gibt es konkrete Anregungen für Verbesserungen?
- Hat das neue Orchestermitglied besondere Interessen, z. B. in den Bereichen der Kammermusik, als Arrangeur, Komponist, Musiklehrer, Moderator etc., bei denen es die Unterstützung des Arbeitgebers/Orchesters für sinnvoll hält?
- Wenn ja, in welcher Form konkret?
- Welche Ideen bestehen seitens des Orchesters, besondere Fähigkeiten des neuen Orchestermitglieds im Sinne des Orchesterbetriebs zu entwickeln und für das Orchester zu nutzen?
- Gibt es aus Sicht des neuen Orchestermitglieds einen spezifischen Weiterbildungsbedarf (z. B. Barockmusik, moderne Spieltechniken, Übe- und Entspannungstechniken, Alexander-Technik usw.)?

Die hier aufgestellten Fragenkataloge und Anregungen können in Form eines standardisierten Fragebogens verwendet und beliebig erweitert werden. Das Gespräch sollte ebenso wie konkrete Absprachen und das Datum eines Kontrollgespräches (in wie viel Monaten?) zum Stand der erreichten Ziele und Entwicklungen dokumentiert werden (Klein 2009: 128). Zielvereinbarungsgespräche können aber auch mit einzelnen Stimmgruppen eines Orchesters oder mit einer Abteilung des Managements geführt werden, wenn es um Teamziele geht (Klein 2009: 119).

6.5.2 Ältere Orchestermitglieder

Die vorstehenden Anregungen und Empfehlungen sollten sukzessiv sinngemäß auch auf die bereits dem Orchester seit längerer Zeit angehörenden Mitglieder übertragen werden. Sie repräsentieren die Spielerfahrung, die Weitergabe von Erfahrungen und Klangtraditionen, den genetischen Code eines Orchesters. Sie verdienen mit steigendem Alter wachsenden Respekt, auch und weil der Leistungserhalt naturgemäß zunehmen mehr Zeit und Aufwand erfordert. Je kürzer Mitglieder dem Orchester angehören, desto rechtzeitiger sollten auch mit ihnen entsprechende Perspektivgespräche mit den o. a. Maßgaben geführt werden.

Bei zielgerichtetem und verantwortungsvollem Einsatz der vorstehend nur ansatzweise beschriebenen Personalentwicklungsvorschläge sollten die Entdeckung, Förderung, Weiterentwicklung und Verbesserung der Entfaltung der Potenziale einzelner Orchestermitglieder für den gesamten Orchesterbetrieb erreichbar sein.

▶ **Praxistipp: Fragenkatalog für das Orchestermanagement**
- Existiert ein ausreichender Etat für Weiterbildungen?
- Gibt es die Möglichkeit eines „Sabbaticals" für Orchestermitglieder (von einigen Monaten bis zu einem Jahr), um befristet „auszusteigen" und neu „aufzutanken"?
- Besteht die Möglichkeit, in Projekten mit Gastmusikern aus anderen Kulturkreisen in Workshops zu arbeiten (z. B. afrikanische Trommeln, indische, arabische Musik)?
- Bestehen konkrete Vorstellungen in Zukunft im Umfeld des Orchesters Projekte mit einzelnen Orchestermitgliedern zu entwickeln und durchzuführen?
- Wer genau spricht mit einem Orchestermitglied, dessen künstlerische Leistung abnimmt? Existiert hierfür ein mit dem Orchester abgestimmtes Verfahren, welches dies nicht nur der jeweiligen künstlerischen Leitung überlässt?

6.6 Rolle von Betriebs- und Personalräten

Auch Personal- und Betriebsräten kommt in Fragen der Personalentwicklung und der Konfliktprävention und -bewältigung eine wichtige Rolle zu, wobei die Reichweite vom konkreten Einzelfall und den damit zusammenhängenden Rechtsgrundlagen der Personalvertretungsgesetze und des Betriebsverfassungsgesetzes abhängig ist. Besonders hervorzuheben sind vor allem Initiativrechte gegenüber dem Arbeitgeber z. B. in Fragen der Mitarbeitergesundheit oder zur Vermeidung von Mobbing. Vereinzelt gewähren die Personalvertretungsgesetze insoweit auch besondere Kompetenzen, z. B. bei Abmahnungen, Probejahr und Probezeit. Oder es bestehen in einer größeren Personalverwaltung Konfliktmanagementnetzwerke mehrerer Personalräte (z. B. in der Münchner Stadtverwaltung), die genutzt werden können.

Je nach Betriebsstruktur darf aber auch nicht übersehen werden, dass Betriebs- bzw. Personalräte in der Regel von ihrer personellen Besetzung her nicht unmittelbar oder nicht vollständig in das Orchester eingebunden sind. Dies kann vorteilhaft sein, da dann auch die Sichtweise von Nichtmusikern und Mitarbeitern aus der Verwaltung bzw. anderen Sparten im Gremium einfließt.

▶ **Praxistipp: Personalentwicklung durch Betriebs- bzw. Dienstvereinbarung**

Ein Hauptproblem der nachhaltigen Personalentwicklung besteht im Orchesterbetrieb in den befristeten Verträgen des künstlerischen Leistungspersonals. Dirigenten und Orchestermanager wechseln von Zeit zu Zeit, die Musiker, jedenfalls diejenigen jenseits des 35. Lebensjahres, bleiben. Es fehlt also meist jemand auf Seite des Managements, der sich auch auf Arbeitgeberseite langjährig und perspektivisch um die künstlerische Personalentwicklung im Orchester kümmert. Dieses Manko kann zum Teil aufgefangen werden, indem über die Grundsätze der Personalentwicklung zwischen Arbeitgeber und Betriebs- bzw. Personalrat eine Betriebs- bzw. Dienstvereinbarung abgeschlossen wird, die jenseits der Amtsdauer der handelnden Personen Bestand hat.

▶ **Lesetipps**

- Armin Klein gibt in seinem Buch: Leadership im Kulturbetrieb, VS-Verlag 2009, neben den Grundlagen der Organisationslehre zahlreiche Hinweise zur Analyse und Verbesserung der Mitarbeiterführung durch das Management eines Kulturbetriebes.
- Das Buch: Professionelle Konfliktlösung – Führen mit Mediationskompetenz von Anita von Hertel, Campus Verlag, Frankfurt/Main, New York 2003, bietet mit Fallbeispielen und Bausteinen zur Gesprächsführung und Konfliktbewältigung verschiedene Einstiege in den Bereich der Konfliktprävention und -lösung.

Literaturverzeichnis

Brezinka, Thomas (2005): Orchestermanagement – Ein Leitfaden für die Praxis, Kassel: Bosse
Fischer, Walter Boris (2008): Künstler & Co – Mitarbeiterführung in Theatern, Orchestern und Museen, Zürich/Chur: Rüegger
Klein, Armin (2007): Der exzellente Kulturbetrieb, Wiesbaden: VS Verlag
Klein, Armin (2009): Leadership im Kulturbetrieb, Wiesbaden: VS Verlag
Kutz, Angelika (2007): Mediation als Instrument zur Konfliktlösung im (professionellen) Orchester – Orchestermediation, Frankfurt/Main: Haag + Herchen
Mertens, Gerald (2007): Qualitätssteigerung durch Einbindung der Musiker in die Planung – Das neue Managementmodell des Saint Paul Chamber Orchestra (SPCO), in: Das Orchester, Heft 1, S. 32
Pegelhoff, Ralf (2007): Musiker als Erfüllungsgehilfen – Mangelhaft: Die Personal- und Organisationsentwicklung in deutschen Orchestern, in : Das Orchester, Heft 3, S. 8-16
Pegelhoff, Ralf (2008): Gesucht! Kommunikationskultur für Orchester, Heft 4, S. 10-12
Salzwedel, Martin/Schütz, Dirk (2009c): Demokratie oder Hierarchie – Ideen darüber, wie beides zu integrieren ist, in: Das Orchester, Heft 11, S. 30-32
Scherz-Schade, Sven (2009a): In sicheren Händen? Orchestermusiker über Führung durch Management und Intendanz, in: Das Orchester, Heft 11, S. 14-16
Scherz-Schade, Sven (2009b): Zum Erfolg führen – Orchesterintendanten, -direktoren und -manager über ihre Sicht von „guter Führung", in: Das Orchester, Heft 11, S. 17-19
Schöneberg, Jasmin (2017): Arbeitsstress im Orchester, in: Das Orchester, Heft 1, S. 38
Seifter, Harvey / Economy, Peter (2001): Das virtuose Unternehmen, Frankfurt/Main, New York: Campus
Sinsch, Sandra (2009b): Gute Nachbarn, schlechte Nachbarn – Stimmgruppen im Orchester sind fragile Mikrokosmen, in: Das Orchester, Heft 11, S. 36-37
von Hoensbroech, Raphael, Severin, Alexis (2017): Das Peripetie-Prinzip – Die Kunst wirksamer Führung, Hamburg: Murmann

Künstlerische Planung und Disposition 7

Zusammenfassung

Die künstlerische Planung und die pragmatische Organisation des Proben- und Vorstellungsbetriebs sind zentrale Aufgaben des Orchestermanagements. Die Kenntnisse des musikalischen Repertoires sind ebenso Voraussetzung wie Kontakte zu Künstlern, Agenturen und Veranstaltern. Es geht um die Koordination verschiedenster Bereiche und Einflussfaktoren, um das künstlerische Kernprodukt eines Orchesters optimal zu platzieren und weiter zu entwickeln. Intendant, Chefdirigent und Dramaturgie haben hier eine wichtige Führungsfunktion.

Schlüsselbegriffe

Spielplan, Konzertplan, Besetzungsplan, Dienstplan, Diensteinteilung, IT-Lösungen, Dramaturgie, künstlerische Planung, Agenturen

Wenn Audiencing und Qualitätsmanagement inklusive des Marketings als zentrale Führungsaufgaben des Orchestermanagements wahrgenommen werden, dann müssen dabei die künstlerische Planung und Disposition direkt ineinandergreifen. Das Ergebnis dieser regelmäßigen Planung ist der jährliche Spiel- und Konzertplan (Veranstaltungs- und Probenplan), im Folgenden schwerpunktmäßig dargestellt am Beispiel eines Konzertorchesters.

7.1 Spiel- und Konzertplan

Während reine Opernorchester – wie bereits erläutert – dem Bühnen- und Repertoirebetrieb des Musiktheaters mit seinen spezifischen Dispositionszwängen und bühnentechnischen Planungsvorläufen unterworfen sind und neben der Erarbeitung neuer Bühnenwerke das laufende Musiktheaterrepertoire bedienen, arbeiten Konzertorchester grundsätzlich projektbezogen. Die Konzertplanung definiert das Kernprodukt eines Orchesters oder Konzerthauses (Kalbhenn 2011: 239). Schematisch betrachtet erfolgt die Konzert- und Veranstaltungsplanung eines Konzertorchesters einem strengen Prozessablaufschema. Das einzelne Projekt kann ein gewöhnliches Sinfoniekonzert, meist eine Konzertwoche mit mehreren Konzerten mit demselben oder leicht modifiziertem Programm, eine Gastspielreise mit mehreren Konzerten, eine Fremdveranstaltung mit einem Laienchor, ein Educationprojekt mit einer Schule, eine CD- oder Rundfunkproduktion etc. sein. Das jeweilige Projekt entspricht dabei deckungsgleich auch dem „Produkt" im Sinne des Marketings. Die künstlerische Planung ist damit die zentrale Schnittstelle zum Marketing, zum Audiencing und zu begleitenden Education- und Musikvermittlungsaktivitäten eines Orchesters (vgl. Abb. 4).

7.1.1 Parallele Planungs- und Umsetzungsebenen, Grundgerüst

Das Orchestermanagement arbeitet bei der Planung und Abwicklung des künstlerischen Betriebs gleichzeitig in bis zu vier Planungsebenen bzw. Umsetzungsstufen (Abb. 11). Die jeweilige Stufe definiert sich danach, wie weit die Umsetzung sich bereits konkretisiert und verdichtet hat. Die oberste Stufe ist Ausführung des gerade laufenden Konzertplans in der jeweiligen Saison. Auf der zweiten Stufe steht die Vollendung der Planung der kommenden Konzertsaison. Die dritte Stufe bildet die Grobplanung der übernächsten Konzertsaison. Und auf der vierten Stufe stehen schließlich die in Planung befindlichen, aber zeitlich noch nicht oder nur ansatzweise konkretisierten Zukunftsprojekte.

7.1 Spiel- und Konzertplan

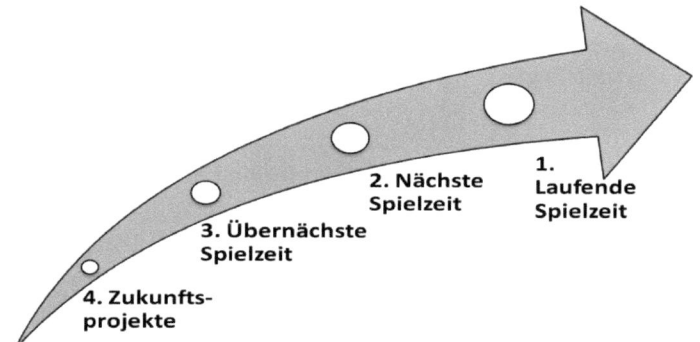

Abb. 11 Ebenen der künstlerischen Planung und Disposition (eigene Darstellung)

Jedes Orchester verfügt über ein eigenes, historisch gewachsenes Dispositionsmodell, das sich an dem Grundgerüst bestimmter Konzertreihen, -termine und Veranstaltungsorte orientiert und parallel dazu meist durch entsprechende Abonnementszyklen überlagert ist.

7.1.1.1 Feststehende Konzerttermine als Grundgerüst

Man kann sich das Grundgerüst und die Entwicklung des jährlichen Spiel- und Konzertplanes vorstellen wie das Puzzle eines kleinen pazifischen Inselreiches: Es gibt feste Inseln (Abonnementskonzerte an bestimmten Wochentagen in Abständen mehrerer Wochen), dazwischen tauchen im Laufe des Planungsfortschritts immer neue kleinere Inseln auf (weitere Veranstaltungen, Sonderkonzerte etc.), die im Laufe der Zeit noch ein wenig verschoben werden können, eventuell auch wieder untergehen. Teilweise bestehen bereits Landbrücken (verschiedene Konzertzyklen unterschiedlicher Abonnementsringe), oder es bilden sich neue thematische Brücken zu einzelnen Veranstaltungen (Konzert ist verbunden mit begleitenden Sonderveranstaltungen, z. B. einem Educationprojekt, einer Lesung, einer Filmvorführung).

Das Orchestermanagement führt zeitgleich mehrere parallele Puzzlespiele für verschiedene Spielzeiten in unterschiedlichen Umsetzungsstufen (vgl. Abb. 11) aus. Jeweiliger Endtermin aller Planungsprozesse und damit Abgabetermin für das nächste fertige Puzzlespiel ist immer die Drucklegung der Saisonbroschüre für die folgende Spielzeit. Die Nase am weitesten vorn hat in Deutschland in der Regel das Leipziger Gewandhaus, das Ende Februar, Anfang März des Jahres die komplette Saisonbroschüre für die im August beginnende, kommende Jahresspielzeit der Öffentlichkeit vorlegt. Darin enthalten sind sowohl alle Eigenveranstaltungen (insbesondere Konzerte des Gewandhausorchesters), als auch die Veranstaltungen Dritter (Saalvermietung).

> **Praxisbeispiel Konzerttradition als Grundgerüst der Disposition**
> Das Gewandhausorchester Leipzig bewahrt seit 1743 die Tradition und den Titel „Das große Concert", welches heute als Konzert in großer Orchesterbesetzung in der Regel im Abstand von ein oder zwei Wochen an zwei aufeinanderfolgenden Tagen (Donnerstag/Freitag) mit identischem Programm wiederholt wird. Man kann hier von einer echten „Traditionsmarke" sprechen. – Die Konzerte der Berliner Philharmoniker finden in der Philharmonie – außerhalb von längeren Konzertreisen – in der Regel wöchentlich von Donnerstag bis Sonntag und grundsätzlich an drei Abenden statt. Die Tage Montag bis Mittwoch werden als tendenziell besucherschwächere Tage für Orchesterkonzerte im großen Saal gemieden und sind tagsüber mit Proben für die jeweils folgende Konzertserie belegt. Die nicht von den Philharmonikern belegten Abendtermine sind dann für andere Orchester bzw. Ensembles und zur sonstigen Vermietung verfügbar.

7.1.1.2 Verfügbarkeit von Veranstaltungsräumen

Neben dem Grundgerüst bestimmter Veranstaltungstage für Konzerte spielt in der Phase der Planung auch die Verfügbarkeit von Veranstaltungsräumen eine große Rolle. Nur wenige Orchester sind in der glücklichen Lage, als Hausherr über einen eigenen, akustisch adäquaten Konzertsaal zu verfügen und damit ein Erstbelegungsrecht zu haben, wie z. B. das Gewandhausorchester Leipzig, die Berliner Philharmoniker oder die Bamberger Symphoniker. Orchester ohne Verfügungsrecht über einen eigenen Saal sind in der großen Mehrzahl. So gibt es an vielen Orten mit nur einem großen Konzertsaal eine Konkurrenz verschiedener Orchester um die besten Veranstaltungstermine an Wochenenden und Feiertagen (z. B. in München, Köln, Stuttgart), eine Konkurrenz mit Gastspielen externer Orchester oder sonstigen Veranstaltungen am üblichen Konzertort. In dieser Konkurrenzsituation versucht jedes Orchester, jeder Veranstalter durch möglichst langfristige Verträge mit dem örtlichen Saalbetreiber für den eigenen Betrieb Planungssicherheit zu erlangen. Dies kann allerdings über die Jahre auch ein zu enges Korsett werden, wodurch andere Projekte, z. B. Konzertreisen, zu bestimmten Terminen dann eben nicht mehr geplant werden können.

7.1.1.3 Externe Terminfaktoren

Weitere Faktoren, die bei der langfristigen Terminplanung eine Rolle spielen können, sind die jeweiligen Schulferientermine, Feiertage und verlängerte Wochenenden, regionale Jubiläen und Feste, Bräuche und Traditionen wie Fasching, Karneval, Handelsmessen oder wiederkehrende Sportereignisse. Ein Standard bei fast allen Orchestern sind inzwischen Weihnachtskonzerte sowie Silvester- und Neujahrskonzerte. Ebenfalls zu den externen Terminfaktoren zählt die zeitliche Verfügbarkeit von Gastdirigenten, Gesangs- und Instrumentalsolisten, Moderatoren, also aller externen Künstler. Je prominenter, je internationaler vernetzt diese Künstler sind, desto länger ist der entsprechende Vorlauf. Häufig ist es so, dass das Orchestermanagement versucht, besondere Projekte mit bestimmten Künstlern, die in dieser „Liga" auftreten, langfristig im Voraus zu fixieren. Dies geschieht meist auf der Ebene der „Zukunftsprojekte" mit einem Vorlauf von drei bis vier Jahren, so dass im Ergebnis neben die „Termininseln" des Konzertgerüsts auch noch diese weitere Inselgruppe auftaucht.

7.1.2 Proben- und Besetzungsplanung

Integriert in die Entwicklung des Spiel- und Konzertplanes für die einzelne Saison ist die Proben- und Besetzungsplanung für jedes einzelne Projekt. Für ein „normales" Sinfoniekonzert mit einer traditionellen Programmatik werden in der Regel fünf bis sechs Orchesterproben angesetzt, in Ausnahmefällen (Umfang und Schwierigkeit der Werke, besondere Anforderungen des Dirigenten) können auch mehr Proben erforderlich sein. Die Besetzungsplanung hängt wiederum vom künstlerischen Programm, also von den konkreten Musikstücken des einzelnen Projekts, sowie im Einzelfall den Besetzungsanforderungen von Dirigenten und Veranstaltern oder auch von den räumlichen und akustischen Möglichkeiten (Bühnenmaße) am Konzertort ab. Spätestens an dieser Stelle sind im Orchestermanagement breite musikalische Repertoirekenntnisse und Erfahrungswerte gefragt.

7.1.3 Exkurs: Disponenten-Einmaleins

Große romantische Sinfonien von Gustav Mahler oder Anton Bruckner werden zunächst in den Bereichen Bläser/Schlagwerk/Harfen nach den Vorgaben der Partitur und im Streicherbereich – entsprechend den vorhandenen personellen und finanziellen Möglichkeiten sowie akustischen Erwägungen – mit einer möglichst großen Streicherbesetzung gespielt (sog. 14er- oder 16er-Besetzung). Hinter einer

„16er-Besetzung" verbergen sich in der Regel 16 erste, 14 zweite Violinen, zwölf Bratschen, zehn Violoncelli und acht Kontrabässe, insgesamt also 60 Streicher. Im Konzert sitzen dann zusammen rund 90 Musiker auf der Bühne. Bei einer 14er-, 12er- oder 10er-Besetzung sind es entsprechend je Stimmgruppe je zwei Streicher weniger.

Das klassisch-romantische Orchesterkernrepertoire aus der ersten Hälfte des 19. Jahrhunderts (z. B. Haydn, Beethoven, Schubert, Schumann, Mendelssohn) ist in der Regel mit einer 10er- bis 12er-Streicherbesetzung gut aufführbar. Kleinere Orchester müssen hier oftmals Kompromisse eingehen. Die Besetzungsanforderungen für alle anderen Instrumentengruppen folgen aus der vom Komponisten vorgegebenen Partitur. Das bedeutet für Musik aus dieser Epoche in der Regel „zweifaches Holz" (je zwei Flöten, Oboen, Klarinetten und Fagotte), zwei bis vier Hörner, zwei Trompeten, drei Posaunen, Pauke und Schlagzeug, also noch einmal knapp 20 Musiker. Zusammen mit weiteren 30 Streichern in einer 10er-Besetzung sitzen im Konzert rund 50 Musiker auf der Bühne, bei einer 12er-Besetzung rund 60. Die Standardbesetzungen von 56 bis 66 Musikern bei TVK-Orchestern der Vergütungsgruppen C bis B decken genau diesen Kernbereich ab (vgl. Kap. 5.4.7.1).

Diese Besetzungsgrößen sind Faustformeln, die für die Grobplanung ausreichen und einen ersten Anhaltspunkt geben. Je weiter man in die Details einsteigt, desto differenzierter sind die Vorgaben der Partituren. So sind beispielsweise bei Mozart in vielen Sinfonien keine Flöten, Fagotte und Klarinetten besetzt, bei Rossini oftmals nur eine Posaune, die 4. Sinfonie von Gustav Mahler verzichtet ganz auf Posaunen usw. Je weiter sich jedoch die Programmplanung von gängigen Pfaden entfernt (was ja wünschenswert sein kann), desto aufwändiger wird möglicherweise die spätere Umsetzung. Gibt es Besonderheiten bei der Besetzung (mehrere Harfen, mehrere Pauken)? Sind alle erforderlichen Instrumentenstimmen aus dem eigenen Orchester besetzbar? Sind ungewöhnliche Nebeninstrumente (Bassetthörner, Heckelphon, Zupfinstrumente etc.) zu besetzen? Erfordert das – meist zeitgenössische – Werk eine besonders große Schlagzeug-Besetzung? Ist das Aufführungsmaterial in der orchestereigenen Notenbibliothek vorhanden oder muss es angeschafft oder ausgeliehen werden? Ist das gespielte Repertoire urheberrechtlich geschützt oder gemeinfrei? Dies sind nicht nur rein organisatorische, sondern auch finanzielle Faktoren (Sonderhonorare für ungewöhnliche Instrumente, Verstärkungsaushilfen in den Streichergruppen, Zusatzmusiker am Schlagzeug, GEMA-Gebühren, Materialleihgebühren), die die Kosten für das einzelne Konzertprojekt empfindlich nach oben treiben können und entsprechend kalkuliert und eingeplant werden müssen.

Die Standardbesetzungen des üblichen Konzertrepertoires sind den Mitarbeitern des Orchestermanagements in der Regel geläufig, da sie oft über eigene Orchesterpraxis verfügen. Ansonsten hilft der Blick in die einschlägige Fachliteratur weiter.

7.1 Spiel- und Konzertplan

Standardwerke sind insoweit die Verzeichnisse von David Daniels (Orchestral Music – A Handbook – Schwerpunkt angloamerikanisches Repertoire) und von Wilhelm Buschkötter und Hansjürgen Schäfer (Handbuch der internationalen Konzertliteratur – Schwerpunkt europäische Musik). Außerdem helfen die Kataloge und Datenbanken der Musikverlage sowie der Bonner Katalog weiter. Der Bonner Katalog ist das Verzeichnis der gegen Leihgebühr bei den Musikverlagen erhältlichen musikalischen Aufführungsmaterialien. Bei Leihmaterialien bestimmter Verlage und vor allem bei eher selten aufgeführten Werken ist häufig die grafische Qualität und Lesbarkeit des Notenmaterials problematisch. Dies kann zu massiven Beschwerden des Orchesters und zu Verzögerungen des Einstudierungs- und Probenbetriebs führen. Die rechtzeitige Klärung verfügbarer Ausgaben und der Materialqualität durch das Orchestermanagement bzw. die Notenbibliothek können viel Ärger und Frust ersparen. Das Hilfreich für die Musikrecherche kann auch die Online-Datenbank der GEMA (www.gema.de) sein. Über die Streaming-Plattform Spotify, YouTube, am besten aber über die spezielle Klassik-Streaming-Plattform IDAGIO (www.idagio.com) findet man Zehntausende von Aufnahmen klassischer Musik.

Im Umkehrschluss zu den Überlegungen, welche Instrumente bzw. Musiker für bestimmte Konzertprojekte benötigt und aus dem eigenen Orchester eingesetzt werden, sollte man natürlich auch daran denken, welche Musiker während dieses Projektes partiturbedingt nicht eingesetzt werden. Wenn z. B. in einem B-Orchester ein Mozart-Zyklus geplant ist, ist von Anfang an klar, dass nicht alle Streicher besetzt sind, Flöten und Klarinetten, Blechbläser (außer zwei Hörnern), Harfe und Schlagzeug ebenfalls nicht komplett benötigt werden.

Frage: Lässt sich mit dieser „Restbesetzung" in der Mozartwoche ein sinnvolles Parallel- oder Ergänzungsprogramm planen? Beispielsweise eine Kammermusik- oder Serenaden-Veranstaltung, ein Kinder- oder Familienkonzert, ein Musikvermittlungsprojekt, ein Schulworkshop? Aus Nachlässigkeit oder mangels entsprechender Kapazitäten im Orchesterbüro wird dieser Schritt oft nicht gegangen oder den Musikern zur Eigeninitiative überlassen.

Ziel des Orchestermanagements sollte es sein, die Spielräume der Einsetzbarkeit der Musiker im Rahmen der tariflichen Höchstbelastungsgrenzen in der Woche und im Ausgleichszeitraum (vgl. Kap. 5.4.6.3) optimal auszunutzen. Dies ist im Projektbetrieb eines Konzertorchesters, bei dem in der Regel jedes Projekt mit einer festen Orchesterbesetzung geprobt und aufgeführt wird, leichter zu bewerkstelligen, als in einem Opernorchester mit Repertoirebetrieb. In diesem Fall wird laufend mit wechselnden Orchesterbesetzungen gearbeitet, damit alle Musiker während des Probenbetriebes einer Neuproduktion das Stück kennen lernen und später zur Premiere und den nachfolgenden Aufführungen universell einsetzbar sind. Wenn allerdings in einem Opern- und Operettenspielplan in einzelnen Wochen nur eine kleinere Orchesterbesetzung einzuplanen ist, können auch hierdurch Freiräume für gesonderte Orchester- oder Kammermusikprojekte entstehen. Die Planung derartiger Projektmöglichkeiten kann durch eine maßgeschneiderte Dispositions-Software erleichtert werden, die auf Knopfdruck alle verfügbaren Dienste je Musiker an einem bestimmten Tag oder in einer Woche auswirft (s. u. Kap. 7.2).

7.1.4 Vom Konzertplan bis zur Diensteinteilung

Wenn der *Spiel- und Konzertplan* schließlich feststeht und druckreif ist, muss auf einer zweiten Ebene auch der Besetzungsplan konkretisiert werden; d. h. in welcher konkreten Stimmenbesetzung und vor allen Dingen mit welchen Streicherbesetzungen (s. o.) die jeweiligen Proben und Aufführungen erfolgen sollen. Rückt dann der Beginn der neuen Spielzeit näher, stellt das Orchesterbüro aus der Kombination des Veranstaltungs- und Probenplans (also dem Feinraster des Konzertplans) mit dem *Besetzungsplan* den monatlichen bzw. wöchentlichen Dienstplan her (Abb. 12). Immer mehr Orchesterbüros stellen den Musikern auch vorläufige Jahrespläne zur Verfügung.

Der *Dienstplan* ist der für den laufenden Betrieb entscheidende Orientierungspunkt für die Orchestermusiker. Der Dienstplan legt für jeden Tag der Woche (wenigstens eine Woche im Voraus) fest, wann, wie lange und wo genau, welche Proben, Aufführungen oder sonstigen Dienste (Bandaufnahmen, Abfahrten zu Gastspielen, Orchesterversammlung, Probespiel) angesetzt sind. Der wöchentliche Dienstplan unterliegt grundsätzlich der rechtzeitigen Abstimmung mit dem Orchestervorstand und der Mitbestimmung durch den Betriebs- bzw. Personalrat (Brezinka 2005: 73).

Der Dienstplan ist schließlich die Basis für die eigentliche *Diensteinteilung*. Erst in dieser Phase wird festgelegt, welcher konkrete Musiker welchen konkreten Dienst zu spielen hat. Diese Festlegung kann grundsätzlich im Rahmen des arbeitgeberseitigen Direktionsrechtes vom Orchestermanagement vorgenommen werden. In den Orchestern besteht aber eine jahrzehntelange betriebliche Übung, dass die konkrete Diensteinteilung in den Stimmgruppen durch die sog. „Diensteinteiler" vorgenommen wird (Richter 2007: 144). Jede Stimmgruppe hat einen Diensteinteiler, der ihr selbst als Musiker angehört. Der Diensteinteiler ist juristisch ein sog. Erfüllungsgehilfe des Arbeitgebers (vgl. § 278 BGB), der einen Teil des ihm vom Arbeitgeber überlassenen Direktionsrechtes ausübt, ohne dass dies im TVK geregelt ist oder gesondert vergütet wird. Viele Rundfunktarifverträge enthalten insoweit immerhin eine Regelung, dass die Diensteinteilung innerhalb der Stimmgruppen erfolgt.

Diese traditionell in das Orchester hinein delegierte Diensteinteilung hat für beide Seiten Vorteile. Der Arbeitgeber spart weiteres Personal im Orchesterbüro (Brezinka 2005: 72). Bei kurzfristigem Ausfall eines Musikers ist der Diensteinteiler in der Regel der erste Ansprechpartner, der für Ersatz durch einen spielfreien Musiker aus der eigenen Stimmgruppe oder für die Verpflichtung eines externen Aushilfsmusikers sorgt, damit ebenfalls das Orchesterbüro entlastet und den laufenden Betrieb sicherstellt. Für die Musiker der Stimmgruppe besteht demgegenüber der Vorteil, in Abstimmung mit dem Diensteinteiler bestimmte Dienste nicht spielen bzw. tauschen zu können. Da hier auch ein Missbrauch nicht ausgeschlossen werden kann, ist es sinnvoll, diesen Bereich regelmäßig zwischen Orchesterbüro, Diensteinteilern und Orchestervorstand abzustimmen.

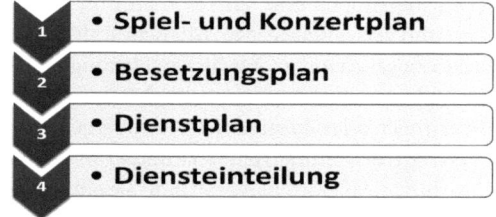

Abb. 12
Vom Konzertplan bis zur Diensteinteilung (eigene Darstellung)

7.2 Technische Hilfsmittel für Planung und Disposition

Viele Orchester führen verschiedene Planungs- und Umsetzungsschritte noch im Handbetrieb aus und setzen Computertechnik mit herkömmlicher Software nur für bestimmte Bereiche (z. B. Dienstplanerstellung, Kalkulationen, Reiseplanung) ein. Immer mehr Orchester, vor allem die größeren, gehen jedoch dazu über, ihren gesamten Betrieb zu vernetzen und computergestützt zu organisieren.

Hierfür wird seit Anfang der 1990er Jahre häufig das aus den USA stammende „Orchestra Planning and Administration System" (OPAS) eingesetzt, das mittlerweile weltweit bei über 230 Opern- und Konzertorchestern, Rundfunkchören und Bigbands Anwendung findet (Brezinka 2005: 67). Bei Einsatz der OPAS-Software (www.opas.eu) laufen alle Daten des Orchesters an einem Ort zusammen und sind für alle Mitarbeiter an ihrem Arbeitsplatz verfügbar. Das Orchestermanagement kann jederzeit auch extern auf das System zugreifen.

OPAS deckt alle Bereiche des Orchestermanagements und der Disposition ab: Kalender- und Planungsfunktionen, Diensteinteilung, Vertragsmanagement, Notenbibliothek mit Repertoiredatenbank, Budgetierung und Kalkulationen, Stammdaten und Hintergrunddaten. Für viele der in den ersten Abschnitten dieses Kapitels beschriebenen Problemstellungen und Fragen werden durch den Einsatz von OPAS Lösungen angeboten.

Der Kalender beispielsweise bietet eine Jahres-, Monats- oder Wochenansicht. Er zeigt alle Termine farblich unterschiedlich gruppiert nach Projekten, Terminarten, Spielorten, Dirigenten, Solisten, usw. an. Der Kalender sieht weitere Gruppierungen nach Orchester, Chor, Technik, Reise, intern, öffentlich, usw. vor und speichert alle Informationen wie Zeiten, Dienste, Programme, Projekte, Spielorte, Dirigenten, Solisten, Werke, Chöre, Instrumentierungen. Zu jedem Projekt können Checklisten angelegt und mit anderen Dokumenten verknüpft werden. Auch können mehrere Kammermusikgruppen oder einzelne Stimmgruppen innerhalb des Orchesters organisiert und verwaltet werden. Mit dem Kalender lassen sich auch die spielzeit- und projektbezogenen unterschiedlichen Planungsebenen und -fortschritte abbilden. Außerdem gibt es Schnittstellen zur Webseite des Orchesters, um Termin-, Besetzungsänderungen oder Zusatzkonzerte mit einem Arbeitsschritt online zu stellen.

Die Vertragsverwaltung generiert und erfasst alle Verträge mit Solisten, Dirigenten, Aushilfen, Spielorten, Agenturen. Sie enthält Details des Projekts, Termine, Programm, Honorare. Für die Reiseorganisation speichert OPAS alle Informationen der Reisen inkl. Termine, Hotels, Spielorte, Teilnehmer, Instrumente und Transportkisten. Reiseteilnehmer können nach Hotels, Bussen und Flügen gruppiert werden, inkl. Zimmer- oder Sitznummer. Zimmerlisten, Visa- und Versicherungslisten, Frachtlisten können direkt aus dem System erstellt werden.

OPAS generiert auch eine Einnahmen- und Ausgabenübersicht. Alle finanziellen Informationen inkl. Solisten- und Dirigentenhonorare, Reisekosten, Einnahmen aus dem Kartenverkauf, Marketing-Kosten, Aushilfshonorare, Saalmieten werden erfasst. Aufgrund der bloßen Programmplanung werden automatisch Kostenschätzungen mit zu erwartenden Kosten für Aushilfen, Transport, Zuschläge etc. erstellt. Das umfangreiche Serviceangebot von OPAS spiegelt letztlich nur die Komplexität des Orchestermanagements wieder, ist aber ein geniales Hilfsmittel (Sinsch 2009c: 41). Die Systemanschaffung, die spezifische Einrichtung für ein Orchester und die laufende Schulung aller Mitarbeiter sind nicht ganz billig. Je nach Programmier- und Schulungsaufwand ist von einem oberen fünfstelligen bis niederen sechsstelligen Euro-Betrag auszugehen.

Auch die Diensteinteilung auf der untersten Ebene der Stimmgruppen funktioniert bei einigen Orchestern nicht mehr mit Dienstlisten und -büchern, sondern online zwischen Diensteinteilern, Orchesterbüro und einzelnen Musikern (Schulte im Walde 2009b: 24). Teilweise wurden hier auch von Musikern oder Orchesterbüros eigene kleine Computerprogramme zur Gruppendiensteinteilung und -abrechnung entwickelt, die von OPAS unabhängig sind.

Weitere Software, die in der Theater- und Orchesterpraxis im deutschen Sprachraum Anwendung findet, ist *theasoft*, die eher im Theaterbereich (auch Musiktheater mit Orchester) genutzt wird (www.theasoft.de). Für Orchester gibt es die Software *thea.orchester*. Eine weitere Software, die von einigen Orchestern, vor allem aber Konzerthäusern, Festivals und Veranstaltern, genutzt wird, ist *evis* (www.pit.de/deu/Produkte/pit%20-%20EVIS/pit-evis.htm).

7.3 Wer bestimmt, was gespielt wird?

Im ersten Teil dieses Kapitels ging es eher um die technischen Abläufe der künstlerischen Planung und Disposition. Noch wichtiger und für den Erfolg des Orchesters letztlich entscheidend sind die künstlerischen Inhalte. Wer also bestimmt, was gespielt wird? Für das inhaltliche Entstehen von Konzertplänen sind verschiedene Einflussfaktoren maßgeblich (Abb. 13).

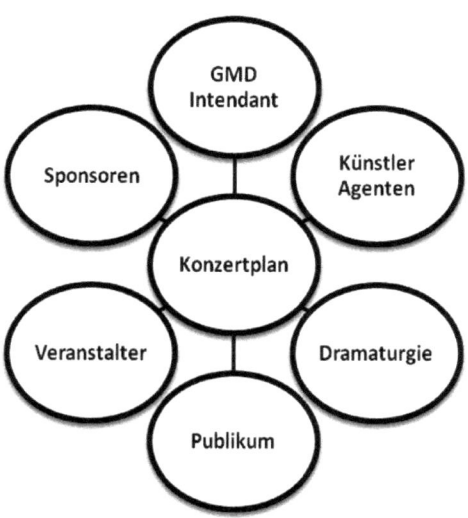

Abb. 13
Wesentliche Einflussfaktoren auf die Inhalte der Konzertplanung

7.3.1 Chefdirigent / GMD / Intendant

Den größten Einfluss auf den Spiel- und Konzertplan eines Orchesters hat grundsätzlich der Chefdirigent oder GMD (Generalmusikdirektor). Denn in seinem Anstellungsvertrag wurde ihm die künstlerische Verantwortung für das Orchester übertragen. Sind allerdings der Vertrag eines GMD und eines (Orchester-)Intendanten durch den Rechtsträger des Orchesters nicht passgenau aufeinander abgestimmt, kommt es hier zu Kompetenzstreitigkeiten, beispielsweise dann, wenn der GMD auch die Programme bzw. Künstler festlegen oder mitbestimmen will, bei denen er selbst nicht dirigiert. Genau dieser Punkt war im Sommer 2009 Auslöser für den Abbruch der Verhandlungen zur Vertragsverlängerung von Chefdirigent Christian Thielemann bei den Münchener Philharmonikern und seinen Wechsel zur Sächsischen Staatskapelle Dresden.

Die Programmwünsche und -vorgaben des Chefdirigenten stellen naturgemäß seine Vorlieben dar und bilden seine Netzwerke ab zu anderen Künstlern, Agenten, Komponisten, ausländischen Konzertveranstaltern etc. (Scherz-Schade 2009a: 15). Dies kann einerseits eine gewünschte Bereicherung, andererseits ein echtes Risiko sein. Eine Bereicherung, da z. B. Werke weniger bekannter Komponisten auf den Spielplan kommen, ein Risiko, dass genau diese Werke vom Publikum womöglich nicht goutiert werden. Risikoreich kann es auch sein, wenn ein neuer Chefdirigent eines Konzertorchesters, der bislang schwerpunktmäßig in der Oper tätig war, mit seinem neuen Orchester konzertante Opern aufführt, obwohl es mehrere Musiktheater in derselben Stadt gibt.

Die in der Praxis entscheidende Frage ist, ob ein Chefdirigent beratungsresistent seine Vorstellung durchdrückt oder sich als „primus inter pares" (womöglich mit Letztentscheidungsrecht) in die Programmplanung einbringt. Dem Orchestermanagement kommt bei diesem Prozess wiederum eine maßgebliche Ausgleichs- und Koordinierungsfunktion zu. Gibt es gleichberechtigt neben dem Chefdirigenten (selten übergeordnet) einen künstlerischen Intendanten, ist dieser für die Zusammenfassung aller Interessen im Konzertplan verantwortlich.

Bei Opernorchestern kommt es immer wieder vor, dass die langfristige Konzertplanung eines GMD mit der Premierenplanung eines womöglich gleichberechtigten Opernintendanten kollidiert, weil eine rechtzeitige Abstimmung an innerbetrieblichen Kommunikationsdefiziten scheitert (Goertz 2004: 40). Dies kann im Orchester bei der Kollision eines groß besetzten Sinfoniekonzertes mit einer groß besetzten Opernpremiere in derselben Woche zu extremen Dienstbelastungen und zu erhöhtem Aushilfeneinsatz mit entsprechender Kostenfolge führen. – Auch hieraus erklärt sich, warum viele Opernintendanten naturgemäß eine Priorität des Musiktheaters gegenüber dem Orchester bevorzugen, während GMDs, zumal wenn sie gleichgestellt und mit einem eigenständigen Anstellungsvertrag durch den Rechtsträger versehen sind, u. U. ein gegenteiliges Interesse haben.

7.3.2 Künstler und Agenturen

Weitere Einflussfaktoren für die Programmplanung sind externe Künstler und deren Agenten. Nur wenige regional oder national tätige Instrumental- und Vokalkünstler vermarkten sich selbst. Die überwiegende Mehrzahl wird gegen Provision von national und international agierenden Künstleragenturen vertreten und vermittelt. Die Provisionsspanne liegt für die Vermittlung von Einzelkünstlern zwischen 15 bis 20 Prozent der vereinbarten Gage, bei der Vermittlung von Ensembles oder ganzer Orchester zwischen 5 bis 7 Prozent (vgl. Risch/Kerst 2009: 49).

Die Agenten suchen für ihre Klienten ständig den Kontakt mit Veranstaltern und Orchestermanagern (Jacobshagen 2002: 20). Sie stellen renommierte oder neue Künstler aus ihrem Bestand vor oder bieten bestimmte Dirigenten-Solisten-Repertoire-Kombinationen an. Auch durch diese Aktivitäten kommen bestimmte Künstler, aber auch bestimmte Werke auf den Konzertplan. Dieses Geschäft basiert auf Vertrauen und auf künstlerischem Einfühlungsvermögen. Das wissen beide Seiten. Erweist sich der als heißer Tipp oder „rising star" vermittelte Künstler bei seinem Auftritt als eher mittelmäßig, wird dieser Agent in absehbarer Zeit bei diesem Orchester keinen Künstler mehr unterbringen und sein Ruf in der sehr eng vernetzten Branche nimmt rasch Schaden. Ebenso bedeutend: Fällt kurzfristig ein Solist aus, sind enge, persönliche Verbindungen zu Agenten bzw. Künstlern für die unverzügliche Ersatzbeschaffung innerhalb weniger Stunden unentbehrlich.

Bedeutende, international agierende Agenturen sind Askonas Holt, Harrison Parrot, IMG Artists, Opus3, CAMI (Columbia Artists Management International), in Deutschland bekannt sind u. a. die Firmen Schmid und Hörtnagel. Die meisten in Deutschland tätigen Künstleragenturen und Konzertveranstalter sind im Verband deutscher Konzertdirektionen organisiert (www.vdkd.de), international ist vor allem die IAMA (International Artists Managers Association) maßgeblich (www.iamaworld.com). Aufgrund der Tatsache, dass alle größeren Agenturen auch internationale Konzertreisen für Orchester vermitteln und organisieren, wäscht bei der Verpflichtung von Künstlern aus derselben Agentur oftmals eine Hand die andere.

7.3.3 Dramaturgie

Die Konzertdramaturgie ist das musikwissenschaftliche Rückgrat der Programmplanung. Hier wird abgewogen, geprüft und entschieden, welche Programmkonstellationen inhaltlich zusammenpassen, wo Beziehungen zwischen Werken und Komponisten liegen, wo thematische und inhaltliche Brücken geschlagen werden können. Welcher Komponist hat wann welchen runden Geburts- oder Todestag (z. B. Mozart-, Haydn-, Mendelssohn-Jahr)? Wo passt die Uraufführung eines zeitgenössischen Werkes hinein? Wie und mit welchen inhaltlichen Linien sollen die bestehenden Konzertreihen bestückt werden? Welche thematischen Schwerpunkte sollen hierbei gesetzt werden? Wie sollen bestehende Reihen weiterentwickelt und ggf. neue aufgebaut werden?

Die Dramaturgie ist die Schnittstelle zur Intendanz, zum Marketing, zur Presse- und Öffentlichkeitsarbeit und damit auch zum Publikum (vgl. Jacobshagen 2002: 142). Vielfach ist es immer noch so, dass Marketingaspekten im Stadium der Programmplanung eine zu geringe Gewichtung eingeräumt wird. Deswegen fehlt der Bereich Marketing auch in der o. a. Grafik (Abb. 11). Marketingüberlegungen spielen einstweilen beim Faktor Publikum zumindest eine gewisse, wenn auch keine dominante Rolle (vgl. im Übrigen Kap. 4.2).

7.3.4 Publikum

Ohne Publikum ist im Bereich der Live-Darbietungen alles nichts. Ein Konzert kann ohne Publikum nicht stattfinden. Auf das Publikum und seine Bedürfnisse bei der Programmplanung durchgängig Rücksicht zu nehmen, galt viele Jahrzehnte lang als nicht erforderlich, als anbiedernd bzw. sogar kontraproduktiv. Manchmal beweise gerade ein leeres Theater, dass es einen guten Intendanten habe (Everding 1996: 259). Um einem Geschmack hinterherzulaufen, brauche man keine Subventionen (Everding 1996: 232). Man betreibe keine Markforschung, keine Feldanalyse (Everding 1996: 236). Das Publikum müsse vielmehr mit Visionen und Utopien herausgefordert werden (Everding 1996: 237). Im Sinne der Vermeidung eines bloßen Mainstream-Programms oder Wunschkonzertdenkens ist da sogar etwas dran. Darum geht es aber bei der Programmplanung nur am Rande. Wer für ein älteres oder eher ländlich geprägtes Publikum zu viel Zeitgenössisches plant und spielen lässt, bekommt sehr schnell ein Problem mit konservativen Abonnenten und dem Kartenverkauf. Wer nur Beethoven, Haydn und Mozart ansetzt, bewegt Orchester und Publikum ebenso wenig nach vorne. Es geht bei der Programmplanung letztlich darum, Publikumsinteressen so zu berücksichtigen, dass alle verschiedenen

Publikumsgruppen sich jeweils angesprochen, angeregt und mitgenommen fühlen können, ohne dass deswegen „ein bunter Strauß schöner Melodien" im Programm die zwingende Folge sein muss.

Vereinzelt gibt es auch einen Publikumsbeirat oder einen künstlerischen Beirat aus dem Orchester mit bloßer beratender Funktion für die künstlerische Leitung in Fragen der Programmgestaltung (Scherz-Schade 2009a: 16). Dies kann auch über die Freundes- und Förderkreise organisiert sein. Den Musikern des Orchesters sind aber grundsätzlich keine echten Mitspracherechte in Bezug auf den Spiel- und Konzertplan eingeräumt. Sie sind jedoch auch nicht gehindert, ihre jeweiligen Vorstellungen in geeigneter Art und Weise zu artikulieren. Das erscheint auch sinnvoll, denn die Musiker müssen schließlich im Konzert die Programme umsetzen, dies verlangt unbedingte Identifizierung (Frei 2008: 14). Das Praxisbeispiel unter Ziff. 6.4.3 zeigt, dass es durchaus auch andere funktionierende Modelle gibt. In vielen Orchestern wird zumindest der Durchführung von Kammerkonzerten ganz oder teilweise der Regie der Musiker überlassen. Es liegt auf der Hand, dass hier zahlreiche inhaltliche dramaturgische Synergien mit dem sinfonischen Konzertangebot bestehen (z. B. Kammermusik eines bestimmten Komponisten als Ergänzungsangebot zur Aufführung einer Sinfonie aus der gleichen Entstehungszeit).

7.3.5 Veranstalter

Veranstalter, also potenzielle Abnehmer für Konzertangebote der Orchester im Gastspielbetrieb, sind ebenfalls eine Einflussgröße bei der Spiel- und Konzertplanung. Dies gilt vor allem für Orchester, die regional und überregional tätig sind und aufgrund eines begrenzten örtlichen Publikumsreservoirs auf dieses Abstechergeschäft angewiesen sind. Die örtlichen Veranstalter (örtliche Konzertdirektionen, Kulturämter in Mittelstädten, Konzert- und Veranstaltungshäuser ohne eigene Ensembles etc.) planen ihrerseits ca. zwei bis zweieinhalb Jahre im Voraus. Auch deren Bedarf muss die Konzertplanung des Orchesters berücksichtigen. Steht man doch in einem harten Wettbewerb zu anderen überregional agierenden Orchestern oder denen aus dem früheren Ostblock, die immer noch mit Kampfpreisen den Konzert- und Gastspielmarkt verzerren. Auch derartige Gastspiele werden von einzelnen inländischen Konzertdirektionen angeboten.

> **Praxisbeispiel Orchesterhonorare**
>
> Für welches Honorar ein Orchester bei einem externen Veranstalter auftritt, wird mit Diskretion behandelt und ist Verhandlungssache, wobei natürlich die konkrete Besetzungsgröße und der sonstige Aufwand eine Rolle spielen. Dennoch gibt es gewisse Erfahrungswerte und Anhaltspunkte:
>
> Ein Orchester mit 40 bis 50 Musikern aus dem ehemaligen Ostblock lässt sich für ein Konzert ab ca. 5.000 € plus Spesenpauschale verpflichten. Orchester aus den neuen Bundesländern in dieser Stärke liegen bei 8.000 bis 10.000 €, aus den alten Bundesländern ab 10.000 € aufwärts. Ein deutsches Spitzenorchester aus der Liga der Orchester oberhalb der Vergütungsgruppe A/F1 kostet zwischen 50.000 bis ca. 70.000 € pro Konzert plus Dirigent (Gage zwischen 15.000 bis 30.000 €). Die Konzertgagen der Berliner Philharmoniker und anderer international aktiver Spitzenorchester liegen deutlich darüber.

Die örtlichen Veranstalter gelten allgemein als weniger risikofreudig. Sie müssen ein bestimmtes Einspielergebnis erreichen, weswegen bei den Programmangeboten in Mittelstädten und in ländlichen Regionen in der Regel auf Nummer sicher gegangen und meist eher gängiges Orchesterrepertoire nachgefragt bzw. angeboten wird.

Einen Marktplatz für das Gastspielgeschäft vorrangig der Tourneetheater und Landesbühnen bildet die INTHEGA, die Interessengemeinschaft für Städte mit Theatergastspielen (Jacobshagen 2002: 202). Orchesterangebote spielen hier am Rande eine Rolle. Sie werden vom Orchestermanagement entweder direkt oder wiederum über eine Agentur mit den Veranstaltern angebahnt und vereinbart. Auch dies beruht auf gegenseitigem Vertrauen und meist langjährigen Geschäftsbeziehungen.

7.3.6 Sponsoren

Sponsoren nehmen grundsätzlich keinen direkten Einfluss auf die Programmgestaltung eines Orchesters. Indirekt fließen deren Interessen aber dennoch ein. Denn um als externer Veranstalter ein hohes Orchesterhonorar, Solisten- und Dirigentengagen und den sonstigen Aufwand zu finanzieren und ggf. noch mit einem kleinen Gewinn herauszukommen, muss auch das präsentierte Programm so abgestimmt sein, dass auch Sponsoren sich tendenziell davon angesprochen fühlen können und sich finanziell engagieren. Internationale Konzertreisen sind ohne den Einsatz von Sponsoren in den Auftrittsländern faktisch nicht mehr durchführbar.

Dies findet bei der Programmplanung durch das Orchestermanagement ebenfalls Berücksichtigung.

7.4 Was ist ein guter Spiel- und Konzertplan?

Eine Antwort auf die Frage, was ein guter Spiel- und Konzertplan ist, ist entweder nicht abschließend oder salomonisch: Gut ist das, was vom Publikum nachgefragt, akzeptiert und trotz Herausforderung wertgeschätzt wird und damit am Ende des Tages auch wirtschaftlich erfolgreich ist.

Um nicht missverstanden zu werden: Es geht nicht darum, einen möglichst gefälligen Spielplan mit den 50 Hits der klassisch-romantischen Musikliteratur zu idealisieren, der so auch von kommerziellen Konzertveranstaltern angeboten wird, die diesen „Kanon" jahrein, jahraus herauf und herunter spielen. Die Programme sind dann z. B. häufig übertitelt mit „Perlen der Romantik" oder „Slawische Sinfonik". Was für den kommerziellen Konzertanbieter im Sinne der Gewinnmaximierung überlebensnotwendig sein mag, kann sich für das in der Regel überwiegend öffentlich finanzierte Orchester als Bumerang erweisen. Öffentliche Finanzierung wird schließlich auch dafür zur Verfügung gestellt, um in der Programmgestaltung künstlerische Risiken eingehen zu können.

Entscheidend für die optimale Konfiguration und Vermarktung der Programmangebote der Orchester bleiben die ausgewogene Mischung bzw. das Wissen und handwerkliche Können des Managements, die „glückliche Hand" zu einer guten, spannenden und damit erfolgreichen Programmgestaltung. Dies ist zu einem großen Teil erlernbares Handwerk. Es kommt auf die Balance an zwischen künstlerischen Ideen und Publikumswünschen (Laudenbach 2006: 134).

Im Sinne einer Programmdramaturgie liegt ein gutes Programm dann vor (Richter 2007: 153),

> „wenn es gelingt, die Beziehungen zwischen den Werken eines Konzerts sowie zwischen den Konzerten einer Spielzeit zu knüpfen und sie in einen Zusammenhang mit dem früheren und heutigen Kulturleben zu stellen. Die Ideen der Programmgestaltung sollten für die Konzertbesucher verständlich und – vor allem – hörbar werden."

Denn der Zuhörer ist ein Mitproduzent der Musik. Erst beim Hören im Konzert konkretisiert sich die Musik für jeden anders (Frei 2008: 14). In diesem Sinne schneidet eine konservative Konzertdramaturgie (Ouvertüre, Solokonzert, Sinfonie) schlecht ab. Gute Konzertreihen und Abonnements mit dramaturgischen Linien und einprägsamen Namen lassen sich nicht nur besser vermarkten (Scherz-Schade

2008: 11), sie erzeugen auch Spannungen. Ein Konzert ist dann nicht ein bloßes *Vorkommnis*, dessen Inhalt man bald vergessen hat, sondern es wird zum *Ereignis*, das bewegt, emotionalisiert und im Gedächtnis haften bleibt (Roselt 2008: 15). Programme müssen in der Praxis inhaltlich funktionieren, aber auch finanziell (Frei 2008: 13). Das ist der Idealfall.

Der Normalfall ist jedoch, dass sich Programme einfach „ergeben" (Scherz-Schade 2008: 10). Letztlich laufen alle unter Kap. 7.3 aufgeführten Faktoren in der konkreten Programmierung inhaltlich zusammen (Welche Stücke, welche Solisten, welche Dirigenten?). Und die Frage ist, wer sich mit seinen Vorstellungen in diesem etwas anarchistisch anmutenden Prozess am Ende durchsetzt, nicht autoritär, sondern mit den besten Argumenten. Kann eine riskante Programmatik durch spektakuläre Solistennamen abgefedert werden? Macht eine Programmverbindung von Alt und Neu Sinn? Wo gibt es thematische Klammerbildungen, wo Brücken (Frei 2008: 14)?

Der Kreativität sind keine Grenzen gesetzt. Das übliche Opernrepertoire (außerhalb von Uraufführungen und Ausgrabungen) hat einen Werkkanon von rund 250 Stücken, das Konzertrepertoire hingegen ist schier unerschöpflich. Zwei Beispiele mögen stellvertretend und abschließend für vielfältige „neue Aufführungskonzepte für eine klassische Form" (Tröndle 2011: 10) und die Entwicklung ganzheitlicher Konzepte im Umfeld der Konzertangebote von Orchestern dienen:

Das Chicago Symphony Orchestra entwickelte in den 2000er Jahren die Reihe *Beyond the Score – Classical Music exposed*. Dabei wird die Musik in einzigartiger Weise im Konzertsaal durch Videocollagen, Live-Sprecher und Bilder in den Kontext ihrer Entstehung, die historischen und politischen Zusammenhänge, die Lebensumstände des Künstlers usw. gerückt. Diese erfolgreiche Konzertreihe (im Internet über YouTube auffindbar) eröffnet für die Wahrnehmung der Musik für Kenner und Einsteiger eine völlig neue Dimension (Mertens 2008a: 1). Die erfolgreiche und dramaturgisch aufwändige Reihe wurde auch wegen der hohen Produktionskosten in der Saison 2015/16 nach elf Jahren eingestellt. Die rund 30 erarbeiteten Produktionen können von anderen Orchestern übernommen und nachgespielt werden (https://csosoundsandstories.org/ category/beyond-the-score/).

Das Philharmonia Orchestra London hatte in der Saison 2008/2009 unter dem Motto: *City of Dreams: Vienna 1900-1935*, die in Wien in dieser Zeit entstandenen Kompositionen in den Mittelpunkt gestellt. Auch hier wurde das Publikum durch Multimedia-Installationen auf eine audiovisuelle Zeitreise mitgenommen. Im Frühjahr 2009 wurde das Foyer der Royal Festival Hall sogar in ein virtuelles Wiener Kaffee mit entsprechendem Interieur verwandelt, inklusive großer Touchscreens, auf denen 20 kurze Dokumentarfilme in Zusammenarbeit mit Galerien, Museen, Musikwissenschaftlern und Historikern in die Entstehungszeit der Musik führten und damit eine besondere Atmosphäre in der Vor- und Nachbereitung der Konzerte vermittelten (ABO 2009: 14).

Der Kreativität bei der programmatisch-künstlerischen Planung für ein Orchester sind im wahrsten Sinne des Wortes keine Grenzen gesetzt. Das Aufgreifen aktueller gesellschaftlicher oder historischer Zusammenhänge, wie z. B. 100 Jahre Ende des 1. Weltkrieges, fortschreitende Umweltzerstörung und Klimawandel, können die gesellschaftliche Relevanz künstlerischer Angebote von Orchestern verdeutlichen.

▶ **Lesetipp**
- Das von Martin Tröndle herausgegebene Buch: Das Konzert – Neue Aufführungskonzepte für eine klassische Form (transcript Bielefeld, 2. Aufl. 2011) liefert mit zahlreichen Fachartikeln verschiedener Autoren u. a. viele Hinweise und Gedanken zur Programmgestaltung und -entwicklung.

Literaturverzeichnis

ABO – Association of British Orchestras (2009): Orchestras into the future, http://www.abo.org.uk/media/20092/ABO-Orchestras-in-the-Future-Links.pdf (Abfrage am 9.4.2018)
Brezinka, Thomas (2005): Orchestermanagement – Ein Leitfaden für die Praxis, Kassel: Bosse
Everding, August (1996): Zur Sache wenn´s beliebt! – Reden, Vorträge und Kolumnen, München: Heyne
Frei, Marco (2008): Dialoge suchen und Brücken schlagen – Dieter Rexroth spricht über Programmierungen für Orchester, in: Das Orchester, Heft 12, S. 13-14
Goertz, Wolfram (2004): Zwischen Arthrose und Spaziergang – Überlegungen zum Zustand der deutschen Orchesterlandschaft, in: Deutsche Orchester zwischen Bilanz und Perspektive, Hrsg. Junge Deutsche Philharmonie, Regensburg: conbrio
Jacobshagen, Arnold, Hrsg. (2002): Praxis Musiktheater – Ein Handbuch, Laaber: Laaber
Kalbhenn, Dorothee (2011): Konzertprogramme – Das Kernprodukt als Chance und Herausforderung für Konzerthäuser, Frankfurt am Main: Lang
Laudenbach, Peter (2006): Spiel mir kein Lied vom Tod, in: Brandeins, Heft 5, S. 131-136
Mertens, Gerald (2008a): Sollen neue Medien vorwiegend zur Unterstützung der Live-Darbietung eingesetzt werden? – Vortrag auf der 1. Internationalen Orchesterkonferenz in Berlin am 8. April 2008, http://www.fim-musicians.com/ioc/mertens_de.pdf (Abfragedatum: 9.4.2018)
Richter, Christoph (2007): Wie ein Orchester funktioniert, Berlin: Nicolai
Risch, Mandy/Kerst, Andreas (2009): Eventrecht kompakt – Ein Lehr- und Praxisbuch mit Beispielen aus dem Konzert- und Kulturbetrieb, Berlin, Heidelberg: Springer

Roselt, Jens (2008): Aufführungen in Raum und Zeit – Wodurch klassische Konzerte zum Ereignis werden, in: Das Orchester, Heft 9, S. 14-15

Scherz-Schade, Sven (2008): Glück? Programmplanung bei Orchestern, in: Das Orchester, Heft 12, S. 10-12

Scherz-Schade, Sven (2009a): In sicheren Hände? Orchestermusiker über Führung durch Management und Intendanz, in: Das Orchester, Heft 11, S. 14-16

Schulte im Walde, Christoph (2009b): Schlag nach bei schlag5 – Diensteeinteilung übers Internet, in: Das Orchester, Heft 12, S. 24-25

Sinsch, Sandra (2009c): Ein Programm für jede Tonart – Die Software OPAS macht Orchestern das Leben leichter, in: Das Orchester, Heft 6, S. 41

Tröndle, Martin, Hrsg. (2011), 2. Aufl.: Das Konzert – Neue Aufführungskonzepte für eine klassische Form, Bielefeld: transcript

Literaturverzeichnis

ABO – Association of British Orchestras (2009): Orchestras into the future, http://www.abo.org.uk/media/20092/ABO-Orchestras-in-the-Future-Links.pdf (Abfrage am 9.4.2018)

Adrians, Frauke (2016a): Für eine Handvoll Zahlen, in: Das Orchester, Heft 10, S. 9-11

Adrians, Frauke (2016b): Bis auf den letzten Platz, in: Das Orchester, Heft 12, S. 10-12

Adrians, Frauke 2016c): „Mehr Abos sind möglich" – im Gespräch mit Magnus Still, in: Das Orchester, Heft 12, S. 14-16

Adrians, Frauke (2017): Komm in die Küche! – Ein Wettbewerb, zwei Akademien: Tonali möchte das Konzertleben verändern und verjüngen, in: Das Orchester, Heft 9, S. 10-13

Ayen, Hermann (2002): Marketing für Theaterbetriebe – Praxishandbuch für Kulturmanager, Neuwied: Luchterhand

Bastuck, Burkhard (2009): Rechtliche Strukturen von Orchestern, in: Neue Juristische Wochenschrift, Heft 11, S. 719-723

Bastuck, Burkhard (2012): Der Intendantenvertrag – Vertragspraxis und Empfehlungen, in: Handbuch Kultur & Recht, L 7.11, Berlin: Raabe

Bastuck, Burkhard (2014): Der Vertrag des Generalmusikdirektors, in: Handbuch Kultur & Recht, L 1.7, Berlin: Raabe

Behr, Wolfgang (2000): Marketing für Sinfonieorchester, in: Das Orchester, Heft 11, S. 20-25

Bolwin, Rolf/Günter, Bernd (1999): Besucheranalysen in Theatern und Orchestern – ein Leitfaden zur Selbsthilfe, in: Deutsche Jahrbuch für Kulturmanagement 1999, Hrsg. Heinrichs, Werner/Klein, Armin, Baden-Baden: Nomos

Brezinka, Thomas (2005): Orchestermanagement – Ein Leitfaden für die Praxis, Kassel: Bosse

Buske, Peter (2009): Pausenvergnügen mit Hitstatus, in: Das Orchester, Heft 12, S. 53 Butzer-Strothmann, Kristin/Günter, Bernd/Degen, Horst (2001): Leitfaden für Besucherbefragungen durch Theater und Orchester, Baden-Baden: Nomos

Bühnenverein, Deutscher – DBV (2017): Theaterstatistik 2015/2016: Köln

Bünsch, Nicola (2009): Das Theater als Marke?, in: Kultur und Management im Dialog, Ausgabe September, S. 22-24

DOV (Hrsg.): Orchester 2030 – Kommunal- und Staatsorchester in Deutschland: Strukturen, Finanzierung, Entwicklungsmöglichkeiten (www.dov.org – Publikationen, Abfrage 24.2.2018)

Dost, Tilmann (2008): Wenn sich der Ton verändert – Zur Ausgestaltung von Veränderungsprozessen im Orchestermanagement, in: Das Orchester, Heft 10, S. 30-33

Dünnwald, Rolf (1982): München verlässt das TVK-Vergütungsschema, in: Das Orchester, S. 315-317

Erkelenz, Elisa (2012): Markenbildung für Kulturorchester, Frankfurt am Main: Lang

Everding, August (1996): Zur Sache wenn's beliebt! – Reden, Vorträge und Kolumnen, München: Heyne

Fischer, Walter Boris (2008): Künstler & Co – Mitarbeiterführung in Theatern, Orchestern und Museen, Zürich/Chur: Rüegger

Frei, Marco (2008): Dialoge suchen und Brücken schlagen – Dieter Rexroth spricht über Programmierungen für Orchester, in: Das Orchester, Heft 12, S. 13-14

Frei, Marco (2010): Abgewickelt, reduziert, neu positioniert – Kurmusik im Zeichen der Kurkrise – Fallbeispiele, in: Das Orchester, Heft 1, S. 16-19

Gerlach-March, Rita, (2010): Kulturfinanzierung, Wiesbaden: VS Verlag

Goertz, Wolfram (2004): Zwischen Arthrose und Spaziergang – Überlegungen zum Zustand der deutschen Orchesterlandschaft, in: Deutsche Orchester zwischen Bilanz und Perspektive, Hrsg. Junge Deutsche Philharmonie, Regensburg: conbrio

Haller, Michael (2016): concerti Klassikstudie (http://media.concerti.de/klassikstudie/), Hamburg, Abruf am 20.2.2018

Hamann, Thomas K. (2005): Die Zukunft der Klassik, in: Das Orchester, Heft 9, S. 10-19

Hanssen, Frederik (2009): Kein Phönix ohne Asche, in: Das Orchester, Heft 12, S. 30-33

Hanssen, Frederik (2017): Mehr Geld für Berlins Opern, in: Der Tagesspiegel v. 28.12.2017 (http://www.tagesspiegel.de/kultur/ab-2018-mehr-geld-fuer-berlins-opern/20794594.html, Abfrage 3.2.2018)

Hausmann, Andrea (2005): Theater-Marketing – Grundlagen, Methoden und Praxisbeispiele, Stuttgart: Lucius & Lucius

Heinemann, Jochen (1994): Arbeitsrecht des Orchestermusikers, Frankfurt/Main: Lang

Hoff, Benjamin-Immanuel (2017): Öffentliche Güter und kulturelle Daseinsvorsorge, in: Kulturpolitische Mitteilungen Nr. 159, S. 50-51, Bonn: KuPoGe

Jacobshagen, Arnold (2000): Strukturwandel der Orchesterlandschaft – Die Kulturorchester im wiedervereinigten Deutschland, Köln: Dohr

Jacobshagen, Arnold, Hrsg. (2002): Praxis Musiktheater – Ein Handbuch, Laaber: Laaber

Janner, Karin (2009): Das Web 2.0 für Orchester – Philosophie, Einsatzmöglichkeiten und Werkzeuge, in: Das Orchester, Heft 12, S. 13-16

Kalbhenn, Dorothee (2011): Konzertprogramme – Das Kernprodukt als Chance und Herausforderung für Konzerthäuser, Frankfurt am Main: Lang

Keuchel, Susanne (2005a): Den Klassikdialog mit der Jugend intensivieren – Ergebnisse aus dem „Jugendkulturbarometer 2004", in: Das Orchester, Heft 6, S. 17-21

Keuchel, Susanne (2005b): „Achtes Kulturbarometer", Tabellenband, Bonn: ARCultMedia

Keuchel, Susanne (2006): Der Untergang des Abendlandes oder: Eine Erkenntnis zur rechten Zeit? Zu den Ergebnissen des 8. „Kulturbarometers", in: Das Orchester, Heft 4, S. 26-32

Klein, Armin (2001): Kultur-Marketing – Das Marketingkonzept für Kulturbetriebe, München: DTV

Klein, Armin (2007): Der exzellente Kulturbetrieb, Wiesbaden: VS Verlag

Klein, Armin (2009): Leadership im Kulturbetrieb, Wiesbaden: VS Verlag

Knava, Irene (2009): Audiencing – Besucherbindung und Stammpublikum für Theater, Oper, Tanz und Orchester, Wien: facultas

Knava, Irene (2014): Audiencing II – Kultureller Mehrwert statt Skandal, Wien: facultas

Knava, Irene/Heskia, Thomas (2016): ISO FOR CULTURE – Qualitätsmanagement als Führungsinstrument (Audiencing III), Wien: facultas

Kolbe, Corina (2009): Unverwechselbar im Internet – Wie sich Orchester erfolgreich multimedial vermarkten, in: Das Orchester, Heft 12, S. 28-29

Krauß, Tina (2009): Auf Mission – Das Mission-Statement als Managementinstrument für Orchester, in: Das Orchester, Heft 2, S. 32-33

Kutz, Angelika (2007): Mediation als Instrument zur Konfliktlösung im (professionellen) Orchester – Orchestermediation, Frankfurt/Main: Haag + Herchen

Laudenbach, Peter (2006): Spiel mir kein Lied vom Tod, in: Brandeins, Heft 5, S. 131-136

Masopust, Andreas (2016): Bundeskulturförderung für Theater und Orchester, in: Musikforum, Heft 4, S. 35-37

Mertens, Gerald (2005): Innovatives Marketing für Orchester – ein Fremdwort? – Gerald Mertens im Gespräch mit Vera von Hazebrouck, Intendantin der Düsseldorfer Symphoniker und der Tonhalle Düsseldorf, in: Das Orchester, Heft 4, S. 21-24

Mertens, Gerald (2007): Qualitätssteigerung durch Einbindung der Musiker in die Planung – Das neue Managementmodell des Saint Paul Chamber Orchestra (SPCO), in: Das Orchester, Heft 1, S. 32

Mertens, Gerald (2008a): Sollen neue Medien vorwiegend zur Unterstützung der Live-Darbietung eingesetzt werden? – Vortrag auf der 1. Internationalen Orchesterkonferenz in Berlin am 8. April 2008, http://www.fim-musicians.com/ioc/mertens_de.pdf (Abfragedatum: 9.4.2018)

Mertens, Gerald (2008b): Am Anfang war die Musik – Die Bedeutung des öffentlich-rechtlichen Rundfunks für die deutsche Orchester- und Musikkultur, in: Das Orchester, Heft 11, S. 26-29

Mertens, Gerald (2009a): Zwischen Theorie und Praxis – Theater- und Orchestermanagement in Deutschland, in: Das Orchester, Heft 11, S. 22-23

Mertens, Gerald (2009b): Rein oder raus? – Zur Lage der Rundfunkklangkörper nach dem Prüfbericht des Bayerischen Obersten Rechnungshofes – Ein Kommentar, in: Kulturpolitische Mitteilungen Nr. 127, S. 18-19

Mertens, Gerald (2009c): Faktor 7 – Herausforderungen für die deutschen Orchester 20 Jahre nach der Wende, in: Das Orchester, Heft 9, S. 38-41

Mertens, Gerald (2018a): Balanceakt zwischen den Interessen – Teilzeit für Orchestermusiker – ein Überblick, in: Das Orchester, Heft 3, S. 6-9

Mertens, Gerald (2018b): Die Rolle der Förder- und Freundeskreise für Orchester, S. 161-179, in: Handbuch Förder- und Freundeskreise in der Kultur – Rahmenbedingungen, Akteure und Management, Hausmann, Andrea / Liegel, Antonia (Hrsg.), Bielefeld: transcript

Pegelhoff, Ralf (2007): Musiker als Erfüllungsgehilfen – Mangelhaft: Die Personal- und Organisationsentwicklung in deutschen Orchestern, in : Das Orchester, Heft 3, S. 8-16

Pegelhoff, Ralf (2008): Gesucht! Kommunikationskultur für Orchester, Heft 4, S. 10-12

Platzeck, Thomas (2006): Mystery Visitor-Management als Instrument zur Steigerung der Besucherorientierung von Kulturbetrieben, S. 129-148, in: Hausmann, Andrea/Helm, Sabrina: Kundenorientierung im Kulturbetrieb, Wiesbaden: VS Verlag

Porsch, Ronny (2003): Fiedler, Pfeiffer, Klangartisten – Streifzüge durch 500 Jahre Orchesterkultur in Deutschland, in: Das Orchester, Heft 5, S. 15-25

Reichart, Paul (2006): Von der Zielgruppe zur Zielperson – Strategien und operative Maßnahmen im Database-Management und Direktmarketing für Theater- und Konzertbetriebe, S. 109-127, in: Hausmann, Andrea/Helm, Sabrina: Kundenorientierung im

Kulturbetrieb, Wiesbaden: VS Verlag

Reimann, Michaela/Rockweiler Susanne (2005): Handbuch Kulturmarketing, Berlin: Cornelsen

Renz, Thomas (2016): Nicht-Besucherforschung – Die Förderung kultureller Teilhabe durch Audience Development, Bielefeld: transcript

Richter, Christoph (2007): Wie ein Orchester funktioniert, Berlin: Nicolai

Richter, Tim (2009): Pressearbeit auf den Punkt, in: Verbändereport, Heft 7, S. 24-29

Risch, Mandy/Kerst, Andreas (2009): Eventrecht kompakt – Ein Lehr- und Praxisbuch mit Beispielen aus dem Konzert- und Kulturbetrieb, Berlin, Heidelberg: Springer

Rhein, Stefanie (2006): Lebensstil und Umgehen mit Umwelt – Empirisch-Kultursozio-logische Untersuchung zur Ästhetisierung des Alltags, Wiesbaden: Deutscher Universitätsverlag

Rose, Anselm (2007): Übung macht den Meister – Wie wird man Orchestermanager? Zur Ausbildungssituation in Deutschland, in: Das Orchester, Heft 12, S. 8-13

Roselt, Jens (2008): Aufführungen in Raum und Zeit – Wodurch klassische Konzerte zum Ereignis werden, in: Das Orchester, Heft 9, S. 14-15

Rosu, Stefan (2014): Zukunftsstrategien für Orchester – Kompetenzen und Kräfte mobilisieren, Wiesbaden: Springer VS

Röper, Henning (2001): Handbuch Theatermanagement, Köln: Böhlau

Salzwedel, Martin/Schütz, Dirk (2009a): Führung Macht Sinn – Führung im Orchester, in: Das Orchester, Heft 11, S. 10-13

Salzwedel, Martin/Schütz, Dirk (2009b): Was ist Führung? Zur Unterscheidung von Führen, Managen und Verwalten, in: Das Orchester, Heft 11, S. 20-21

Salzwedel, Martin/Schütz, Dirk (2009c): Demokratie oder Hierarchie – Ideen darüber, wie beides zu integrieren ist, in: Das Orchester, Heft 11, S. 30-32

Sauer, Manfred (2006): 99 Tipps für wirksame Medienpräsenz, Berlin: Cornelsen

Seifter, Harvey / Economy, Peter (2001): Das virtuose Unternehmen, Frankfurt/Main, New York: Campus

Scherz-Schade, Sven (2008): Glück? Programmplanung bei Orchestern, in: Das Orchester, Heft 12, S. 10-12

Scherz-Schade, Sven (2009a): In sicheren Händen? Orchestermusiker über Führung durch Management und Intendanz, in: Das Orchester, Heft 11, S. 14-16

Scherz-Schade, Sven (2009b): Zum Erfolg führen – Orchesterintendanten, -direktoren und -manager über ihre Sicht von „guter Führung", in: Das Orchester, Heft 11, S. 17-19

Scherz-Schade, Sven (2016): Musik mit Finanzprüfung – Interview mit Petra Schneidewind, in: Das Orchester, Heft 10, S. 12-14

Schmidt-Ott, Thomas (1998): Orchesterkrise und Orchestermarketing, Frankfurt/Main: Lang

Schöneberg, Jasmin (2017): Arbeitsstress im Orchester, in: Das Orchester, Heft 1, S. 38

Schößler, Tom (2016): Preispolitik für Theater – Strategische Preisgestaltung zwischen Einnahmesteigerung und öffentlichem Auftrag, Wiesbaden: Springer VS

Schößler, Tom (2018): Revenue Management und Dynamic Pricing – Erlöspotenziale mit Chancen und Risiken, in: Handbuch Kulturmanagement, F 1.6, S. 57-79, Berlin: Raabe

Schröder, Michael/Schmalbauch, Ilka (2004 – Grundwerk 1998): Bühnenarbeitsrecht, in: Unverzagt, Alexander/Röckrath, Gereon (Hrsg.), Kultur & Recht, Loseblattsammlung, Berlin: Raabe

Schulte im Walde, Christoph (2009a): „Wir sind Manager" – Schüler organisieren und planen in Eigenregie Konzerte mit dem WDR Rundfunkchor, in: Das Orchester, Heft 11, S. 40

Schulte im Walde, Christoph (2009b): Schlag nach bei schlag5 – Diensteeinteilung übers Internet, in: Das Orchester, Heft 12, S. 24-25

Siebenhaar, Klaus (2009): Zukunftsmodell? – Stiftungen für Theater und Orchester, in: Das Orchester, Heft 5, S. 10-13

Sinsch, Sandra (2009a): Querdenker für den Kulturbetrieb – Das Berufsbild des Orchestermanagements wandelt sich, in: Das Orchester, Heft 11, S. 28-29

Sinsch, Sandra (2009b): Gute Nachbarn, schlechte Nachbarn – Stimmgruppen im Orchester sind fragile Mikrokosmen, in: Das Orchester, Heft 11, S. 36-37

Sinsch, Sandra (2009c): Ein Programm für jede Tonart – Die Software OPAS macht Orchestern das Leben leichter, in: Das Orchester, Heft 6, S. 41

Statistisches Bundesamt (2016): Spartenbericht Musik (https://www.destatis.de/DE/Publikationen/Thematisch/BildungForschungKultur/Kultur/SpartenberichtMusik5216203169004.pdf?__blob=publicationFile), Wiesbaden, Abruf am 20.2.2018

Steidle, Gregor (1998): Kunstfreiheit und Mitbestimmung im Orchester, Baden-Baden: Nomos

Survilaite, Juste (2016): Die Macht der Geschichten – Storytelling hilft Orchestern bei der Markenbildung, in: Das Orchester Heft 2, S. 23-25

Tappert, Andreas (2017): Leipziger Stadtfirmen und was ihre Chefs verdienen, in: Leipziger Volkszeitung vom 20.12.2017, http://www.lvz.de/Leipzig/Lokales/Leipziger-Stadtfirmen-und-was-ihre-Chefs-verdienen (Abfrage am 28.1.2018)

Tewinkel, Christiane (2004): Bin ich normal, wenn ich mich im Konzert langweile? – Eine musikalische Betriebsanleitung, Köln: DuMont

Theede, Michael (2007): Management und Marketing von Konzerthäusern – Die Bedeutung des innovativen Faktors, Frankfurt/Main: Lang

Tröndle, Martin, Hrsg. (2011), 2. Aufl.: Das Konzert – Neue Aufführungskonzepte für eine klassische Form, Bielefeld: transcript

Vongries, Caroline (2008a): Vertrauen ist alles – Außensicht: Orchestermanager als Brückenbauer und Identitätsvermittler, in: Das Orchester, Heft 2, S. 14-15

Vongries, Caroline (2008b): Gemeinsam fliegen – Das Mahler Chamber Orchestra, in: Das Orchester, Heft 10, S. 16-17

von Hoensbroech, Raphael, Severin, Alexis (2017): Das Peripetie-Prinzip – Die Kunst wirksamer Führung, Hamburg: Murmann

Warnke, Ruth (2017): Storytelling für Orchesterbetriebe, in: Das Orchester, Heft 2, S. 7

Werner-Jensen, Arnold (2015): Die großen deutschen Orchester, Laaber: Laaber

MIX
Papier aus verantwortungsvollen Quellen
Paper from responsible sources
FSC® C105338

If you have any concerns about our products,
you can contact us on
ProductSafety@springernature.com

In case Publisher is established outside the EU,
the EU authorized representative is:
**Springer Nature Customer Service Center GmbH
Europaplatz 3, 69115 Heidelberg, Germany**

Printed by Libri Plureos GmbH
in Hamburg, Germany